MARX, DU TRAVESTISSEMENT STALINIEN À L'ÉCHEC

Vers un nouvel essor ?

Georges BUBLEX

MARX, DU TRAVESTISSEMENT STALINIEN À L'ÉCHEC

Vers un nouvel essor ?

L'Harmattan

DU MEME AUTEUR

Sortir de l'impasse, 1984

Marx vérifié par l'expérience, L'Harmattan 2010

De l'indignation à la révolution, L'Harmattan 2012

La revue Marché et organisation
a également publié un article intitulé :

« Les relations Nord-Sud au prisme
d'une théorie des crises structurelles »
(N° 19, "La finance globale : un monde fini").

5-7, rue de l'École-Polytechnique ; 75005 Paris
http://www.harmattan.fr
diffusion.harmattan@wanadoo.fr
harmattan1@wanadoo.fr
ISBN : 978-2-343-04797-3
EAN : 9782343047973

PRÉAMBULE

La problématique

Quand les dysfonctionnements du capitalisme mettent en cause son avenir, toute proposition « *alternative* » tant soit peu globale se heurte à la même réponse péremptoire : « *ce que vous dites est communiste ! or, le communisme a échoué* ».

Mais est-ce le communisme qui a échoué, ou le stalinisme ? Le stalinisme est-il communiste ? Qu'est-ce que le stalinisme ?

Répondre à ces questions garde une importance capitale pour tout « *le peuple de gauche* », parce que les orientations des partis et des organisations qui se réclament ou se sont réclamées du socialisme, ont pris ou repris racine dans les controverses qui ont divisé le mouvement socialiste face à l'expérience soviétique. Rejeter celle-ci, sans autre analyse que la condamnation de son totalitarisme et de ses crimes, conduit chaque parti à perdre la référence à ses origines, sa raison d'être et son évolution.

En outre, les répercussions du stalinisme sont encore vivantes en Europe, voire dans le monde entier.

Ainsi aujourd'hui, le fonctionnement de plusieurs démocraties est affecté par la dépolitisation d'une fraction importante de la population. Celle-ci, située au delà des électeurs de la gauche *socialiste* » ou apparentée, proteste contre les injustices et réclame une autre politique, voire une autre société. Les partis qui se sont ralliés à la révolution russe de 1917 (tel le PCF) ont semblé les mieux placés pour la mobiliser. Les partis communistes français et italiens ont rempli tant bien que mal cette fonction. A la sortie de la dictature militaire, les partis communistes espagnol et portugais ont aussi joué ce rôle. Mais depuis l'écroulement du stalinisme, à défaut d'une analyse réelle, leur discrédit handicape l'adhésion à leur politique et à la mobilisation qu'ils proposent.

C'est que, du moins en ce qui concerne la France,

1. le capital d'expérience issu des luttes de classe a été rendu suspect par la prétention de Staline d'en être propriétaire. De fait, le rejet confus du stalinisme l'a emporté avec lui et il a démuni la gauche d'une de ses forces constitutives essentielles.

   Les uns rejettent toute analyse marxiste, parce que « *communiste* » et donc en échec, les autres se veulent communistes en abandonnant leurs références à Marx.

   Et cela se produit au moment où les crises économiques et financières et les distorsions sociales du capitalisme révèlent la conformité des thèses marxiennes avec l'expérience historique.

2. Le rejet évidemment incontournable de l'aberration stalinienne ne suffit pas à en éliminer les scories, car celles-ci ne sont pas que morales ou comportementales. S'abstenir d'en déterminer les points de rupture avec le corpus des idées marxistes conduit les forces « *de gauche* » à naviguer à vue dans le déferlement idéologique.

   Le pouvoir soviétique a posé, en effet, une question nouvelle : ce qu'il était réellement en relation avec son origine révolutionnaire et marxiste. Etait-il la dictature du prolétariat ou celle d'un parti totalitaire ? Etait-il le « *socialisme réel* » ou une aberration du développement socialiste ? Etait-il une application des idées marxistes ou, au contraire, leur négation ?

Ce livre, comme les deux précédents, voudrait participer à un effort de vérité par la confrontation des théories à la réalité historique.

L'expérience soviétique paraît maintenant bien lointaine à ceux qui ne l'ont pas vécue. Son influence leur est incompréhensible : d'innombrables militants, actifs autant que dévoués, se sont aveuglément soumis à sa propagande, et pourtant ils ont été artisans de transformations sociales acquises de haute lutte dans les pays capitalistes. De surcroît, une grande partie de ces « *acquis* », vilipendés dans une sorte de nébuleuse idéologique anti-collectiviste, ont été déjà détruits par les forces capitalistes libérales ressuscitées, alors que l'URSS s'effondrait.

Qu'est-ce, le stalinisme ? Ces mots « *stalinisme* », « *stalinien* », répétés inconsidérément comme un alibi, ont acquis un sens commun dans lequel dominent, outre l'échec économique et politique, un pouvoir personnel exercé par l'intermédiaire d'un parti monolithique : la répression sauvage et massive de toute opposition, et une idéologie dogmatisée dite marxiste (qui est d'ailleurs souvent présentée comme l'achèvement naturel du marxisme, voire comme le marxisme lui-même après avoir été le « *marxisme vécu* »).

En deux mots, ce serait un « *totalitarisme collectiviste* », baptisé « *marxisme* ».

Le XXe congrès du Parti communiste de l'URSS, en 1956, avait déjà corroboré cette acception. Car selon ses conclusions, les crimes, les déviations et les erreurs du PCUS n'auraient été que la conséquence du « *culte de la personnalité* » instauré par un potentat mégalomane et dénué de scrupules.

Mais comment peut-on raisonnablement penser que cet homme, Staline, et ses acolytes asservis, aient pu imposer aux communistes du monde entier de telles négations des principes professés jusque-là par les puissantes organisations qui se réclamaient du « *marxisme* », simplement parce qu'il était ambitieux, brutal, fourbe et sanguinaire ?

Ainsi devons-nous répondre d'abord à ces deux questions.

1. Pouvons-nous nous contenter d'une définition du stalinisme comme totalitarisme ([1]) **?**

Le fascisme, le nazisme, les dictatures des généraux en Grèce, en Amérique latine, voire en Afrique, imposaient une politique et une idéologie simpliste fondées sur l'ordre et sur des rejets ethniques, racistes ou xénophobes. Le stalinisme au contraire est apparu comme changeant, dans des compromis et des alliances vite renversées. Son idéologie les « *justifiait* » en se réclamant toujours du « *marxisme-léninisme* », internationaliste et revendicateur de justice, dont elle dissimulait le travestissement derrière un romantisme apparemment révolutionnaire. Elle s'appuyait sur les luttes de classes réelles des sociétés capitalistes. Elle a pu ainsi exercer une attraction fantastique pour de tout autres raisons que la haine ou la terreur.

En passant, qu'il nous soit seulement permis de remarquer que chacun a pu connaître des communistes qui ont combattu, parfois jusqu'à en mourir, contre la répression et l'exploitation, pour la liberté, la solidarité et l'entraide. Qui peut citer un seul nazi ou un seul fasciste qui ait mené, en tant que tel, une telle action ? Ceci pose quelques questions sur la pertinence et la suffisance du concept fourre-tout de totalitarisme.

2. Est-il juste de mettre un signe égal entre Lénine et Staline, entre la révolution russe de novembre 1917 suivie de la guerre civile et de la NEP, et l'histoire du mouvement soviétique depuis 1924 ? Peut-on dire, sans nuance, avec Stéphane Courtois et ses acolytes du *Livre noir du communisme*, que la guerre civile a été le *creuset*, la *matrice* du régime stalinien ?

Ce *livre noir*, parachevant les confusions médiatisées, expliquait les exterminations staliniennes par la « *théorisation bolchevique de la guerre civile* »... une théorie qui n'existe nulle part : son objectif serait « *l'extermination de la classe ennemie* », invoquée pour faire comme l'extermination des juifs. La préoccupation de ses coauteurs était d'associer consubstantiellement le communisme au « *crime contre l'humanité* ». Ils se sont acharnés à mélanger et écraser pêle-mêle dans le même sac, des luttes sociales distantes de dizaines d'années, dans des pays et des situations politiques totalement différentes, et à en attribuer la responsabilité au « *marxisme* ». C'est là un discours largement médiatisé.

N'est-il pas abusif de confondre des organisations en un seul bloc parce qu'elles se sont <u>réclamées</u> du « *marxisme* » ? Suffit-il qu'un criminel se dise marxiste pour que le marxisme engendre le crime ?

Ce parti pris et ces falsifications oblitèrent la recherche d'explications historiques tant soit peu objectives qui permettent d'évaluer la validité ou l'invalidité des idées de Marx et des actes de ceux qui s'en sont réclamés, confrontés à l'histoire.

---

1 - Le totalitarisme est couramment défini comme régime politique fondé sur une pensée unique imposée par la contrainte, sur la confiscation et la domination de toutes les activités politiques par un parti qui n'accepte aucune opposition.

En cinq ans, Staline a éliminé les Bolcheviques qui avaient mené à bien la révolution de 1917 (2), pour imposer **contre eux** sa politique. Comment peut-il y avoir une filiation entre cette politique et celle qu'elle réprimait ?

Au delà, la problématique des dérives staliniennes implique de comprendre leur fondement et leur origine politique. Ce sera l'objet principal de ce livre. Comment et pourquoi se sont-elles développées ? Sont-elles inhérentes ou opposées à la pensée et la pratique « *marxistes* » ? Avec quelles conséquences ? Il est étrange qu'on ait fait constamment l'impasse de ces questions.

Car derrière elles, s'en pose toujours une autre, fréquente et caricaturale : adopter une orientation identifiée « *communiste* » serait proposer une société totalitaire et stérile et l'échec économique total ; ainsi serions-nous définitivement contraints d'accepter le capitalisme qui plonge ou maintient les quatre cinquièmes des humains dans la misère et qui dégrade la planète à un point tel que leur vie à venir en est compromise.

2 - Seul Trotski a été épargné quatorze ans par son exil.

1ère PARTIE

LE STALINISME EN UNION SOVIÉTIQUE

CHAPITRE 1 (I)

La révolution de 1917
ses erreurs

Reportons-nous à la période qui a précédé la promotion de Staline à la tête du Parti communiste soviétique et de l'Etat.

La révolution de 1917 et la guerre civile qui l'a suivie ont toujours donné lieu à de vives polémiques. Même depuis l'effondrement de l'Union soviétique, les médias semblent encore préoccupés de détruire le prestige passé de ces évènements qui ont frappé l'imaginaire de la jeunesse et des militants d'alors.

Le *Livre noir* du communisme en est un exemple achevé. Je n'ai pas de compétence particulière en histoire. On pourra facilement me convaincre d'ignorance. Mais force est de constater qu'il ne tire pas de révélation essentielle de la fouille des archives du KGB, au-delà de la publication de directives et comptes-rendus d'évènements connus, et de la comptabilisation douteuse des victimes.

Dans son parti-pris du caractère congénitalement criminel du communisme, il ne fait de différence que de degré dans l'horreur entre la révolution de 1917, la guerre civile de 1917 à 1922, les purges et massacres staliniens et les aberrations monstrueuses de Pol Pot au Cambodge.

Dès le début de la guerre civile, il tait des faits importants afin de désigner l'agresseur responsable de la guerre civile et des massacres : les Bolcheviques, le communisme, le « *marxisme* » honni. Selon lui, les forces anti-bolcheviques n'auraient fait que subir la violence. Ce parti-pris se retrouve plus ou moins dans la plupart des ouvrages sur ce sujet. Unilatéral et partisan, il occulte l'analyse du stalinisme au pouvoir.

1. 1917-1921, la révolution

La révolution de novembre 1917 (le 25 octobre selon le calendrier russe, le 7 novembre en réalité) n'a pas été un soulèvement armé des masses mais, comme le disait Lénine lui-même, « *un coup de main* » dans une situation révolutionnaire.

Le raz de marée des grèves et manifestations de la première révolution, de février 1917, avait acquis des libertés qui permettaient une diffusion rapide des idées et des informations.

Le foisonnement de mouvements contestataires dans l'armée, dans les usines, dans les villes et les campagnes ébranlait le gouvernement provisoire de Kerenski élu par l'ancienne Douma ([3]).

De multiples révoltes et protestations étaient porteuses de revendications que ce gouvernement provisoire s'avérait impuissant à satisfaire : la paix, la distribution des terres aux paysans, le contrôle ouvrier sur les entreprises, l'élection d'une assemblée constituante.

C'était encore la guerre de 1914-1918. L'armée allemande avançait, l'économie était désorganisée. Pour suppléer aux défaillances du pouvoir, des initiatives populaires se développaient de toutes parts autour des Conseils (les soviets), dans les usines et les quartiers, portées principalement par les femmes. Une effervescence sociale soulevait aussi bien les campagnes que les villes.

Ce flot d'agitations et d'initiatives qui s'opposaient au gouvernement et tissaient une vie sociale, avait en effet restauré l'innovation de la révolution de 1905 : les soviets élus de proche en proche par les ouvriers, les paysans, les soldats ([4]).

En juillet, la répression d'un soulèvement estimé prématuré par les Bolcheviques ([5]) a confirmé, à leurs yeux, la nécessité d'une autre voie. Depuis son retour en avril, Lénine insistait pour qu'ils fassent leur la revendication « *tout le pouvoir aux soviets* », bien qu'ils y soient minoritaires. Les soviets constituaient, en effet, la représentation proportionnelle des classes populaires.

Le parti bolchevique se développait rapidement : il faudrait réfléchir d'ailleurs sur ce fait important inhérent aux crises révolutionnaires, l'afflux impétueux dans le mouvement de personnes non politisées auparavant, motivées par l'espoir de sa réussite.

Rien ne permet de dire avec Nicolas Werth dans le *Livre noir*, que Lénine ait conçu le « *plan machiavélique* » d'une insurrection militaire qui, désapprouvée par les autres partis au congrès des soviets, allait les amener à déserter ce congrès, et à laisser ainsi le pouvoir aux seuls Bolcheviques.

Rappelons les faits. Après la tentative de putsch du général Kornilov (en août), l'élection des soviets en octobre a donné la majorité aux Bolcheviques et aux Socialistes révolutionnaires de gauche.

---

3 - Chambre parlementaire tsariste, élue par un suffrage censitaire : on ne pouvait être électeur qu'à partir d'un revenu qui éliminait les paysans pauvres, les ouvriers etc.

4 - Pendant la guerre, les soldats sont pour la plupart des paysans, des ouvriers et des employés mobilisés.

5 - L'implication des Bolcheviques par le Livre noir dans ce soulèvement qu'ils désapprouvaient et qu'ils n'ont fait qu'encadrer une fois déclenché, est abusif.

Pour échapper à cette situation, les autres partis, devenus minoritaires ([6]), ont alors tramé des combinaisons politiques. Le Comité exécutif central des Soviets (*Tsik)*, issu de l'ancienne majorité, a refusé de convoquer le congrès qui devait élire un nouveau Comité et définir sa politique. Il a constitué une « *conférence démocratique* » non élue. Les Bolcheviques ont convoqué le congrès à sa place. Etait-il si machiavélique de contraindre les partis devenus minoritaires à accepter leur défaite et à respecter la nouvelle majorité ?

Or, la Russie était toujours en guerre. Le gouvernement provisoire de Kerinski décidait l'abandon de Pétrograd aux troupes allemandes qui avançaient en Lettonie. Le Comité militaire du soviet de la garnison de Petrograd (présidé par Trotski) a alors organisé et dirigé, sans effusion de sang, la destitution insurrectionnelle du gouvernement Kerenski et « *donné le pouvoir* » au congrès des Soviets.

Ce n'était pas légal, mais quelle action révolutionnaire l'est elle ? Le gouvernement provisoire formé par De Gaulle en 1944 n'avait pas non plus de légalité ([7]). Le gouvernement Kerenski ne détenait d'ailleurs son pouvoir que de la Douma tsariste, élue au scrutin censitaire. Les soviets élus au scrutin universel proportionnel étaient beaucoup plus démocratiques. La Douma maintenait tous les pouvoirs entre les mains de la bourgeoisie très minoritaire. Etait-il scandaleux de les donner aux « *classes laborieuses* » ?

La majorité du congrès des soviets a voté la prise du pouvoir, la minorité l'a refusée et a quitté le congrès. Rien ne l'empêchait pourtant de jouer la carte démocratique, notamment dans la perspective de l'élection de l'Assemblée constituante annoncée par les Bolcheviques.

Au contraire, alliée à la droite la plus réactionnaire, elle a engagé immédiatement un violent combat contre-révolutionnaire, avec des moyens qui n'avaient rien de parlementaire ni de démocratique. N'y avait-il d'autre issue pour elle que la guerre civile ? Car c'est bien cela qu'engendraient de telles actions à l'initiative de la minorité des soviets.

2. La contre-révolution

Le *Livre noir* garde un silence total sur les appels, les positions, les actes immédiats des partis et syndicats opposés à la révolution. Stéphane Courtois affirme, imperturbable, que les Bolcheviques se seraient lancés dans une répression sanguinaire, unilatérale, délibérée, gratuite, massive, « *en l'absence de toute manifestation d'opposition à force*

6 - Les soviets étaient élus au scrutin proportionnel, par les ouvriers, les paysans, et les soldats. Les partis « *de gauche* » étaient l'ancien parti social-démocrate, divisé en deux, les Bolcheviques (« *majoritaires* ») et les Mencheviques (« *minoritaires* »), les Socialistes révolutionnaires, parti populiste développé dans les campagnes.

7 - Même son retour en 1958, sous la pression de groupes factieux en Algérie et en métropole, n'a été que légitimé par un vote, hors procédure constitutionnelle.

ouverte ». Il ajoute même que leur programme était l'extermination de la classe bourgeoise comme groupe d'individus.

Or nulle part, évidemment, cette idée n'apparaît dans leurs écrits ni dans leurs discussions alors très ouvertes, ni dans aucune décision, aucun ordre. Entre la destruction des moyens de domination d'une classe et l'extermination de ses ressortissants, il y a plus qu'une nuance.

Dès les premiers jours de leur pouvoir, les « *Commissaires du peuple* » ont adopté des mesures qui correspondaient aux revendications populaires et transformaient les rapports économiques et sociaux : décret sur le partage des terres par la légalisation de la remise des grandes propriétés aux Comités de paysans, abolition de la peine de mort dans l'armée puis dans le code civil, propositions de paix à l'ensemble des belligérants puis à l'Allemagne et engagement de pourparlers diplomatiques, relèvement des salaires, journée de huit heures, droit de vote des femmes, déclaration des droits des peuples de Russie (« *autodétermination nationale* »), organisation de l'élection de la Constituante ([8]), création d'un Conseil de l'économie nationale chargé de la planification, décret sur la nationalisation de l'industrie etc.

Ils s'attendaient à la réaction de la classe capitaliste coalisée aux restes du régime tsariste, mais pas à la violence armée de leurs alliés objectifs d'hier. Et ils pensaient également que la révolution russe entraînerait d'autres révolutions des prolétariats européens accablés par les conséquences de la guerre. Ils ne s'attendaient pas à l'acuité des problèmes qu'ils allaient devoir résoudre seuls face à la coalition des armées, des milices et des révoltes ([9]).

Or la réaction contre-révolutionnaire a pris **instantanément**, sur une base **militaire**, une dimension que tait le *Livre noir*.

Dès les premières heures, le parti de la bourgeoisie (les Cadets), les SR de droite, le parti social-démocrate menchevique et les directions de certains syndicats (chemins de fer, poste, fonctionnaires) formaient un Comité de salut public. Ils multipliaient tracts, journaux et affiches, appelaient au sabotage et à la rébellion, répandaient des informations fausses ([10]). Les junkers occupaient le central téléphonique de Petrograd, tenaient le centre de la ville. Ils attaquaient les structures issues de la révolution défendues par les Gardes rouges. Ceux-ci, vaincus au Kremlin, étaient exterminés après s'être rendus.

Kerinski (ex-chef du gouvernement) attaquait la garnison de Petrograd à la tête du régiment de Cosaques. La population qui se précipitait à sa rencontre, sans armes, était massacrée.

---

8 - Qui a cependant été dissoute dès sa première réunion, nous y reviendrons.

9 - Trotski et Lénine, disaient effectivement que la guerre impérialiste se transformerait inévitablement en guerre civile, par la réaction armée de la bourgeoisie. Ils ne s'attendaient pas à la concentration de l'épreuve de force sur les seuls Bolcheviques, au lieu de son extension à l'échelle du mouvement révolutionnaire international.

10 - Cf. interview de John Reed, ci-après.

Le soulèvement des officiers tsaristes mettait le pays à feu et à sang. Ils abandonnaient le front aux armées allemandes et lançaient leurs troupes contre la révolution en Ukraine et en Finlande.

Dès janvier 1918, deux mois après la prise du pouvoir, l'armée du général Denikine menaçait Moscou, celle de Ioudénitch arrivait à quelques dizaines de kilomètres de Petrograd tandis que Koltchak prenait tout le sud de la Russie.

La guerre civile a ainsi été engagée immédiatement par les partis SR et social-démocrate menchevique ralliés aux Cadets et aux forces militaires tsaristes, à un niveau que le *Livre noir* se dispense tout simplement d'évoquer.

Celui-ci tait d'ailleurs cette alliance des Mencheviques et SR avec la droite, alimentée en armes par les pays étrangers.

Pour éclairer ce dernier point, citons seulement une interview de deux responsables SR par le journaliste américain John Reed, daté du 12 octobre 1917, c'est-à-dire 5 jours après la prise du pouvoir par les Bolcheviques (*Dix jours qui ébranlèrent le monde*).

« *Pourquoi publiez-vous de tels mensonges ?*

« *Oui, sans doute, mais que faire ? Vous admettrez bien que nous sommes obligés de créer un certain état d'esprit dans le peuple.*

« *(...) A vrai dire, les masses sont en ce moment pour les Bolcheviques. Nous, nous n'avons pas de partisans (...). Il n'y a actuellement en Russie que deux partis forts : les Bolcheviques et les réactionnaires qui se cachent derrière les basques des Cadets. Les Cadets pensent qu'ils se servent de nous ; en réalité, c'est nous qui nous servons d'eux. Quand nous aurons renversé les Bolcheviques, nous nous retournerons contre les Cadets* ».

Ces responsables SR pensaient en finir très vite : « *dans une semaine le gouvernement bolchevique s'effondrera* ».

Trotski espérait aussi que la guerre civile « *s'amenuiserait* » rapidement, mais... que les Bolcheviques triompheraient.

Or, au contraire, la guerre s'est étendue, radicalisée.

Car le *Livre noir* s'abstient également de rappeler ceci : en partant à l'assaut de la révolution, les armées russes ont libéré les troupes allemandes de toute résistance. Celles-ci ont lancé une grande offensive et occupé l'Ukraine, la Biélorussie, les pays baltes, la Finlande, le sud et l'ouest de la Russie. Ces régions échappaient ainsi à la nouvelle république soviétique et la privaient « *des terres à blé de l'Ouest, du charbon et de l'industrie du Donetz, des forces révolutionnaires ukrainiennes et finlandaises* ». Comment ravitailler les villes, comment pourvoir en armes les milices puis la nouvelle Armée rouge, comment assurer le renouvellement du matériel des chemins de fer etc. ? Rien n'en est dit.

On ne trouve même pas, dans cet exposé détaillé des actions armées bolcheviques, une seule allusion à l'intervention des pays auparavant alliés contre l'Allemagne. En effet, l'armistice du 11 novembre 1918 devait permettre à leurs troupes de venir, elles aussi, au secours des « *gardes blancs* » : les Anglais occupaient Archangelsk et la côte de Mourmansk, les Tchèques prenaient Kazan et les principales villes étapes du transsibérien, les Français attaquaient sur la Caspienne, les Japonais débarquaient à Vladivostok ([11]).

Or, sans armes, démunis de l'industrie des régions occupées et presque sans officiers, les Bolcheviques ont pu cependant constituer de toutes pièces l'Armée rouge, la fonder autant sur les idées que sur les armes et la discipline, surmonter les peurs et les trahisons, et reprendre tout le pays face aux armées du reste du monde. Cela peut-il s'expliquer par la terreur ?

Cependant, le gouvernement révolutionnaire a fait une grave erreur en 1918. Contrairement à ses options initiales, il a entrepris de passer immédiatement du marché capitaliste à une « *répartition directe* » de la production. C'était, dans la situation de désorganisation fatale, une aventure que rien n'avait préparée. C'était surtout aiguiser la division dans les rangs révolutionnaires. Les paysans ne devaient plus vendre leur récolte mais livrer ce qu'ils ne consommeraient pas et recevoir les outils dont ils avaient besoin. Venant juste de prendre enfin possession de leur terre, ils ne pouvaient admettre ce qu'ils ressentaient comme une spoliation. Les socialistes révolutionnaires SR ([12]), majoritaires dans les campagnes, ont très vite organisé la révolte, utilisé des bandes de déserteurs armés, incité à la limitation des emblavures.

Face à la violence et à la puissance de cette réaction, alors qu'il fallait bien approvisionner les villes et l'Armée rouge, les Bolcheviques, tendus vers l'espérance de révolutions dans d'autres pays ([13]), ont riposté par la force. Ils se sont arc-boutés sur leur pouvoir, seul espoir d'abattre le capitalisme. Ils ont rétabli la peine de mort, abolie au lendemain de la révolution. La Tcheka remplaçait la police tsariste.

3. Les responsabilités

Sur qui repose la responsabilité de la guerre civile et de la répression ?

Cette question n'est pas une question morale, ni juridique : qui est responsable, qui est criminel, qui doit être condamné ?

Car ce qui est en cause derrière les réquisitoires contre la révolution bolchevique, assimilée presque sans aucune nuance aux massacres staliniens et post-staliniens, c'est cette idée inculquée à nos esprits, réfractaires à la souffrance humaine :

---

11 - Certes, des rebellions solidaires de la révolution ont gêné leur intervention, notamment à Archangelsk et autour de la Mer Noire. Mais, réprimées, elles ne l'ont pas empêchée.

12 - Parti populiste implanté dans les campagnes. Les SR de gauche étaient alliés des Bolcheviques. Les SR de droite leur étaient fortement hostiles et faisaient partie de la coalition anti-bolchevique.

13 - Quelques révolutions ont éclaté en Hongrie, en Bulgarie, à Berlin (journées spartakistes). Toutes ont été écrasées.

le capitalisme peut bien continuer à affamer des populations innombrables, il peut bien réduire la majorité de l'humanité à la misère et à des souffrances indicibles, il peut bien réprimer sauvagement les révoltes et exterminer des populations, il peut bien générer d'autres guerres mondiales ou régionales et susciter d'autres sauvageries entre peuples et entre religions : lui enlever son pouvoir et tenter de mettre en œuvre un autre fonctionnement économique et social serait voué à l'échec, car ce serait fatalement entrer dans un processus criminel d'horreurs, de massacres, de tortures, d'exactions et de famines « *inhérent au communisme* ».

Marx devrait donc être définitivement rejeté, oublié, enterré...

Or, ceux qui se sont soulevés contre la révolution, ceux qui l'ont combattue par de multiples violences armées, **par la guerre, par l'invasion, par la famine, par le mensonge et la désinformation, par l'extermination des révolutionnaires** sur les territoires reconquis, n'auraient-ils aucune responsabilité ?

En particulier, les partis populaires qui, parce que devenus minoritaires, se sont alliés à la droite la plus rétrograde et la plus brutale pour empêcher l'action de la majorité, sont-ils réellement blancs comme neige ? Ont-ils eu raison d'encourager le refus des paysans de produire et livrer le blé nécessaire à l'alimentation des villes ? Etait-il innocent d'organiser leur révolte ?

Les invasions des armées allemande, polonaise puis anglaise, française, tchèque, japonaise et la fourniture d'armes aux troupes blanches n'auraient-elles pas eu de conséquence ?

La question n'est pas morale, mais politique ([14]).

Nous sommes là dans l'un des délires que veut imposer l'idéologie dominante : chercher des boucs émissaires, désigner des responsables des horreurs et en taire les causes politiques et économiques, en les noyant dans des discussions stériles sur les responsabilités individuelles tellement faciles à utiliser et à travestir.

Mais devrions-nous pour autant taire les erreurs et les abus des révolutionnaires, devrions-nous traiter à la légère tant de souffrances, d'angoisses et de morts ? La question est bien doublement politique. On doit enfin y répondre, sinon la violence contre-révolutionnaire et, plus communément, la violence antisociale nous feront sans cesse fermer les yeux sur nos erreurs par crainte d'alimenter la critique.

Car l'enchaînement n'est pas fortuit qui a conduit les Bolcheviques à un isolement croissant. Ne pas en avoir débattu a obéré la nature du « *stalinisme* » naissant, qui a ensuite triomphé.

---

14 Ce n'est pas qu'une question posée par des faits passés dans un pays lointain. Souvenez-vous du bruit que l'on fit ici de la violence... sur deux ordinateurs (!) de quelques ouvriers désespérés par la fermeture de leur usine, et comparez-la à la violence, toujours tue, du capital envers des milliards d'hommes et de femmes qu'il condamne à mourir ou survivre en manquant de tout.

Les yeux sont restés fermés après le désastre de l'écroulement final : le renversement de politique qu'a constitué le stalinisme n'est toujours pas caractérisé au-delà de son totalitarisme et de sa criminalité.

C'est aussi une question politique.

4. Les erreurs de la révolution

Après coup, il est toujours facile de découvrir des erreurs et de les condamner.

Or, dès 1917-1918, une responsable communiste les avait décelées et analysées, tout en défendant et en exaltant la révolution d'octobre -- « *le fait le plus prodigieux de la guerre mondiale* » -- et « *le courage, l'énergie, la perspicacité révolutionnaire, la logique* » des responsables du Parti bolchevique.

Rosa Luxembourg, qui allait être assassinée le 15 janvier 1919, a écrit de prison plusieurs articles sur l'évolution de la révolution russe ([15]).

Y faire référence nous permettra de situer cette critique dans le contexte des controverses de ces années dramatiques.

4.1. La paix et l'invasion allemande

« *La politique qui a guidé les Bolcheviques est évidente : la paix à tout prix pour gagner un peu de répit ([16]), (...) réaliser le plus grand nombre possible de réformes dans le sens du socialisme et attendre ainsi qu'éclate la révolution internationale, en hâter conjointement l'avènement par l'exemple russe.* »

Malheureusement, « *la paix de Brest Litovsk est une chimère. La paix n'a pas régné un seul instant entre la Russie et l'Allemagne. (...) L'occupation de l'Ukraine, de la Finlande, de l'Estonie, de la Crimée, du Caucase, d'un nombre sans cesse croissant de territoires du sud (...)* cela voulait dire :

« *1° l'écrasement de la révolution et la victoire de la contre-révolution dans ces fiefs révolutionnaires (...).*

15 - Dans une note d'un publiciste de février 1922, Lénine rendait hommage à Rosa Luxembourg. « *Elle s'est trompée, disait-il, sur la question de l'indépendance de la Pologne, (...) dans son appréciation du menchévisme, dans sa théorie de l'accumulation du capital, (...) dans ses écrits de prison de 1918 (d'ailleurs elle-même, à sa sortie de prison, a corrigé une grande partie de ses erreurs). Mais malgré ces erreurs, elle reste un aigle. Non seulement son souvenir sera toujours précieux pour les communistes du monde entier, mais sa biographie et ses œuvres complètes constitueront une leçon très utile pour les communistes du monde entier* ». Or, l'histoire a montré qu'elle s'est moins trompée que ne le pensait Lénine. Les appréciations de ses derniers écrits auxquels nous faisons référence étaient exactes.

16 - C'était aussi la revendication des soldats révoltés contre la guerre, et de toute la population.

« 2° que la partie grand'russe du terrain révolutionnaire est coupée des régions à blé, à charbon, à minerai, à pétrole, c'est-à-dire des sources de vie essentielles de la révolution.

« 3° tous les éléments contre-révolutionnaires de l'intérieur de la Russie y trouvent encouragement et renfort en vue d'une résistance acharnée contre les Bolcheviques et les mesures qu'ils prennent. (...)

« Ainsi la révolution russe, grâce en définitive à la paix de Brest, est encerclée, affamée, harcelée de toutes parts ».

Rosa Luxembourg ne savait pas que la majorité du parti bolchevique avait d'abord refusé la proposition de Lénine d'accepter les conditions de l'envahisseur allemand, quand la situation militaire était encore favorable. Ce refus a ouvert le champ à une rapide avancée ennemie. Il a bien fallu accepter ensuite des conditions beaucoup plus draconiennes, celles qu'a connues et analysées Rosa.

Elle ajoutait que la paix aurait dû être imposée par l'ensemble des peuples de toutes les nations belligérantes : « *La responsabilité des fautes des Bolcheviques incombe en premier lieu au prolétariat international et surtout à la bassesse persistante de la social-démocratie allemande* ».

En effet, la lutte pour la paix, avait été abandonnée partout en 1914, lors des déclarations de guerre et, en 1917, les propositions russes de paix générale n'ont été soutenues dans aucun pays. La dégradation profonde de la combativité des classes ouvrières dépassait sans doute celle que Lénine attribuait aux retombées des profits impérialistes sur « *certaines couches* » du prolétariat (*L'impérialisme stade suprême du capitalisme*). Toutes les couches du prolétariat s'étaient majoritairement soumises à l'enchaînement belliciste. Les trahisons des partis sociaux-démocrates avaient laissé le champ libre aux nationalismes aveugles de part et d'autre des fronts.

4.2. L'indépendance nationale, l'autodétermination

Rosa Luxembourg critique aussi « *la formule proclamée sans cesse (...) du droit des différentes nationalités de l'Empire russe à décider elles-mêmes de leur sort jusque et y compris de la constitution d'Etats indépendants par rapport à la Russie* ».

« *(...) Les classes bourgeoise et petite bourgeoise, en opposition violente avec leurs masses prolétariennes, ont transformé le droit à l'autodétermination en instrument de leur politique contre-révolutionnaire* ».

« *(...) En Finlande, tant qu'il participa au combat du bloc révolutionnaire de Russie, le prolétariat disposa d'une puissance déterminante. Il avait la majorité à la Diète et dans l'armée. (...). L'Ukraine russe était le fief du mouvement révolutionnaire. C'est de là, de Rostov, d'Odessa, du bassin du Donetz qu'avaient jailli les premiers torrents de lave de la Révolution. (...) Dans cette révolution-ci, le prolétariat du sud de la Russie constitua les troupes d'élite de la phalange prolétarienne* ».

« *(...) Or, coupé de la Russie* [par l'invasion allemande et l'armée russe elle-même] *le prolétariat des pays limitrophes a été paralysé par le mouvement nationaliste et livré à sa bourgeoisie nationale* ».

Il aurait fallu « *souder les forces révolutionnaires en un bloc compact* ».

Les révoltes nationalistes des anciennes colonies de l'Empire russe, provoquées et soutenues par les armées allemandes puis européennes, ont donné raison à Rosa. On peut lui objecter sa sous-estimation de l'ancrage des sentiments nationaux, mais son analyse met très justement en lumière l'incompatibilité du nationalisme des bourgeoisies de ces pays et les traditions internationalistes des mouvements prolétariens. L'autodétermination désorientait les forces révolutionnaires.

C'est que ce mot d'ordre négligeait la complexité des rapports de classes dans un pays colonisé. La revendication d'indépendance, portée par les bourgeoisies, induisait des tactiques d'union nationale opposées au combat révolutionnaire entre bourgeoisie et prolétariat. La reconquête par l'Armée rouge des terres envahies par les armées blanches s'est heurtée aussi à cette confusion.

4.3. La terre aux paysans, les révoltes paysannes

Rosa écrit encore : « *Que les paysans se soient emparés des domaines conformément au mot d'ordre de Lénine et ses amis (...) a eu tout simplement pour conséquence le passage subit et chaotique de la grande propriété foncière à la propriété paysanne. On n'a pas créé une propriété sociale mais la parcellisation des grands domaines en petite et moyenne propriété, de la grande exploitation relativement évoluée en petites exploitations primitives. (...)* ».

« *Les paysans riches (...) disposant du pouvoir local effectif dans les villages russes ont été les principaux bénéficiaires de la révolution agraire.(...)* ».

« *Maintenant, après la prise de possession, la collectivité socialiste de l'agriculture connaît* ***un nouvel ennemi****, la masse énormément grossie et renforcée de la paysannerie possédante qui défendra toutes griffes dehors* ***sa propriété nouvellement conquise*** [17]*). (...)* ».

« *La réforme agraire de Lénine a créé à la campagne une nouvelle couche d'ennemis du socialisme (...)* ».

Effectivement, on l'a vu, le nouveau gouvernement s'est heurté très vite à la réduction des terres cultivées et la baisse de leur rendement. Les paysans devenus propriétaires de leurs terres n'en étaient pas reconnaissants envers le gouvernement.

« *Nous avons commis l'erreur d'entreprendre le passage immédiat à la production et à la répartition communiste* », écrivait Lénine en 1921. « *Nous pensions que les paysans nous donneraient, au moyen des prélèvements des excédents, la quantité de grains nécessaire* ».

17 - Souligné par nous.

Or, les petits paysans ne pouvaient comprendre ces prélèvements, eux qui venaient d'obtenir la propriété de leur récolte.

Rosa Luxembourg a eu raison aussi de souligner l'influence des paysans riches. Leur influence était grande dans les villages russes, traditionnellement organisés en communautés, les mirs. Elle induisait la domination politique des socialistes révolutionnaires (SR) de droite dans les soviets (comités) de paysans.

Car l'ennemi traditionnel des paysans pauvres était le propriétaire des grands domaines, noble ou bourgeois. Ce n'était pas le paysan aisé, qui représentait plutôt leur rêve. En 1918, la solidarité paysanne est devenue solidarité de propriétaires riches ou pauvres. Les refus d'ensemencer les surfaces nécessaires, les révoltes contre les livraisons de blé aux villes sans rétribution monétaire n'ont pas été le fait des seuls koulaks mais de toute la paysannerie. Les Bolcheviques n'avaient pas prévu les réflexes de classe liés à la propriété : ce n'est pas le niveau de revenus qui détermine les classes sociales, mais la propriété des moyens de production.

Pour le ravitaillement des villes et de l'armée, il a fallu réquisitionner les céréales nécessaires. L'enchaînement de la contrainte, des révoltes, des répressions et des émeutes se mettait en marche. Les directives de Lénine aux milices de la Tcheka réclamaient une « *fermeté sans faille* » contre les *koulaks*, mais de fait, c'était les paysans pauvres qui subissaient les violences.

4.4. Le passage prématuré de l'économie de marché à la « répartition communiste »

Rosa Luxembourg et Lénine ont mis le doigt sur ses conséquences envers la paysannerie. Mais c'était une erreur globale.

C'était supprimer le moteur de l'économie capitaliste, le marché, sans le remplacer. Il n'y avait pas encore de « *plan* » pour définir la production, prévoir les financements, organiser les flux de moyens de productions et d'objets de consommation. Rien ne suscitait les investissements, rien ne motivait les choix de production, rien d'autre que les décisions du gouvernement et de l'administration. C'était l'anarchie économique.

Or, après l'invasion allemande, la guerre civile avait ruiné le pays. Une image : 60 % des voies ferrées et des locomotives étaient hors d'usage.

L'industrie était désorganisée et s'effondrait. La production industrielle n'était plus que 20% de celle d'avant-guerre. En 1921, l'effectif des ouvriers d'industrie n'était plus que le quart de celui d'avant-guerre. Les salaires ouvriers étaient réduits à l'équivalent d'une demi-livre de pain par jour.

Les réquisitions agricoles ne suffisaient pas à alimenter les villes, le marché noir se développait. Menacée de famine, la population urbaine fuyait. Pétrograd a perdu 57% de sa population en trois ans, Moscou 44%.

Les campagnes étaient affamées. La première famine, celle de l'hiver 1921, a décimé 26 millions de personnes, en majorité des paysans.

Trois journées de grève des usines de Kronstadt ont généré la révolte. Le Xe congrès du parti bolchevique n'a pas trouvé d'autre solution que la répression draconienne.

4.5. La théorie de l'avant-garde et le rôle des soviets

En 1902, Lénine en écrivant *Que faire ?* a impulsé dans le parti bolchevique une orientation qui visait à faire prendre conscience des moyens d'abattre l'autarcie tsariste. Il combattait la soumission à la spontanéité. Il soulignait la nécessité d'une organisation fondée sur des militants professionnels et un journal révolutionnaire.

Le parti bolchevique était formé de *révolutionnaires professionnels*, instruits, entraînés et informés, qui devaient constituer *l'avant-garde du prolétariat*. Son fonctionnement, très centralisé et discipliné, était cependant très démocratique. Toute décision prise à la majorité devait être appliquée par tous sans faille. C'était un véritable parti de combat ([18]).

Ce parti a mené le prolétariat à la victoire de 1917. Mais arrivé au pouvoir, il devait construire, aux prises avec la complexité de problèmes qu'il connaissait mal, face à la population qui espérait l'amélioration des conditions de vie.

Ce rapport aux masses prolétariennes et paysannes était nouveau. Il exigeait une organisation du prolétariat, face à son avant-garde, et une organisation de la paysannerie. Il exigeait une démocratie structurée du prolétariat et des masses paysannes.

C'est encore Rosa Luxembourg qui semble l'avoir le mieux compris et en avoir décelé les conséquences. « *Ce serait une grave erreur que de vouloir « provisoirement » substituer le pouvoir absolu d'un comité central, agissant en quelque sorte par délégation tacite, à la domination encore irréalisable de la majorité des ouvriers conscients dans le parti, et remplacer le contrôle public exercé par les masses ouvrières sur les organes du parti par le contrôle inverse du comité central sur l'activité du prolétariat révolutionnaire.* ».

Elle affirmait que le parti devait inlassablement non seulement éclairer mais aussi impliquer les masses dans les décisions car le prolétariat est révolutionnaire par nécessité et non parce qu'on l'y contraint.

En 1921, le parti bolchevique se fixait l'objectif de la dictature du prolétariat. Mais il n'exerçait de dictature que *pour le compte du prolétariat*, comme le reconnaissait Lénine. Pourquoi ?

---

18 - L'Association internationale des travailleurs, de Marx et Engels, ne fonctionnait pas ainsi : la démocratie engageait l'action de l'Association, pas celle de ses membres hors d'elle, et ceux-ci n'étaient pas nécessairement des politiciens professionnels. Le parti bolchevique était un parti de type nouveau.

il manquait au parti de la classe ouvrière le lien organique et démocratique avec la classe ouvrière elle-même. **Les soviets étaient cette organisation**, mais ne fonctionnaient plus à la base, de façon organisée, en vue du dialogue permanent.

Ainsi, la théorie léniniste de *l'avant-garde* comporte une lacune qui n'est pas étrangère à la dérive stalinienne des années 20. Cette théorie a été élaborée avant le foisonnement renouvelé des Conseils, les soviets, elle n'avait pas été approfondie pour en tenir compte.

Car les soviets ont constitué ce lien dans le bouillonnement de la révolution entre février et octobre 1917. Ils constituaient un réseau formidable de lieux de débat, de décision, de confrontations et d'union.

Ils représentaient les **classes** engagées dans la révolution et ils y étaient eux-mêmes actifs. Ils ont perdu ce rôle de structure d'élaboration et d'action qui s'est concentré sur quelques dirigeants. Ils sont devenus une structure **représentative**, insuffisamment participative, active et évolutive. Au nom du prolétariat et de la paysannerie, les soviets (plus précisèment, les Commissaires du peuple) ont eu le pouvoir, mais pas le prolétariat ni la paysannerie.

Marx fait souvent état du « *mouvement réel* » des luttes de classes qui bousculent analyses et concepts. Parfois surgit du prolétariat une idée fondamentale qu'aucun parti, aucun *homme génial* n'a élaborée. C'est le cas du concept de dictature du prolétariat, proclamé par les révolutionnaires de 1848. En 1875, dans la Critique du programme de Gotha, il écrivait à son sujet que « *la démocratie elle-même est à cent coudées au dessus d'un démocratisme* » tel que celui de la République. C'est le cas aussi de ses intuitions sur la Commune qui, par son lien direct au peuple, dépassait les conceptions et les décisions de ses propres dirigeants élus. Nous avons avancé à ce sujet la formulation de démocratie participative active

Le prolétariat n'est pas une personne mythique comme il apparaît souvent dans la littérature politique où on lui prête conscience et mission ; il n'est pas non plus l'ensemble informe des ouvriers, qui savent se mettre en grève mais seraient inaptes à penser par eux-mêmes. Marx met le prolétariat en scène comme on décrirait maintenant une *structure* agissante. C'est une conception semblable que nous retrouvons dans les écrits de Rosa Luxembourg en prison.

Et c'est bien ce qu'est une classe, différente d'un pays à l'autre, évolutive dans le temps, forgée par ses luttes et ses débats dans son histoire.

C'est bien aussi ce qu'était le prolétariat russe, ukrainien ou finlandais dans la lutte révolutionnaire du début du XXe siècle. L'innovation des soviets a été une expérience historique fondamentale. La réification de ces conseils ouvriers dans la révolution de 1905 a permis la prise en main du mouvement par ses propres acteurs dans de multiples débats, suggestions, et décisions. En 1917, les soviets réorganisés dans l'armée, les usines et les campagnes, ont fait progresser à pas de géant la conscience de la nécessité révolutionnaire entre février et octobre.

Or, le pouvoir leur a été remis, mais ils n'ont pas été structurés pour remplacer **l'appareil** d'Etat tsariste, qui a gardé ses délégations de pouvoir ([19]). Lénine recommandait d'éduquer les ouvriers et les paysans, et très peu de débattre et voter au-delà du cercle réduit des dirigeants.

La révolution a été considérablement ébranlée par cette insuffisance. Le prolétariat et la paysannerie devenaient des classes sans vie propre, qui devaient écouter et, une fois convaincues, agir selon les décisions de *l'avant-garde*.

Or, la guerre implique **deux camps**. Elle a incité à raisonner en fonction d'une analyse schématique où tout conflit avec le gouvernement définissait les belligérants selon le camp où ils se battaient. Toute revendication et toute révolte devenaient le fait de l'ennemi de classe ([20]).

Dans un tel schéma, les ouvriers, constituant le prolétariat révolutionnaire, devaient lutter avec le gouvernement issu des soviets qui les représentait ; donc les grévistes n'étaient que des agents de la contre-révolution. Les Ukrainiens « *autodéterminés* » ressentaient l'Armée rouge comme russe, ce n'était donc plus les révolutionnaires prolétariens d'autrefois. Les paysans pauvres devaient s'opposer aux koulaks et s'allier au prolétariat révolutionnaire, donc les rébellions étaient le fait des paysans riches.

N'aurait-il pas fallu, au contraire, dès novembre 1917, populariser le Front unique révolutionnaire et engager, avec les soviets, un combat de masse contre la division ? En 1918, l'organisation de débats sur le remplacement incompris du marché par des prélèvements et des redistributions n'aurait-il pas aidé à rectifier ces décisions structurelles pour le moins hâtives ? Qui pouvait mieux que les soviets engager un tel processus ?

Le parti bolchevique était un parti de professionnels de la lutte, mais pas de professionnels de la définition des besoins de la population. La réorganisation de l'économie impliquait de donner aux soviets, dès 1918, la mission d'élaborer avec la population les bases du plan qui devait guider les décisions industrielles et restructurer les échanges. Cette intervention active des soviets dans la définition des objectifs politiques et économiques n'aurait-elle pas constitué l'inverse de la bureaucratisation ? Or, le Gosplan qui devait guider l'élaboration du plan, n'a été créé qu'en 1921, et son efficacité ne s'est constituée que lentement.

Ne s'opposer que par la brutalité aux manifestations de l'ancien dans le nouveau et aux aspirations légitimes qu'elles portaient ne pouvait conduire qu'à couper

19 - La théorie léninienne de l'Etat insistait sur la destruction de l'appareil d'Etat capitaliste, et son remplacement par la « dictature du prolétariat » (L'Etat et la révolution). Mais, comme le reconnaissait Lénine au IVe congrès de l'Internationale, ceci n'a pas été possible.

20 - Trotski a pensé confier la gestion économique aux syndicats. Mais c'était ne pas prendre en compte leur rôle social, alors que l'organisation politique « naturelle » du prolétariat existait : les soviets.

le pouvoir d'une grande partie des forces révolutionnaires désorientées ([21]). Au sein du parti, faute de démocratie participative, la discipline avait pris le pas sur la démocratie. Staline a pu manœuvrer pour « *réunir entre ses mains des pouvoirs considérables* », en se parant constamment du prestige de l'avant-garde. Dix ans après la mort de Lénine, tous les *révolutionnaires professionnels* bolcheviques avaient été exécutés.

4.6. La dictature du prolétariat et la démocratie

Rosa Luxembourg posait, dès 1918, la question de la démocratie nécessaire à la dictature du prolétariat :

« *La masse populaire doit participer dans son ensemble. Sinon le socialisme est décrété, octroyé (...)* ».

Elle concluait : « *L'erreur fondamentale de Lénine et Trotski est que précisément **ils opposent**, tout comme Kautsky, **la dictature à la démocratie*** » *([22]) (...)* ».

« *La dictature du prolétariat (...) réside dans le mode d'application de la démocratie et non dans sa suppression.* [Il est nécessaire] *d'empiéter avec énergie et résolution sur les droits acquis et les rapports économiques de la société bourgeoise, sans cela on ne peut réaliser la société socialiste, mais cette dictature doit être l'œuvre de la classe et non d'une petite minorité qui dirige au nom de la classe, c'est-à-dire qu'elle doit être l'émanation progressive de la participation active des masses, (...) être soumise au contrôle de l'opinion publique dans son ensemble, émaner de l'éducation politique croissante des masses populaires* » ([23]).

Marx avait commencé à **unir « dialectiquement » ces deux concepts, démocratie représentative et dictature démocratique**, dans l'analyse de la Commune. De fait, l'intervention directe de la population dans l'expression des besoins, la définition des moyens et la décision de leur mise en œuvre constituait une démocratie **participative** active, combinée à la démocratie **représentative** (Cf. *De l'indignation à la révolution* »).

Rosa Luxembourg, dialecticienne, a compris l'erreur qui consiste à confondre le concept marxien de dictature du prolétariat (qu'elle définit comme pouvoir démocratique d'une classe) et le pouvoir du parti de cette classe : il ne peut y avoir

---

21 - Lénine n'a pas utilisé le même argument que Trotski, et son analyse des résultats de l'élection (Œuvres tome 3, p. 259) semble de meilleure foi et plus politique.

22 - Nous devrons, à plusieurs reprises, rappeler que le mot « dictature » n'a pas, dans les écrits de Marx, son sens usuel actuel ; il correspondrait plus au mot actuel « pouvoir ». Il ne s'opposait pas, comme maintenant, au concept de la démocratie que, au contraire, Marx approfondissait et revendiquait (Cf. *le Manifeste du communisme*, et *La lutte des classes en France, 1871*)

23 - Lénine avait pensé combiner la « dictature du prolétariat et de la paysannerie » avec la survivance de la démocratie bourgeoise dans la Constituante. De fait, la spirale de révoltes et de répression engagée par la contre-révolution a ruiné ce projet et son champ de possibilité, que la NEP devait tenter de restaurer.

de pouvoir du prolétariat sans sa propre intervention directe et démocratique, sinon ce n'est plus le pouvoir du prolétariat mais, comme l'a reconnu Lénine lui-même, la « *dictature du parti d'avant-garde pour le compte du prolétariat* ».

Au nom de la dictature du prolétariat, le peuple subissait la contrainte sans en comprendre la nécessité. Quand ils venaient, dans les campagnes, chercher le blé nécessaire au ravitaillement des villes, les « *tchekistes* » arrivaient avec leurs armes. Ils rencontraient des paysans, armés eux aussi, enfin propriétaires, enfermés dans leurs conceptions de propriétaires, organisés autour de la communauté villageoise et du parti SR. Ils leur répondaient par la riposte armée, les arrestations, la privation de cartes de rationnement ([24]).

Les Bolcheviques ont par trop confondu revendication, révolte et contre-révolution. Aucune autre issue ne leur apparaissait que le dilemme : maintenir la révolution par la force ou se démettre en faveur d'un probable coup d'état militaire.

Ainsi, l'escalade des violences dans les campagnes puis les révoltes ouvrières ont découlé de la conjonction de l'ensemble interactif de faits dans lequel s'imbriquaient l'invasion allemande, la guerre civile, l'opposition des paysans armés à tout ce qui mettait en cause leur propriété acquise, les violences des réquisitions, la faim et le froid, les menées contre-révolutionnaires et leur répression, les morts et les blessés, les prises d'otages, le délabrement économique, l'inexpérience politique de la population, la désaffection de masses croissantes soumises aux contraintes de la tchéka et aux horreurs de la guerre.

Cet enchaînement inexorable a coupé les masses de la révolution. Il a conduit à la révolte des révolutionnaires eux-mêmes à Kronstadt. Un changement total d'orientation était nécessaire. Il a été décidé par le Xe congrès du Parti bolchevique : la NEP (Nouvelle politique économique).

En 1921, Lénine écrivait : « *Les valets de la bourgeoisie se sont gaussés du mot d'ordre de transformation de la guerre impérialiste en guerre civile. Or cette transformation s'est trouvée être l'unique vérité - brutale, toute nue, atroce ! - (...) Cette première victoire n'est pas encore une victoire définitive et notre Révolution d'Octobre l'a emporté au prix de difficultés et de privations inouïes, de souffrances sans nom, après une suite d'échecs et d'erreurs considérables de notre part. Le moyen pour un peuple arriéré de triompher, sans échecs et sans erreurs, des guerres impérialistes menées par les pays les plus puissants et les plus avancés du globe ! (...) Mais un fait reste acquis : pour la première fois depuis des centaines et des milliers d'années, la promesse de répondre à la guerre entre esclaves*

24 - Ce n'est qu'en octobre 1921 que Lénine a reconnu l'erreur qui a consisté à socialiser prématurément la production et l'échange, sans planification.

par une révolution des esclaves contre les esclavagistes de tout genre et de tout ordre a été remplie jusqu'au bout. » ([25]).

Rendue possible par la victoire de l'Armée rouge, **la rectification politique que voulait être la NEP (nouvelle politique économique)** ne doit pas être sous-estimée, si l'on veut comprendre la rupture que le stalinisme a constituée.

---

25 - Lénine, Pour le quatrième anniversaire de la révolution.

CHAPITRE 2 (I)

La Nouvelle politique économique (NEP)

1. La situation au début de 1921, à la veille de la NEP

Ces trois années de guerre civile ont laissé la jeune URSS isolée et exsangue.

Le parti bolchevique avait affirmé exercer la dictature du prolétariat allié à la paysannerie. Or le prolétariat se désintégrait avec la dégradation de l'activité industrielle. Son effectif n'était déjà plus que le quart de celui de 1917. Les Bolcheviques, décimés par la guerre ou appelés à prendre des responsabilités politiques ou administratives, disparaissaient des usines, dont beaucoup étaient d'ailleurs détruites ou réduites à l'inactivité faute de matières premières ou d'énergie. Beaucoup d'ouvriers, affamés, inconscients de l'origine des difficultés, manipulés par les partis SR et menchevique, s'étaient révoltés dans les principales villes industrielles. Ils avaient subi la répression au nom de leur propre dictature.

Le parti bolchevique ne parvenait pas à appliquer son programme.

Il avait promis la paix, mais il avait dû pour cela conclure la paix séparée, dont il avait combattu l'idée, et accepter des annexions draconiennes. Il avait bien distribué la terre des grands propriétaires aux paysans, mais les livraisons obligatoires suscitaient des révoltes dans les campagnes. Il avait promis de remplacer la police et l'armée permanente par le peuple en armes, mais, pour résister à la réaction, il avait formé une police politique, la Tcheka, hors fonctionnement judiciaire, et l'avance menaçante des troupes blanches l'avait obligé à revenir à la conscription obligatoire pour recruter rapidement l'Armée rouge. La peine de mort avait bien été abolie, mais rapidement rétablie. Les fonctionnaires n'étaient pas élus, c'étaient ceux du passé tsariste. Le ravitaillement des villes, entravé par les amputations de territoire, l'approvisionnement de l'armée et la résistance paysanne, avait empiré jusqu'à la famine à deux reprises !

Le passage téméraire au « *mode de distribution communiste* », qui devait remplacer le système monétaire par la gratuité des aliments, des transports publics, de l'éclairage, du logement et des spectacles, avait échoué, faute d'un « *moteur économique* » remplaçant le taux de profit. Le paysans qui devaient remettre leur récolte dont n'était déduite que leur consommation, ne l'avaient pas accepté.

La reddition de l'armée de Wengel terminait juste la guerre civile. Les destructions de l'industrie et des campagnes laissaient le pays exsangue. La faim et le froid provoquaient grèves, manifestations, et même émeutes et guérillas. La répression isolait le Parti communiste au pouvoir. La révolte des marins de la base de Kronstadt, haut lieu de la révolution près de Petrograd, et le soutien qu'elle a eu dans les rangs révolutionnaires autant que réactionnaires ont été le révélateur de la gravité de la situation politique. La contre-offensive a laissé un souvenir particulièrement amer. L'enthousiasme révolutionnaire était bien loin et un renversement politique était urgent.

La guerre avait exigé une économie fondée sur la contrainte. Elle avait détruit vies humaines et moyens de production. Elle avait imposé l'annulation de réformes sociales des premiers jours. Elle avait exigé les livraisons obligatoires de récolte, aggravées par le « *mode de distribution communiste* » prématuré. Il fallait maintenant passer du « *communisme de guerre* » à une « *nouvelle politique économique* ».

2. La NEP (nouvelle politique économique)

2.1. Des décisions globales à long terme

Sur cette période, N. Werth dans le *Livre noir*, se montre aussi partial mais moins prolixe que dans sa description de la guerre civile. Il n'en dit que ceci : « *une histoire politique longtemps dominante a accentué exagérément la « rupture » de mars 1921. Or, adoptée à la sauvette le dernier jour du Xᵉ congrès du Parti bolchevique, la substitution de l'impôt en nature aux réquisitions n'entraîna ni la fin des révoltes paysannes et des grèves ouvrières, ni un relâchement de la répression* ».

Réduire la NEP à la transformation des livraisons de blé en impôt est une caricature stupide. Et cette argumentation présuppose que cette nouvelle politique, décidée en mars 1921, aurait dû transformer la situation par son seul énoncé. Avant qu'elle ait pu être appliquée et donner des résultats, d'autres révoltes ont éclaté et ont été réprimées, elles ont les mêmes causes et appellent les mêmes appréciations que celles de la période précédente.

Les discussions du XIᵉ congrès du Parti bolchevique, en 1922, témoignent de la volonté effective de gagner l'adhésion de la paysannerie.

Si « *l'apogée des guerres paysannes se situe au début de 1921* » et si, comme le reconnaît N. Werth, elles ont ensuite décru rapidement en 1923, cela signifie un changement et ce changement est consécutif au changement de politique dans la pratique. Coïncidence ?

L'exemple choisi par le *Livre noir* est d'ailleurs caractéristique. La province de Tambov, « *grenier à blé,(...) un bastion du parti socialiste révolutionnaire* », *était révoltée depuis 1918. « Les paysans avaient considérablement diminué leurs emblavures, sachant que ce qu'ils n'auraient pas le temps de consommer serait réquisitionné ». « La révolte (...) se transforma en un mouvement insurrectionnel sous la direction d'un chef de guerre inspiré, Alexandre Stepanovitch Antonov. Socialiste-révolutionnaire depuis 1906, (...) il avait pris la tête* [en août 1918] *d'une de ces innombrables bandes de déserteurs »... « En octobre 1920, le pouvoir bolchevique ne contrôlait plus que la ville de Tambov »...* (NB. La NEP a été décidée en mars 1921).

En somme, on retrouve là tous les ingrédients politiques et sociaux de l'enchaînement de violences observé dans la période de guerre civile qui s'achevait à peine : une province soulevée de longue date, un SR devenu chef de bande, les paysans révoltés par les livraisons obligatoires limitant les emblavures à leur consommation... L'annonce d'une nouvelle politique pouvait-elle tout résoudre instantanément ?

La NEP a effectivement cœxisté avec une prolongation des conséquences de la période antérieure. Elle n'en a pas moins constitué un retournement politique dont les effets étaient devenus manifestes en 1923, selon le *Livre noir* lui-même.

2.2. En quoi consistait la NEP

1. La NEP consistait d'abord à « ***ne plus brûler les étapes*** ».

Face à la situation économique dramatique, aux grèves, aux soulèvements paysans, à la guerre civile qui faisait encore rage, face en particulier à l'émotion que suscitait la révolte des marins et des ouvriers de Kronstadt, le Xe congrès du parti bolchevique a jugé indispensable de se placer sur une « *ligne de retraite* ».

Celle qui a été choisie consistait à **reconstituer un secteur capitaliste de production et d'échange.**

Lénine a défini ce nouveau fonctionnement économique comme un « *capitalisme d'Etat entre les mains du prolétariat* ».

« *... Dans notre offensive économique, nous avions trop pris les devants, sans nous être assuré une base suffisante, (...) il était au-dessus de nos forces de passer tout de suite aux formes purement socialistes, à la répartition purement socialiste* », expliquait-il, un an et demi après, aux délégués des partis communistes au IVe congrès de l'Internationale.

Effectivement, supprimer le marché et distribuer les produits de l'industrie et de l'agriculture en fonction du travail et des besoins de chacun, c'était supprimer le moteur de l'économie capitaliste, le taux de profit, sans le remplacer. Produire et répartir en fonction du travail nécessitait un plan organisé et complexe, expression des besoins.

Le Gosplan. chargé d'en définir le contenu, l'organisation et la construction a été créé en avril 1921.

Le « *mode de distribution communiste* », prématuré, était aboli. Dorénavant les paysans ne devaient fournir qu'un impôt en nature et disposaient du reste de leur récolte. En compensation, l'Etat s'engageait à leur fournir outils et machines.

Des concessions sous contrat de l'Etat étaient accordées à des capitalistes pour la fabrication de machines, d'outils et de denrées diverses ou des services encore mal assurés. C'est ce que Lénine appelait « *capitalisme d'Etat* ».

La conjugaison de ces concessions avec l'industrie soviétique en reconstruction et les coopératives, visait à la fois la vie quotidienne, l'équipement de la paysannerie et l'avenir à plus long terme : l'électrification, le développement de « la grosses industrie » et la constitution d'un fonds pour la création d'une industrie lourde.

2. Les textes publics de Lénine écrits dans ses trois dernières années mettent au premier plan la nécessité de restaurer des relations de confiance, reconstituer « ***l'alliance du prolétariat et de la paysannerie*** » pour « *construire le socialisme* », « *construire le communisme* » par la participation consciente des ouvriers et des paysans, avec l'aide de « *spécialistes* ».

   Le premier bilan de cet effort, dans son rapport au XIe congrès du Parti communiste, daté du 28 avril 1922, porte pour les trois quarts sur cette exigence.

   Il faut « *savoir considérer avec lucidité les erreurs commises et tout refaire depuis le commencement* ».

   « *Il faut que la masse paysanne voie qu'il existe une liaison entre sa vie pénible d'aujourd'hui, vie incroyablement désorganisée, misérable, douloureuse, et le travail qui se fait au nom des lointains idéaux socialistes, (..) prouver par nos actes que nous commençons par ce qui lui est compréhensible, familier, accessible aujourd'hui, (...) prouver que nous pouvons l'aider, (...) que dans cette situation du petit paysan ruiné, plongé dans la misère et torturé par la faim, les communistes lui apportent un secours réel et immédiat* ».

   « *Nous lui avons donné la liberté de commercer. (...) L'objectif primordial est l'aide pratique en vue de l'extension des surfaces ensemencées (...) et de la diminution de la misère* ». « *Après ce que* [le peuple] *a vécu, il ne peut pas nous faire crédit* ».

   « *Allions-nous à la masse paysanne, et toujours avec elle, avançons* ***cent fois plus lentement*** *mais d'un pas ferme, irrésistible* ».

   « *Le capitalisme d'Etat, (...) limité, (...) est nécessaire à la grande masse paysanne et au capital privé qui doit faire du commerce de façon à satisfaire aux besoins des paysans (...), cela est nécessaire au peuple* ».

3. **La lutte contre la bureaucratisation et les méthodes bureaucratiques** est venue au premier plan. « *Nous le faisons encore mal, très mal ; la preuve c'est la bureaucratie* »... « *Lutter victorieusement contre la bureaucratie* », « *ne pas chercher à tout faire soi-même, en se surmenant en vain, promouvoir des milliers et des*

milliers de travailleurs nouveaux, pris dans la masse, les mettre à l'épreuve de façon systématique et régulière, les élever par centaines après les avoir éprouvés »....

« *Nous avons hérité de l'ancien appareil d'Etat, et c'est là notre malheur.(...) nous avons maintenant d'énormes masses d'employés, mais nous n'avons pas d'éléments suffisamment instruits pour diriger efficacement ce personnel.(...) Or, à la base, il y a des centaines de milliers d'anciens fonctionnaires, légués par le tsar et la société bourgeoise qui travaillent en partie consciemment, en partie inconsciemment contre nous. (...) Des écoles soviétiques, des facultés ouvrièere ont été fondées* » etc..

Les rapports de Lénine, lors de la mise en œuvre de la NEP, insistent à chaque page sur la promotion et la formation de militants recrutés dans la population, et non de fonctionnaires serviles.

« *Bâtir la société communiste par les mains des communistes est une idée puérile s'il en fut. Les communistes sont une goutte d'eau dans l'océan populaire. (...) Nous ne pouvons exercer le pouvoir qu'à condition d'exprimer exactement ce dont le peuple a conscience* ».

« *Si un communiste s'imagine tout savoir parce qu'il est communiste responsable, s'il se dit : j'en ai maté bien d'autres, (...) cet état d'esprit qui prédomine nous coupe bras et jambes* ».

Il insiste sur la culture, le savoir-faire nécessaire à la conduite de la société : « *Le capitaliste savait approvisionner la population.(...) Vous le savez, vous ? non.(...) Savez-vous conduire les affaires ? Le capitaliste le sait* ».

Il condamne l'autosatisfaction, la « *vanité communiste* », le « *mensonge communiste* » : « *un communiste qui a subi le bagne et bravé la mort ne sait pas faire du commerce* », il doit « *prendre des leçons auprès du commis qui a trimé dix ans dans une épicerie* ».

Il condamne les attitudes d'appareil. « *L'avant-garde doit être liée à toute la masse paysanne. Si d'aucuns l'oublient, s'ils s'emballent pour l'administration seule, ce sera un vrai malheur* ».

Prémonition ?

4. L'amélioration de la situation des ouvriers et des paysans

« *Le temps n'est plus où il fallait développer un programme, aujourd'hui, il faut améliorer les conditions économiques de l'ouvrier et du moujik* ».

L'exigence de réalisations effectives pour et par le peuple constitue 84 % de ce rapport du XIe congrès.

2.3. Les conditions de succès de la NEP, selon Lénine

Au Xe congrès, qui avait adopté la NEP en avril 1921, Lénine avait défini ainsi les conditions de succès :

« *Une révolution socialiste dans un pays comme le nôtre peut finalement l'emporter, mais à deux conditions : d'abord qu'elle soit soutenue au bon moment par une révolution socialiste dans un ou plusieurs pays avancés, (...) mais nous sommes encore loin de sa réalisation. L'autre (...) est un compromis entre le prolétariat qui exerce sa dictature ou tient entre ses mains le pouvoir d'Etat et la majorité de la population paysanne* ».

La première condition, la révolution dans les autres pays capitalistes, est restée jusqu'à sa mort une préoccupation. A cet effet, le parti bolchevique avait impulsé la construction de la IIIe Internationale et y consacrait des moyens considérables.

La deuxième condition, l'implication politique commune du prolétariat et de la paysannerie, exigeait une rectification profonde.

En 5 ans d'exercice du pouvoir, la guerre civile et les erreurs avaient isolé le parti bolchevique. Les autres partis avaient été dissous les uns après les autres ([26]).

Le pouvoir réel était de plus en plus concentré sur le bureau politique, c'est-à-dire essentiellement sur Lénine, Trotski et Boukharine. Ce n'était pas une orientation délibérée : les congrès étaient réunis tous les ans, les discussions restaient vives et publiques, les votes mettaient parfois Lénine en minorité. Mais l'urgence avait imposé des décisions centralisées.

Le parti bolchevique était maintenant constitué en majorité d'adhérents nouveaux. En 1923, 97 % de ses membres n'avaient participé activement ni à la révolution de 1917, ni à la guerre civile.

Très peu étaient des prolétaires, car le prolétariat, déjà très minoritaire en 1917, avait été décimé.

La partie n'était donc pas gagnée.

« *Le risque dans une retraite est une fuite panique,* disait Lénine, *car le moral est bon quand on avance vers le but, la discipline est nécessaire quand on doit reculer.* »

Or, dans la situation dramatique de 1921, la NEP constituait un recul.

Les luttes de fractions ([27]) au sein du parti bolchevique avaient toujours joué un rôle important pour sa démocratie interne. Le Xe congrès a cependant décidé, en mars 1921, **la dissolution des fractions**, définies comme « *des groupes présentant un programme particulier, tendant à se replier sur eux-mêmes et à créer leur propre discipline de groupe* ».

Par contre, subsistaient sous forme d'Oppositions des groupements informels pour un programme alternatif. Jusqu'en 1927, elles ont pu s'exprimer publiquement. Leur représentation proportionnelle dans le comité exécutif restait « *de droit* ».

---

26 - La guerre civile n'était d'ailleurs pas terminée : Vladivostok n'a été reprise qu'en novembre 1922.

27 - En France, aujourd'hui, nous dirions : des tendances organisées.

Leurs alliances, voire leur fusion dans des buts déterminés étaient aisées, alors que les fractions étaient restées concurrentes.

Nous y reviendrons sur le fond. Notons dès maintenant cependant que cette décision était présentée comme circonstancielle : le débat restait alors ouvert.

Et la même résolution insistait sur la pratique démocratique : « *Toute analyse de la ligne générale du parti ou de son expérience pratique et le contrôle de l'exécution des décisions (...) doivent être soumis uniquement à **l'examen de tous les membres du parti**. A cet effet, le congrès prescrit d'éditer de façon plus régulière le Feuillet de discussion et les recueils spéciaux (...)* ».

Rien de ceci n'a été durablement mis en œuvre... Notons-le car cette résolution a été exploitée, trois ans après, pour annihiler toute opposition.

3. Les résultats de la NEP et l'avenir

En guère plus de deux années, la NEP a « *donné de bons résultats* ». Fallait-il passer à une autre étape ?

Dès le IVe congrès de l'Internationale communiste, en novembre 1922,

Lénine, déjà malade, avait pu en évaluer le bilan positif : redressement financier, rétablissement de la production agricole, ralliement de la paysannerie ([28]), développement de l'industrie légère. Il en avait aussi exposé les insuffisances.

A l'intérieur,

* Sur le plan économique, selon lui, la question était maintenant le développement indispensable de **l'industrie lourde retardataire** : « *Nous nous sommes procuré les ressources nécessaires (...), à peine, il est vrai, vingt millions de roubles-or. En tout cas cette somme existe.* »

  Le Gosplan avait travaillé à la définition d'une planification économique. Parallèlement, l'agriculture, débarrassée du carcan des prélèvements obligatoires incompris, s'était remise en marche. Il était temps de proposer aux paysans la coopération.

* Sur le plan politique, le sujet dominant des débats restait la nécessité d'impliquer toujours plus directement le prolétariat et la paysannerie dans les décisions, de concentrer tous les efforts sur l'amélioration immédiate des conditions de vie et de travail, de cesser de discourir pour réaliser concrètement et efficacement.

  Lénine condamnait durement le développement parasitaire et les méthodes inefficaces de la bureaucratie. Il dénonçait l'expansion de l'appareil d'Etat qu'il qualifiait même de « *répugnant* ». Il proposait de le comprimer).

---

28 - Le *Livre noir* reconnaît que « *du début de 1923 à la fin de 1927, l'affrontement entre le régime et la société connut une pause* ». La raison avancée (« *les luttes pour la succession de Lénine* ») est paradoxale : les controverses entre Staline et Trotski auraient suffi à rallier les paysans révoltés armes à la main... et la suppression des livraisons obligatoires n'aurait eu aucun effet.

A l'extérieur,

La stratégie politique restait toujours, « ***les perspectives révolutionnaires*** », .

L'Internationale, enfantée par cette Révolution, s'était fixée la tâche de constituer un parti révolutionnaire dans tous les pays. Ainsi venait de naître le Parti communiste français. Mais notons, en passant, que loin de faire de l'exemple soviétique le standard obligatoire dont Staline allait abuser, Lénine regrettait la rédaction « *trop russe* » de la résolution d'organisation du précédent congrès, peu « *compréhensible par les camarades étrangers* » et donc encore inappliquée.

Moins d'un an avant sa mort, en avril 1923, le XIIe congrès du parti bolchevique définissait ainsi la stratégie :

* en URSS, l'investissement dans l'industrie lourde (qui constituait alors une nouveauté) et l'électrification, la compression de l'appareil d'Etat, l'abolition des méthodes bureaucratiques et répressives, une démocratie directe fondée sur l'alliance du prolétariat et de la paysannerie, pour parvenir à la base économique et politique nécessaire à une économie socialisée,

* et au plan international, le développement des potentialités révolutionnaires dans les pays capitalistes.

Or c'est l'orientation inverse qui a été appliquée après la mort de Lénine en janvier 1924

CHAPITRE 3 (I)

La succession de Lénine

1. Staline

Staline, jusqu'alors peu influent et inconnu de la base, était devenu Secrétaire général du Comité central du parti bolchevique en avril 1922.

Cette responsabilité n'était pas alors ce qu'elle est maintenant. Elle correspondait au secrétariat à l'organisation, subordonné au bureau politique. Staline dirigeait la Commission centrale de contrôle, le Bureau d'organisation et le Secrétariat du parti. Il tenait l'appareil, car beaucoup de responsables lui devaient leur poste et déjà le craignaient. Mais personne jusque là n'avait constaté ni imaginé les pouvoirs conférés par une telle responsabilité.

Il n'avait jamais été élu par une instance de base. Il avait réussi à se faufiler jusqu'au bureau politique par son empressement en un temps où les auxiliaires fidèles étaient précieux. Déterminé et acharné, il était aussi habile tacticien, secret et rusé. Incapable de conceptualisation adaptée à l'événement, il savait, par contre, se couler dans la pensée des autres. Il savait exprimer en termes clairs une théorie dont on verra plus tard qu'en la simplifiant telle qu'il la concevait, il la figeait et la stérilisait. Il votait toujours comme Lénine qui l'utilisait aveuglément pour transmettre ses analyses et ses propositions au Comité central. Son dévouement servile aux tâches qui lui étaient confiées suppléait à son incapacité conceptuelle et dissimulait son absence de scrupules. Les contestations de la NEP et la situation révélée par la révolte de Kronstadt avaient poussé Lénine à le proposer à ce poste en raison de son « *autorité* ».

Pourtant, déjà trois fois, ses erreurs, sa brutalité et ses incartades avaient failli l'éloigner durablement des lieux de responsabilité.

- En 1917, rentrant d'exil parmi les premiers après la révolution de février, il avait profité de la désorganisation du parti bolchevique dissous pour s'introduire au Comité exécutif du soviet et s'attribuer la responsabilité de la Pravda. Rejoint par Kaménev, il y avait impulsé une orientation « *défensiste* » de conciliation avec la bourgeoisie, centrée sur la poursuite de la guerre. Ce ne sont pas les positions de Lénine qui ont étonné les Bolcheviques à son retour d'exil, comme l'insinue le

Livre noir, mais celles de Staline dont ils demandaient l'exclusion (Cf. *Staline* de Souvarine). De fait, il a été démis de ces responsabilités.

- En 1918, envoyé à Tsaritsyne, impuissant à y impulser et organiser l'union révolutionnaire, il y avait été acculé à engager une répression inexorable, désorganisant la formation de l'Armée rouge. Il était entré en conflit avec Trotski qui avait obtenu son rappel.
- En 1920, sur le front polonais, voulant inscrire à son actif la prise de Lvov, il avait désobéi aux instructions reçues et provoqué une défaite.

Sa participation aux réunions du bureau politique, sa connaissance de l'appareil, sa patiente servilité pratique et intellectuelle lui avaient cependant permis de prendre en fin de compte, le poste laissé libre en 1919 par la mort de Sverdlov, organisateur du parti bolchevique et des soviets. Dans cette période de violences inouïes, sa brutalité ne faisait pas scandale. Il apparaissait à beaucoup capable de « *mettre de l'ordre* » dans la prolifération des organismes du parti. Son pseudonyme, Staline, « *l'homme d'acier* », donnait confiance ([29]) .

Et il avait commencé à manœuvrer pour éliminer les gêneurs et promouvoir des militants à sa solde.

En 1922, il prônait déjà « *la construction du socialisme dans un seul pays* »...

La terminologie de ce mot d'ordre, « construction du socialisme », nous est devenue si familière que nous ne percevons pas à quel point elle recouvrait déjà une perversion dogmatique du mouvement révolutionnaire. Nous le découvrirons progressivement dans la suite de cette histoire.

2. Lénine et Staline en 1923

Mais depuis 1923, Lénine, dont l'état de santé avait beaucoup empiré, s'inquiétait des conceptions bureaucratiques de Staline dans ses nouvelles responsabilités et du poids que lui conférait son poste de secrétaire général.

Une nouvelle fois, il dut s'opposer ouvertement et sévèrement à lui au sujet de la russification brutale de la Géorgie : « *l'impatience de Staline et son goût pour la*

29 - Son vrai nom était Joseph Vissarionovitch Djougachvili. Il utilisait d'ailleurs cette réputation « sécuritaire ». Ainsi, dans une violente altercation avec Boukharine, il retournait comme un gant le texte du testament de Lénine, pour conclure : « oui camarades, je suis brutal, vis-à-vis de ceux qui manquent de parole, décomposent et détruisent le parti ». Puis : « Que les attaques se dirigent contre Staline s'explique, parce que Staline est peut-être celui qui a le mieux démasqué les agissements de l'opposition et parce qu'il n'est pas facile de tromper Staline ». A chaque répétition du mot « Staline », substituez « l'homme d'acier » et vous comprendrez l'impact de ces paroles !

contrainte administrative ont joué un rôle fatal ». Il l'avait accusé de « *violer les intérêts de la solidarité prolétarienne* »([30]).

Dès la fin de 1922, dans deux articles, il avait critiqué son travail organisationnel (*Comment réorganiser l'Inspection ouvrière et paysanne*, et *Plutôt moins, mais mieux*).

Découvrant, un peu tard, la nature de son influence grandissante, sa violence et sa grossièreté ([31]), Lénine rompait toutes relations personnelles avec lui. A la veille de sa deuxième crise cardiaque, il semble bien qu'il s'apprêtait à dénoncer au XIIe congrès ses intrigues et ses méthodes, et la formation d'une « *fraction bureaucratique* » ([32]).

Il le qualifiait durement dans une lettre qui constitue la deuxième partie de ce qu'on a appelé son « *Testament* » et qui devait être remise au Comité central. Loin d'encourager sa promotion, il proposait de **le démettre** de ses responsabilités : « *Staline est grossier, et ce défaut, qui est tolérable dans notre milieu et les relations entre nous, devient insupportable chez un homme occupant le poste de secrétaire général. Je propose donc aux camarades d'examiner le remplacement de Staline par un homme qui se distinguera de Staline par le fait d'être plus tolérant, plus loyal, plus poli, plus attentif vis-à-vis des camarades, et moins lunatique* ».

Ainsi, la situation avait rapidement évolué. Alors que les Bolcheviques tendaient leurs efforts vers la transformation du fonctionnement de l'économie et de la société, fondée sur l'union des ouvriers et des paysans, un appareil bureaucratique commençait à se constituer sous la férule du responsable du fonctionnement du parti et des institutions soviétiques, Staline, dont les méthodes et les ambitions étaient contestées par Lénine lui-même.

---

30 - Le *Livre noir* décrit ces violences sans mentionner ni le rôle de Staline ni sa condamnation par Lénine. Reportée au chapitre sur la période suivante, la description de cette répression ne mentionne que le rôle dirigeant d'Ordjonikidze et cette incidente : « *L'ampleur de la répression fut telle que même le bureau politique s'en émut. La direction du parti envoya à Ordjonikidze un rappel à l'ordre, lui demandant de ne procéder ni à des exécutions massives et disproportionnées ni à des exécutions politiques sans y avoir été expressément autorisé par le Comité Central* ». Pas un mot sur la mise en cause de Staline pourtant péremptoire .

31 - Dans ses fonctions d'intermédiaire entre le parti et Lénine paralysé, il avait insulté Nadedja Kroupskaïa, qui gênait ses manœuvres. Celle-ci, militante communiste et compagne de Lénine, a joué un rôle capital dans les luttes du parti. Elle est à l'origine du système d'éducation de l'URSS, qui est certainement une des conquêtes et des réalisations effectives les plus fondamentales du communisme, prorogées malgré l'appareil pendant la domination stalinienne, jusqu'à sa mort en 1939.

32 - une « *bombe* » selon Trotski.

3. Après la mort de Lénine, le 21 janvier 1924

Profitant des hésitations et du silence de Trotski, et malgré l'insistance de la seule Nadedja Kroupskaïa, Staline a réussi à manœuvrer pour que son « *testament* » ne soit pas lu au XIIIe congrès ([33]).

Dès 1924, bafouant les dernières directives de Lénine et du XIe congrès pour un contrôle rigoureux des adhésions, il ouvrait les portes du parti, sans aucune exigence, à 20 000 adhérents nouveaux (la promotion « *appel de Lénine* » !). Ceux-ci, choisis par l'appareil et souvent contraints d'adhérer sous peine de perdre leur emploi, ont été dispensés du stage normalement imposé avant de participer à un congrès.

Ils ont constitué une masse de manœuvre docile dans la lutte politique inexorable pour le pouvoir.

Cette lutte, dirigée au départ par la troïka (Staline, Kamenev, Zinoviev), visait d'abord à éliminer Trotski.

En effet, pour beaucoup de révolutionnaires, Trotski restait un rallié de la dernière heure. Son rôle déterminant à la tête du Soviet de Petrograd, sa participation au renversement de Kerenski, son long combat acharné à la tête de l'Armée rouge, sa coopération avec Lénine au Bureau du Parti bolchevique, son attitude démocratique dans les débats n'avaient pas eu raison de toutes les méfiances.

Zinoviev et Kamenev n'avaient pas digéré leur humiliation d'avoir proposé avec insistance de capituler et de rejoindre les sociaux démocrates, en 1917. Zinoviev voyait en Trotski celui qui l'avait supplanté et qui risquait d'altérer sa notoriété de Président de l'Internationale.

Le combat politique de ces années a été ainsi très personnalisé dès le départ.

Les funérailles de Lénine ([34]) ont innové dans ce sens. Le militant désintéressé, respectueux des opinions de ses camarades, apte à reconnaître ses erreurs et persuasif par la force de ses convictions, a été momifié et presque divinisé, exposé à la vénération populaire... Premier acte du « **culte de la personnalité** », innovation du secrétaire général et de la troïka.

Trotski précisait ses positions dans *Les Leçons d'octobre* ; 46 Bolcheviques ont alors signé un appel de soutien. Cependant il restait très circonspect et discipliné. Seul à comprendre le danger des conceptions de Staline et les enjeux, il a certes eu tort de se confiner à un débat dans les structures dirigeantes du parti.

Zinoviev publiait *une Histoire du Parti communiste russe*. A la tête de l'Internationale, il manipulait les délégués étrangers pour tenter d'éliminer les partisans de Trotski dans le mouvement international. Ses méthodes bureaucratiques et son arrogance

---

33 - Il a été question de ce « testament » dans les controverses ultérieures, mais Staline s'abritait derrière cette décision pour ne pas en révéler le contenu, qu'il a falsifié d'ailleurs en 1926.

34 - En l'absence de Trotski.

revancharde le discréditaient peu à peu (Cf. *deuxième partie : le stalinisme en France*).

Staline restait prudemment en coulisse, il se consacrait à organiser l'appareil du parti à sa dévotion. Il s'est notamment attaché au renforcement et à la politisation de la Tchéka.

Il se posait en défenseur léniniste de la NEP, ce qui l'a rapproché de Boukahraine encore très impressionné par l'échec de la suppression du marché et de la répartition socialiste.

Il a attendu décembre 1924 pour publier *les Fondements du léninisme* et lancer son mot d'ordre : « *Construisons le socialisme dans un seul pays* ». Boukharine plus économiste que politique s'y est rallié, y voyant réalisme et continuité avec la NEP dont il avait mesuré la nécessité.

Dans la XIVe conférence du parti, fin avril, 1925, ce mot d'ordre a vivement opposé Staline et Boukharine à Zinoviev et Kamenev. Ceux-ci, battus, éliminés et écœurés, se sont finalement ralliés à l'Opposition unifiée de Trotski.

Staline est alors venu au premier rang aux cotés de Boukharine, vite affolé par ses méthodes. Il disposait désormais d'un appareil à sa dévotion, dominant la presse et les institutions politiques. Dans le débat sur les stratégies en présence, il a même pu falsifier le testament de Lénine et présenter Trotski comme un opposant droitier social-démocrate.

4. Les stratégies en présence en 1926

Pendant ces dernières années décisives, quelles options s'affrontaient-elles ?

Dans sa lutte pour le pouvoir, contre Trotski, Staline a donc mis en avant un mot d'ordre : « *construisons le socialisme dans un seul pays* ».

Les « *vieux Bolcheviques* », formés par les luttes révolutionnaires, ont compris que cette stratégie abandonnait l'objectif international de la révolution mondiale. Mais ils n'en percevaient pas toujours les conséquences sur la révolution russe elle-même et sur l'avenir du communisme. Car effectivement, il s'agissait d'une orientation nouvelle, opposée à celle du 13éme congrès de 1923, qui a précédé la mort de Lénine.

Nous y reviendrons donc. Restons-en pour le moment au débat tel qu'il apparaissait entre 1926 et 1928.

4.1. Les positions, les enjeux

Staline les a résumées le 1er novembre 1926, dans son rapport à la XVe Conférence du Parti communiste « *à propos de la déviation social-démocrate dans notre parti* », visant en particulier Trotski, Kamenev, Zinoviev et l'Opposition ouvrière unifiée.

1. **Trotski** estimait impossible la victoire du socialisme sans **généraliser les luttes révolutionnaires dans les pays capitalistes**. Sinon, disait-il, la pression capitaliste ne manquerait pas de freiner l'essor des forces communistes, voire de les faire échouer ou de les détruire par la guerre.

   Il estimait nécessaire de poursuivre et intensifier l'effort de soutien et d'impulsion du mouvement révolutionnaire dans les autres pays. Cette conviction s'inscrivait dans sa théorie de *la révolution permanente* : la révolution ne s'arrêtait pas aux luttes déterminantes de prise de pouvoir, elle était permanente et devait se généraliser ([35]). L'Internationale communiste devait impulser dans chaque pays des actions anti-capitalistes. La Russie socialiste devait se comporter en foyer de ce mouvement international. Cette théorie, contestable certes ([36]), restait dans l'optique révolutionnaire, internationaliste, bien loin d'*une déviation social-démocrate.*

   Staline l'a assimilée à l'abandon de la « *construction du socialisme* » qu'il brandissait, en s'abritant derrière des citations de Lénine isolées de leur contexte.

   Selon lui, au contraire, en l'absence de perspectives immédiates de révolution internationale, l'objectif principal de tous les partis communistes devait devenir « *la construction du socialisme **dans un seul pays*** », et non plus la lutte pour le pouvoir dans leur propre pays aussi. Ils devaient consacrer l'essentiel de leur action à ***la réussite du modèle socialiste en URSS***.

   « *Nous construisons le socialisme et révolutionarisons ainsi les ouvriers des pays capitalistes* », disait-il contre Trotski, en novembre 1926. Il concédait : « *nous vivons dans l'encerclement capitaliste* », « *tant que le prolétariat n'a pas vaincu, tout au moins dans plusieurs pays, nous ne pouvons considérer notre victoire comme définitive* ». Mais il concluait :

   « *Nous ne regardons pas la victoire du socialisme dans notre pays comme un but en soi-même, mais comme le moyen, comme **la voie à suivre pour faire triompher la révolution prolétarienne dans les autres pays*** ».

   Tout au long du rapport « *à propos de la déviation social-démocrate* », revient l'application de cette orientation : la révolution socialiste dans les autres pays sera désormais fondée sur l'admiration des masses ouvrières mondiales pour la réussite de la révolution soviétique russe, priorité absolue.

   Effectivement, les partis communistes se verront assigner, dans la pratique, cette tâche prioritaire : le soutien de la construction du socialisme en Russie, « *patrie des travailleurs* », au détriment de toute politique réellement révolutionnaire dans leur pays. Dans ce rapport, déjà, Staline leur donne même pour mission

35 - « *La conquête du pouvoir par le prolétariat ne met pas un terme à la révolution, elle ne fait que l'inaugurer.(...) La révolution socialiste commence sur le terrain national, se développe sur l'arène internationale et s'achève sur l'arène mondiale* ».

36 - Elle négligeait les caractéristiques et les conditions des crises révolutionnaires et des luttes de masse, mais ce n'était pas alors le débat.

d'empêcher une guerre contre la Russie par la sympathie qu'ils susciteront « *à l'égard du pays de la dictature du prolétariat* » ([37]).

De fait, sous couvert de valorisation des progrès du communisme en Russie, la nouvelle orientation a poussé les partis de l'Internationale à éviter tout différend entre leur pays et l'URSS. Elle allait rendre possible, nous le verrons, l'extermination du parti chinois, puis la destruction du parti allemand par la victoire nazie.

2. La plate-forme de l'opposition unifiée proposait **le développement de l'industrie lourde et la planification**. Trotski avait démontré l'évolution divergente des prix des produits de l'agriculture et des produits industriels fournis aux paysans. Il réclamait la baisse des prix industriels et le rattrapage du retard de l'industrie lourde afin de renverser durablement cet écart, dans le cadre d'un plan.

Staline s'y était opposé violemment au nom de la NEP, qualifiant ces orientations de *surindusrialisation*. Dans ledit rapport à propos de *la déviation sociale-démocrate dans notre Parti* (novembre 1926), il dénonçait « *les erreurs politiques et d'organisation du bloc d'opposition .(...) qui détachent l'industrie de l'agriculture* ». Sous prétexte « *d'améliorer sans cesse la situation matérielle des masses laborieuses* », il défendait « ***l'économie paysanne*** », il ignorait la coopération agricole comme la planification, se bornant à des allégements fiscaux et à la poursuite des exportations.

Pourtant, direz-vous, Staline a bien entrepris brutalement la collectivisation des terres et lancé une industrialisation forcenée.

Oui, mais il ne l'a fait qu'une fois débarrassé de Trotski et de toute opposition, en 1927, et il s'en est débarrassé en s'opposant au programme d'industrialisation, de coopération agricole et de planification de l'Opposition unifiée. Staline était fier de ses ruses qu'on qualifierait plutôt de duplicité ([38]).

Et effectivement, quelques mois plus tard, en 1927, mettant brusquement fin à la NEP, l'appareil lançait, avec le 1er plan, la collectivisation et l'industrialisation de manière fondamentalement opposée à ce que préconisaient Lénine en 1921, puis Trotski et l'Opposition unifiée.

Lénine insistait, en effet, sur l'engagement du prolétariat et l'instruction des paysans. Il exigeait qu'on prenne le temps de la conviction, quitte à « *aller cent*

---

37 - Cf. *Le caractère international de la Révolution d'octobre* : cet article de Staline, de novembre 1927, est entièrement centré sur le caractère exemplaire des transformations révolutionnaires qui déstabiliseraient le capitalisme, à l'exclusion des luttes de classes dans d'autres pays, ignorées.

38 - Dans un rapport d'avril 1926, sur la situation économique et la politique du parti, il avait dû copier prudemment les explications de Lénine avant la NEP, sur la nécessité de fournir machines et tracteurs aux paysans, ce qui impliquait d'accélérer le développement de l'industrie lourde. Mais il ne proposait pas de décisions dans ce sens et, au contraire, en novembre, son rapport « *à propos de la déviation social-démocrate dans notre parti* » mettait le programme de l'Opposition en accusation sans même mentionner le plan.

fois plus lentement ». Il insistait pour que l'aide économique à la paysannerie soit comparable à celle de l'industrie lourde. Ses articles des deux dernières années étaient centrés sur la transformation des structures économiques et sociales par l'adhésion et l'intervention des masses et non par des décisions administratives dont il reconnaissait que le bureau politique avait beaucoup abusé.

Il parlait d'une véritable « *révolution culturelle* ».

Or, c'est, au contraire, par des mesures administratives et la cœrcition que les réformes staliniennes ont été engagées après l'éviction de Trotski et la dissolution de l'Opposition unifiée, au prix de centaines de milliers de morts et de déportations.

3. La plate-forme de l'Opposition unifiée réclamait **la satisfaction progressive des revendications des salariés** (logement, ravitaillement) et la limitation de la hiérarchie des salaires.

   Staline et la majorité du parti ont, au contraire, augmenté la durée de travail et institué **une hiérarchie étendue des salaires qui a privilégié définitivement les appareils** imbriqués du Parti, de l'Etat et des entreprises.

4.2. Rupture ou continuité

La plus grande partie de son rapport à la XVe conférence (« *à propos de la déviation sociale-démocrate* »), est consacrée à une discussion idéologique des publications de Zinoviev, Kamenev et Trotski, qui fait référence à de courtes citations de textes écrits dans des situations diverses ([39]). On peut en démontrer la mauvaise foi, mais ce n'est pas notre sujet. Celui-ci n'est pas non plus d'imaginer ce qui serait arrivé si Lénine n'était pas mort si tôt, ou si Trotski avait triomphé de Staline.

Le sujet de ce livre est la rupture stratégique et idéologique qu'a constituée le stalinisme.

* D'un côté, l'élaboration collective d'un plan de développement économique : la construction effective de l'industrie lourde nécessaire à l'autonomie économique du pays, le développement industriel pour répondre aux besoins de la population et de l'agriculture, un plus juste équilibre entre prix industriels et agricoles,

  de l'autre, Staline combat la « surindustrialisation » et le plan, en dissimulant ses propres objectifs, avant de déchainer la transformation radicale et brutale de l'économie et de la société, sans la participation active du prolétariat, et sans aucune sorte de démocratie.

* D'un côté, les revendications des salariés, l'amélioration des conditions de vie,

  de l'autre, la hiérarchisation des salaires puis le stakhanovisme.

39 - Notamment, Staline oppose longuement sa conception « léniniste » à la théorie trotskiste, *la Révolution permanente*.

* D'un côté l'union du prolétariat et de la paysannerie contre les perversions bureaucratiques,

de l'autre, Staline prétend faire construire « le système socialiste » par l'appareil envahissant du parti et de l'Etat, sans discussion générale, en présentant l'appareil comme prolétarien,

* D'un côté, une stratégie internationale de convergence des mouvements révolutionnaires pour mettre le capitalisme en échec,

de l'autre, la concentration de l'action des partis communistes sur la seule construction du système socialiste, en évitant de nouvelles confrontations locales susceptibles de mesures de rétorsion contre l'URSS.

Quoiqu'on pense de la personnalité de Trotski et de ses thèses, quoiqu'on pense de son action ultérieure et de celle des divers mouvements qui se réclament de son nom,

l'Opposition unifiée de 1926 était bien, contre Staline, héritière pour l'essentiel de la stratégie dynamique amorcée par la révolution, telle que l'explicitent les derniers écrits de Lénine.

La stratégie stalinienne était la négation d'une stratégie révolutionnaire. Effectivement, loin de mener à une démocratie réelle, elle a écarté les masses des décisions des partis, au profit des appareils monstrueusement hypertrophiés. Loin de susciter et diriger une action convergente des partis communistes contre le capitalisme, elle a composé avec lui et elle s'est subordonné les luttes de classes. En fin de compte, elle a conduit à son retour mafieux.

C'était une stratégie de compromis et d'appareil appuyée, nous allons le voir, par une idéologie mystificatrice.

Définir le stalinisme en filiation du mouvement marxiste relève de la falsification historique. Certes, **ce travestissement du communisme en son contraire** a été largement l'œuvre du mouvement communiste lui-même, mystifié et embrigadé. Mais ce n'est pas une raison pour perpétuer la confusion mensongère entre le communisme et le stalinisme, entre la révolution et la contre-révolution.

CHAPITRE 4 (I)

La stratégie stalinienne à l'œuvre

L'Internationale a substitué le mot d'ordre « *Classe contre classe* » à « *Front unique* » face au capitalisme.

De fait, ses directives n'étaient plus de réaliser, dans chaque situation, le rapport de force porteur de la prise de conscience des possibilités des luttes de classes. Elle lançait des actions minoritaires dont elle prétendait qu'elles forgeaient des combattants résolus pour la révolution à venir, quand deviendrait évidente la réussite du modèle socialiste.

Dans cette attente, chaque parti devait éviter tout affrontement local et faire connaître les succès de la *construction du socialisme.*

Or, en 1925, quelques perspectives nouvelles s'ouvraient de rompre l'isolement. Le Parti communiste chinois, avec Sun Yat Sen, commençait à prendre le pouvoir dans le sud de la Chine, étendant sans cesse son influence. Et les perspectives révolutionnaires restaient très fortes en Allemagne.

Mais la nouvelle stratégie allait mener ces deux mouvements au désastre.

1. Le désastre du parti chinois en 1927, et le combat décisif

En 1926, après la mort de Sun Yat Sen, Staline a imposé aux communistes chinois, pourtant solidement implantés, d'abandonner leur indépendance, de se fondre dans l'aile gauche du Kuomingtang nationaliste et de renoncer à la création de soviets. Le 12 avril 1927, Chang Kai Chek, chef du Kuomingtang, écrasait une grève ouvrière à Shangaï et ordonnait le massacre massif des communistes ainsi désignés et désarmés. Il décimait les syndicats, noyait les révoltes paysannes dans le sang.

La protestation de « 83 vieux Bolcheviques », contresignée par 3000 communistes, a été le point de départ du conflit final entre l'ancienne garde révolutionnaire et l'appareil stalinien, terminé après l'assassinat de Kirov, par les purges et les exécutions massives.

Ces « *vieux Bolcheviques* » n'étaient pas si vieux. C'était eux qui avaient fait la révolution dix ans avant et gagné la guerre civile avec Trotski en 1920 ; 3000 signataires, 3000 militants, dirions-nous aujourd'hui, représentaient un réel danger pour l'appareil stalinien.

Cependant l'Opposition unifiée engageait ce combat décisif sur le thème de la solidarité internationale, le plus difficile à comprendre par les masses désinformées, parce que le plus éloigné de leurs préoccupations.

Elle n'avait pas pu les mobiliser entre 1924 et 1926 pour la planification, l'industrialisation et la coopération paysanne. Elle ne le pouvait maintenant pour la solidarité avec les communistes chinois si lointains. Sa manifestation, trop faible, a été écrasée sans écho.

Trotski et Zinoviev ont été exclus du Comité central le 23 octobre 1927, puis du parti bolchevique le 15 novembre. Au XVe congrès, en décembre, les membres de l'Opposition unifiée ont été collectivement exclus, leur réintégration étant soumise à l'abjuration solennelle de leurs positions.

Trotski a été banni à Alma Ata, Zinoviev et Kamenev emprisonnés, puis fusillés.

2. L'industrialisation et la coopération forcées

Malgré Boukharine « *plaidant pour une planification souple et un développement progressif et harmonieux de l'industrie et de l'agriculture* » (Ph. Robrieux)...

... l'appareil stalinien a fait de la contrainte brutale et des méthodes bureaucratiques l'axe délibéré de la transformation sociale et économique.

La collectivisation de l'agriculture et l'industrialisation ont été effectuées par des mesures administratives autoritaires et des sanctions sauvages. Au lieu d'être associés à l'élaboration du plan, au lieu de pouvoir s'unir pour construire leurs moyens de production et en prendre réellement possession ensemble, les ouvriers ont subi les normes excessives, les privations, et une répression plus massive et plus radicale que jamais. Le Gosplan, sous l'autorité de Stroumiline, a fixé des objectifs irréalisables fondés sur le doublement de la productivité en cinq ans.

Pour imposer la création des kolkhozes, des millions de paysans ont été déportés, quand ils n'étaient pas purement et simplement exécutés, et 50 % du bétail a été abattu.

Les conséquences économiques et sociales de cette politique ont été terribles. Une famine épouvantable a décimé la population.

Kamenev, Zinoviev et Boukharine ont été fusillés comme tous les révolutionnaires de 1917. Mais les élus du *congrès des vainqueurs* n'ont pas été plus épargnés que les repentis de 1928.

En décembre 1934, le meurtre de Sergueï Kirov (*l'apparatchik* qui avait éliminé Zinoviev de Léningrad) a déclenché de multiples arrestations. Par vagues successives, par les pièges, la calomnie, l'exploitation de chaque erreur, toute la vieille garde révolutionnaire a été décimée. Les accusés des fameux « *procès de Moscou* », contraints à de faux aveux, traduits devant une justice parodique, ont été exterminés ou déportés.

En quelques années, des millions de militants, de techniciens compétents et de scientifiques, comme de paysans et d'ouvriers, qui constituaient les uns et les autres les forces vives soviétiques, ont été tués ou, par millions, déportés et enfermés dans les goulags. En particulier, l'Armée rouge a été décapitée et désorganisée, ce qui a contribué au désastre des premiers mois de guerre.

Le parti de la révolution a été transformé en une machine étatique de plus en plus énorme, hiérarchisée, monolithique.

Il a pris ainsi un pouvoir et une dimension fantastiques, en contradiction avec la théorie du renouvellement et du dépérissement de l'Etat.

3. Dans l'Internationale communiste

Le nouveau cours de soutien à la « *construction du socialisme dans un seul pays* » se traduisait par de grandes manœuvres d'élimination de « *trotskistes* ».

L'orientation nouvelle dissimulait son caractère contre-révolutionnaire derrière le mot d'ordre « *classe contre classe* » et le sectarisme envers les socialistes accusés de « *social-fascisme* ».

Toute tentative d'unité d'action était rejetée et condamnée. La soumission de la révolution mondiale au succès du socialisme en URSS impliquait le refus de la lutte et donc de l'unité. Les coups de main aventuristes et violents donnaient le change aux militants nourris d'un « *marxisme* » schématisé. *Classe contre classe.*

Ce gauchisme stérile enfermait les partis communistes dans l'impuissance. Toute action efficace, politique ou revendicative, était rendue impossible par l'isolement croissant des communistes.

L'orientation que leur donnera désormais l'Internationale oscillera entre le sectarisme qui les coupera des masses et l'opportunisme.

Après les désastres de la destruction du Parti communiste chinois, le Parti allemand allait être liquidé par les nazis, et les brigades internationales parties au secours de la république espagnole allaient être rapatriées.

4. 1933, la destruction du Parti communiste allemand le nazisme au pouvoir

En Allemagne, ni l'écrasement du soulèvement spartakiste, ni l'assassinat de Rosa Luxembourg et de Karl Liebknecht en 1919, ni l'échec de la tentative révolutionnaire lors de la grève générale d'août 1923 n'avaient mis à bas le Parti communiste allemand, le KPD.

Depuis 1929, la crise économique avait pris une ampleur sans précédent : cinq millions de chômeurs. La misère se généralisait. Le KPD, parti communiste le plus fort et le mieux organisé du monde capitaliste, recueillait plus de 28 % des voix aux élections.

Cependant, en l'absence de luttes de masses effectives, faute d'unité, la propagande du parti nazi, financé ouvertement depuis plusieurs années par le grand capital allemand, exploitait la crise et le chômage. Ses positions populistes portaient. Ses milices armées, les SA, répandaient la terreur, multipliant les exactions racistes, les provocations et les coups de mains anticommunistes.

Pourtant, la politique de l'Internationale communiste, soumettant tout le mouvement révolutionnaire international aux exigences de *la construction du socialisme dans un seul pays*, **interdisait au Parti communiste allemand de prendre l'offensive et de rechercher l'unité** pour les revendications ouvrières dans la crise économique. Les nazis manifestaient, pas les communistes. Les grèves restaient sporadiques.

Les socialistes, « *social-fascistes* », étaient le principal ennemi, ce qui mordait facilement dans le KPD, victime en 1919, lors de la révolution spartakiste, d'un gouvernement où siégeaient des ministres sociaux-démocrates particulièrement agressifs.

Cette politique sectaire, confondant ces dirigeants et les masses qu'ils influençaient, isolait le Parti communiste au moment où la lutte unitaire devenait plus nécessaire que jamais.

Sous la pression de l'Internationale stalinienne, il sous-estimait le danger fasciste, présenté comme manifestation de la faiblesse de la bourgeoisie réduite à y recourir. Il niait l'éventualité de l'accès des nazis au pouvoir, la veille même de la nomination d'Hitler au poste de chancelier, le 29 janvier 1933. Le lendemain, pourtant déjà victime d'interdits, il affirmait encore : « *Hitler gouverne mais le communisme avance* ».

Affolé cependant, il a fini par proposer une grève générale aux sociaux-démocrates, mais beaucoup trop tard. Alors, comme par enchantement, l'Internationale est revenue au mot d'ordre du *Front unique* assorti du qualificatif « *assoupli* ». Thälmann proposait l'unité au cours d'un meeting le 24 février. Un accord était signé le 27.

Mais les nazis ont allumé l'incendie du Reichstag et en ont pris prétexte pour interdire le KPD et arrêter 4 000 de ses dirigeants. Aux élections du 5 mars, **le Front unique avait beau recueillir 53 % des voix** sous la terreur, alors que le parti nazi tombait à 44 % (et 20 % à Berlin), **le plus grand Parti communiste du monde capitaliste était détruit** sans même avoir pu réellement lutter. Confinés dans l'action clandestine, presque tous ses militants allaient être exterminés ou déportés.

Cette catastrophe était lourde de conséquences : le peuple allemand conduit au néant culturel, à la liquidation de toute résistance, à l'extermination des Juifs et des communistes, puis à la guerre la plus meurtrière, la plus destructrice, **le socialisme soviétique lui-même menacé de disparition**.

Et pourtant, le lendemain, l'Internationale stalinienne, qui avait toujours raison, estimait que le règne de la bourgeoisie touchait à sa fin. Elle revenait tranquillement au mot d'ordre *classe contre classe* et à la dénonciation des *social-fascistes*.

5. La guerre d'Espagne

Il a fallu attendre encore trois ans pour que Staline prenne conscience du danger de la montée du nazisme et du fascisme. En 1936, le rapport de Kirov prescrivait enfin la formation des Fronts populaires qui ont triomphé aux élections en Espagne et en France.

La guerre de la jeune république espagnole contre le soulèvement militaire franquiste a montré encore l'inanité de la stratégie stalinienne.

Hanté par la fragilité de son pouvoir, Staline a sous-estimé l'importance de la résistance républicaine qui, sans directive de l'Internationale, a pourtant mobilisé de nombreux militants communistes de divers pays, et particulièrement d'ailleurs de nombreux militants exilés d'Allemagne et d'Italie. Maurice Thorez a dû le solliciter directement pour qu'il prenne conscience de cette mobilisation face à la coalition fasciste et nazie avec les troupes franquistes.

Les brigades internationales, recrutées, entraînées et acheminées par les communistes ont permis à l'armée républicaine de repasser à l'offensive. Mais la participation soviétique a été constituée presque exclusivement d'armes et d'un encadrement militaire, technique et organisationnel.

6. La Constitution soviétique de 1936, le système socialiste et l'Etat du peuple entier

Alors que l'Opposition unifiée venait d'être écrasée et exterminée, alors que la collectivisation et l'industrialisation n'étaient réalisées qu'à coup d'arrestations massives, de massacres et de déportations, une nouvelle Constitution a été instaurée, celle de « *l'Etat du peuple entier* », consacrant officiellement (et paradoxalement) « *la fin de la lutte des classes en URSS* »([40]).

Cet événement a été important, au-delà de cette Constitution elle-même, car il a dû être justifié par une théorisation.

40 - Cf. Etienne Balibar, «*la dictature du prolétariat*».

Dix-neuf ans auparavant, les idées de Karl Marx sur l'Etat avaient été reprises, compilées et actualisées par Lénine, dans un exposé clair sinon incontestable, *l'Etat et la révolution*.

Parler tout à coup « *d'Etat du peuple entier* » exigeait quelque explication pour des communistes jusqu'alors convaincus de la nécessité de la dictature du prolétariat.

C'est un rapport de Staline au Comité central qui a justifié cette Constitution.

Il a d'abord dressé un tableau très optimiste des changements survenus entre 1924 et 1936, d'où disparaissent toutes les violences, exécutions, déportations.

« *La victoire totale du* ***système socialiste*** *dans toutes les sphères de l'économie nationale est désormais un fait acquis. Cela signifie que l'exploitation de l'homme par l'homme a été supprimée, liquidée, et que la propriété socialiste des instruments et moyens de production s'est affirmée comme la base intangible de notre société soviétique* ».

Puis il a décrit ce que sont devenues selon lui les trois classes sociales subsistantes :

« *La classe ouvrière n'est plus privée des instruments et moyens de production ; au contraire, elle les possède en commun avec le peuple entier (...). Toute possibilité de l'exploiter est exclue. (...) Le prolétariat de l'URSS est devenu* ***une classe ouvrière absolument nouvelle, affranchie de l'exploitation****, comme on n'en a jamais connu dans l'histoire de l'humanité* ».

« *La paysannerie, (...) classe de petits producteurs esclaves des propriétaires fonciers, des koulaks, marchands, spéculateurs et usuriers, (...) n'existe plus chez nous. La paysannerie soviétique est une paysannerie absolument nouvelle* ».

« *Les intellectuels soviétiques sont des intellectuels absolument nouveaux, liés par toutes leurs racines à la classe ouvrière et à la paysannerie. Leur composition sociale a changé (...), ils doivent servir le peuple* ».

Répondant aux critiques (« *s'il est permis de les appeler ainsi* », ajoutait-il avec sa délicatesse coutumière), il parlait de « *transformation de la dictature en un système plus souple* », l'Etat du peuple entier.

Ainsi, selon Staline, suivi comme un seul homme par le Comité central purgé de toute opposition,

- **cette Constitution met fin à la dictature du prolétariat**, parce que « *les démarcations entre les classes s'effacent (...) et également les contradictions politiques qui existaient entre elles* ». Plus de lutte des classes : les divergences seront désormais les infiltrations du capitalisme extérieur, les opposants seront des espions qui doivent être condamnés et exécutés... le *peuple entier, lui*, est uni, un.
- **le système capitaliste, aboli, « anéanti », est désormais remplacé par le « système socialiste** », établi, stable. « *L'ordre socialiste est déjà réalisé chez nous* », *fondé* « *sur la formule : de chacun selon ses capacités, à chacun selon son travail* ».

Les idéologues parleront de mode de production socialiste, de rapports de production socialistes, détournant l'analyse de Marx à propos du programme de Gotha : **les stigmates du capitalisme** selon Staline ne sont que l'insuffisance de la production qui interdit une distribution égalitaire : à chacun selon son travail, pas encore selon ses besoins. **Le système socialiste, étape stable et figée, était inventé**. Sa mission allait être l'abondance de biens produits à disposition du peuple.

La fin de la dictature du prolétariat n'était qu'une affaire de Constitution et non de lutte des classes, et d'ailleurs la lutte des classes était terminée avec l'éviction des capitalistes.

Nous voyons se clarifier dans l'histoire ce que signifie ce concept nouveau de « *construction du socialisme* », et en quoi il constitue une perversion. Nous avons maintenant les moyens de la définir.

ANNEXE

La multinationalité de l'Union soviétique

La révolution soviétique avait un autre caractère qui n'est absolument pas développé ici : elle était multinationale.

En effet, l'Empire russe dominait des pays de développement très différent. En particulier, le passé précapitaliste de l'Ukraine était très imbriqué à celui de la Russie. Le besoin capitaliste d'une ouverture sur les mers s'était traduit à la fois par le création du port d'Odessa sur la Mer Noire, et de la ville industrielle et portuaire de St Petersbourg, devenue la capitale, sur la Baltique. La Russie avait aussi conquis la Finlande, nation capitaliste développée, les pays du littoral de la Mer Noire, du Caucase et de la Caspienne ; elle s'étendait sur la Sibérie et dominait toute l'Asie du Nord.

Le Parti communiste avait organisé le prolétariat et la lutte des classes dans une grande partie de l'Empire. La révolution s'y était développée aux confins de l'Europe. La 11ème Symphonie de Chostakovitch et le film Le Cuirassé Potemkine ont immortalisé le rôle du prolétariat ukrainien dans les révolutions de 1905 et 1917. Les écrits de Rosa Luxembourg et de Lénine en témoignent aussi.

En fin de compte, la guerre civile qui a dû repousser l'armée blanche et les armées étrangères coalisées contre la révolution a implanté de façons diverses les partis communistes sur tout l'ancien Empire.

La politique stalinienne des nationalités devrait être un chapitre de ce livre. Nous y retrouverions les mêmes erreurs politiques que ce que nous avons déjà écrit, mais ce chapitre, par sa dimension, serait lui-même un autre livre. Je ne crois pas avoir les moyens de l'écrire.

CHAPITRE 5 (I)

Qu'est-ce que le stalinisme ?

Les intrigues et les crimes par lesquels Staline a réussi à imposer son pouvoir ont certes un intérêt, mais un intérêt second par rapport à l'idéologie, à la stratégie qu'elle sous-tend, et aux forces qui l'ont imposée.

Au-delà des considérations sur les ambitions, les calculs personnels et les intérêts de classe ou de caste, au-delà du constat des crimes et de l'oppression totalitaire, **comprendre quelles orientations, quels buts et quelle stratégie** recouvrait la prise de pouvoir de Staline, c'est comprendre les racines des dérives stratégiques et idéologiques des partis communistes (et aussi celles des organisations trotskistes), leurs erreurs et leurs échecs pendant ces 70 années. C'est comprendre l'origine de leurs formes d'organisation et de leurs modes de fonctionnement. C'est se donner les moyens d'une rupture complète avec les aberrations staliniennes qui ont conduit au désastre.

Le rappel historique ci-dessus était à notre avis nécessaire pour saisir l'articulation entre les idées de Marx, l'empreinte de la révolution de 1917 sur le mouvement communiste et l'intrusion massive et cœrcitive du *stalinisme*.

1. Le « terrain » du stalinisme

1.1. L'isolement persistant de la révolution

Lénine (comme Trotski) pensait que les atrocités et les privations de la guerre de 1914 allaient provoquer un raz de marée révolutionnaire dans les pays les plus développés.

Il avait expliqué les retards, les faiblesses et les échecs des tentatives d'autres soulèvements, par l'opportunisme et le réformisme de « *la couche supérieure du prolétariat* » que le capitalisme parvenait à corrompre dans son essor impérialiste mondial.

Or, c'était dans toutes les couches du prolétariat des pays industrialisés que se manifestait cette défection. A tous les niveaux, le nationalisme avait fait des ravages, et démobilisé la majorité des salariés. A tous les niveaux, la xénophobie et le racisme paralysaient le développement révolutionnaire des luttes de classe.

Ainsi, l'impérialisme a déplacé les contradictions de classes les plus aiguës, des pays industrialisés dominants vers les pays dépendants ou « *retardataires* ». De fait, les mouvements sociaux les plus radicaux du XXe siècle se sont bien développés dans de tels pays : Russie, Hongrie, Yougoslavie, Viêt Nam, Chine, Cuba.

Et seul le prolétariat russe confronté directement à la guerre était parvenu à affronter victorieusement le pouvoir tsariste affaibli.

Aucune autre révolution n'est venue appuyer efficacement le nouveau pouvoir soviétique, isolé face à des destructions matérielles et humaines énormes.

1.2. La faiblesse numérique du prolétariat russe et la versatilité paysanne

La révolution russe, fondée sur l'alliance du prolétariat et de la paysannerie, a bénéficié de l'organisation de la paysannerie autour du PSR (parti socialiste révolutionnaire).

En conséquence, le pouvoir issu de la révolution devait compter sur l'engagement du prolétariat et le soutien des petits paysans. Or, en 1922,

* la faiblesse numérique croissante du prolétariat décimé par la guerre civile, et « *l'inculture* » (Lénine) de ses nouveaux éléments issus de la paysannerie, mettaient en péril l'existence même du pouvoir.
* Les destructions et la dégradation de la production agricole et industrielle engendrées par la guerre civile avaient créé une situation économique désastreuse. La faim et le froid avaient soumis une grande partie de la classe ouvrière aux intrigues des oppositions contre-révolutionnaires, alors que le parti bolchevique était débordé.
* Les petits paysans, nouveaux propriétaires, étaient plus solidaires des koulaks que du prolétariat. Leur révolte et sa répression les avaient détachés de la révolution, et soumis à l'idéologie dominante diffusée par les SR.

La victoire militaire acquise, la NEP a pu rompre la spirale de violences. Elle est parvenue à une certaine réadhésion des masses populaires, mais pas (ou pas encore) à leur engagement actif et conscient.

1.3. Les pratiques et les institutions démocratiques

Dans cette situation, les Bolcheviques au pouvoir se sont progressivement éloignés des pratiques démocratiques.

* La guerre civile a accentué jusqu'à l'extrême un **fonctionnement centralisé** de l'Etat. Le « *pouvoir des soviets* » s'est très rapidement concentré sur le bureau politique du parti, composé de 7 membres.

  Elle a aussi contribué à induire une direction hiérarchisée du combat : la militarisation trotskiste du travail a sévi deux années.

  La NEP a dû affronter l'inculture technique générale et l'incompétence face à la désorganisation économique et aux relations contractuelles du commerce avec les capitalistes « *Le capitaliste le sait, vous le savez, vous ?* ».

* **Le développement de la bureaucratie** a été une conséquence autant qu'une cause de cette incompétence. Lénine en était préoccupé. Il en dénonçait la croissance numérique et les méthodes.

La puissance de l'appareil avait pris le pas sur le mouvement populaire délaissé et sur le mouvement militant, encadré.

C'est sur ce terrain que s'est engagée la lutte pour le pouvoir, et qu'a triomphé le tournant stalinien qui allait dévoyer jusqu'à la caricature l'ensemble du mouvement communiste.

2. L'idéologie et la stratégie staliniennes : la construction du socialisme dans un seul pays

Dans *l'Idéologie allemande*, Marx et Engels ont mis en lumière le rôle des **idéologies qui inversent le réel.**

« *Toute nouvelle classe qui prend la place d'une classe précédemment dominante est obligée de présenter ses intérêts comme l'intérêt commun, (...) de présenter ses pensées sous la forme de l'universalité, de les proclamer seules raisonnables, les seules qui aient valeur universelle* ».

Le prolétariat, lui, n'a pas à élaborer et imposer une idéologie, pensait-ils, il n'a pas d'autre classe à mystifier pour la dominer. Pour agir et transformer le monde, il n'a pas besoin d'une idéologie, mais d'une « *démarche scientifique* » qui élabore la théorie, jamais définitive, et la confronte constamment à la réalité par l'expérience, c'est-à-dire par l'action transformatrice ([41]).

C'est bien en se coupant totalement du prolétariat que Staline et le PCUS ont constitué une idéologie, rigide et mystifiante, c'est-à-dire selon Marx, un ensemble d'idées qui *inversent le réel*, qui le travestissent pour le faire accepter.

---

41 - Cf. 1er chapitre de *Marx vérifié par l'expérience.* L'idée d'une « science marxiste » a tellement galvaudé et travesti les concepts marxistes que beaucoup les rejettent sans même les connaître. Il n'y a pas de science marxiste, mais pour être scientifique, la théorie doit être élaborée et vérifiée constamment par sa confrontation expérimentale à la réalité. Ce n'est pas le cas du « stalinisme ».

2.1. Les conceptions marxistes antérieures

On a souvent insisté, à la suite de Trotski, sur la critique des mots « *dans un seul pays* », sans voir que **le concept même de « *construction du socialisme* » était, de fait, ambigu et pervers**.

Pour le comprendre, revenons sur la conception de Marx d'une société issue d'une révolution. En effet, cette conception explique l'origine et la nature des dérives staliniennes. Il faudra bien en débattre un jour si on veut que les conceptions d'une autre société se clarifient, alors que l'échec du capitalisme est de plus en plus patent.

2.1.1. Marx et les stigmates de l'ancienne société

Quand il parle de la société communiste telle qu'elle vient de sortir de la société capitaliste, Marx dit que « *sous tous les rapports, économique, moral, intellectuel, elle porte encore* ***les stigmates de l'ancienne société*** *dont elle est issue* » *(Critique du programme de Gotha)*.

Il n'a sans doute pas choisi par hasard ce mot, « ***stigmate*** », qui évoque à la fois une signification symbolique et une empreinte profonde, dans la chair, **une plaie**, contrairement au mot « *survivances* » de Lénine.

L'abolition de la propriété privée des moyens de production et d'échange, tout en bouleversant la base économique de la société, ne peut faire disparaître d'elle-même les inégalités de situation, les fonctionnements structurels, les idéologies et les comportements hiérarchisés hérités du capitalisme. Elle est la condition génitrice de la nouvelle société, et non une génitrice mécanique.

Parmi les stigmates de la société capitaliste, ce texte cite d'abord les inégalités des salaires qui étaient en cause dans le programme soumis au congrès de Gotha. La valeur de la force de travail incorpore le coût des enfants et de la vieillesse (« *l'un a plus d'enfants* »), et surtout l'instruction (*le travail intellectuel opposé au travail manuel*) et l'intensité du travail.

Le droit restera, un temps, *inégal*, dit-il.

« *Le droit ne peut être plus élevé que l'état économique de la société, et que le degré de civilisation qui y correspond* ».

Le droit au salaire est soumis à « ***l'asservissante subordination des individus à la division du travail*** », fondée sur « ***l'opposition entre le travail intellectuel et le travail manuel*** ».

Effectivement, la nouvelle société socialiste, en 1923, a bien hérité de l'inégalité dans tous les domaines, fondée sur l'inégalité de l'accession au savoir, comprendre, savoir faire, savoir être.

Selon Marx, pour que « *la société puisse écrire sur ses drapeaux : de chacun selon ses capacités, à chacun selon ses besoins, la disparition de l'asservissante subordination à la division du travail entre travail manuel et travail intellectuel* » est primordiale, citée avant même *l'accroissement des forces productives.*

Il aurait donc exigé d'une société socialiste que la lutte des classes y transforme la société « *dans tous les domaines* », afin que chacun devienne capable de travail intellectuel et de travail manuel.

Le « *socialisme* », c'est-à-dire le communisme en gestation, devait être **une société en constante transformation**, *dans tous les domaines*, pour faire disparaître ces stigmates du capitalisme et des sociétés antérieures.

Ainsi peut-on dire que, selon Marx, **la lutte des classes en URSS n'était pas terminée en 1936**. Car, après l'abolition du capitalisme par la socialisation de sa base économique, la lutte des classes s'opposait encore à ses **stigmates**. Si le capitalisme est néfaste, ses stigmates l'étaient aussi.

Ceux-ci **résultaient de la division de la société en classes sociales, ils ne pouvaient donc disparaître que par la lutte des classes**. Les exploiteurs n'étaient plus là effectivement, mais les effets de l'exploitation subsistaient, la bureaucratie maintenait les structures-stigmates de l'ancienne société.

De même que, sous le capitalisme, le prolétariat se heurte non seulement au patronat, mais à la structure qu'il a créée et utilise, complexe et vivante, économique, financière, politique, idéologique, **de même, dans le socialisme naissant**, les forces révolutionnaires se sont heurtées à l'empreinte profonde et durable des structures de l'ancienne société, à son fonctionnement et sa culture, à la hiérarchie des salaires et au stakhanovisme, à l'inégalité du savoir et à l'inculture, à la concurrence et à l'interdit de la lutte des classes.

Car la classe capitaliste n'est pas que l'union des exploiteurs. Elle est une structure organisée pour l'exploitation, et cette structure subsistait, renouvelée et ancrée dans la société après la révolution. Après la disparition de la catégorie d'exploiteur, après la disparition de l'accumulation privée du capital, la structure sociale créée pour l'exploitation et fondée sur la division hiérarchisée du travail était encore là, stigmate de l'ancienne société capitaliste. Elle devait encore être extirpée, en dépit de ceux qui en profitaient ([42]).

La base économique de la société capitaliste est fondée sur la propriété privée des moyens de production. **Au-dessus de cette base se trouve « *l'énorme superstructure* »** des organismes publics ou privés qui conçoivent, enseignent, écrivent, diffusent, organisent, dirigent, encadrés par l'arsenal juridique et culturel. **La base de la nouvelle société exige une tout autre superstructure** fondée non plus sur la concurrence, fût-elle compétition, mais sur la coopération, non plus sur les privilèges du savoir

42 - Notons qu'une des conquêtes les plus importantes de la révolution, la structure éducative soviétique, a pu survivre au massacre stalinien.

mais sur son partage intégral. La transformation de cette superstructure, « *sous tous les rapports, économique, moral, intellectuel* » implique une nouvelle phase, inédite, de la lutte des classes.

Ajoutons dès maintenant que la bureaucratie, nous le verrons, n'est pas une classe. Mais elle en tient lieu. En pérennisant les stigmates de la société capitaliste, elle tendait à se transformer en nouvelle classe capitaliste et à restaurer la propriété privée des moyens de production et le marché, ce qu'elle a effectivement fait, en définitive.

2.1.2. Que serait donc le régime politique de cette période de transformation selon Marx ?

La « ***dictature du prolétariat*** », répond-il. Voilà lâché le mot qui fâche ! Marx serait-il partisan d'un régime totalitaire ?

Quand il parle de dictature, ce n'est pas d'une Constitution qu'il s'agit, ni de la manière dont est exercé le pouvoir. La *dictature de la bourgeoisie* est exercée aussi bien par une république bourgeoise que par une monarchie, un empire ou une dictature militaire. La classe capitaliste est la classe dominante, elle dicte sa volonté, la loi, en tant que classe.

Marx n'a presque rien écrit sur la dictature du prolétariat. Il se bornait en général à l'expression « *constitution du prolétariat en classe dominante* ». L'expression « *dictature du prolétariat* » n'apparaît guère que dans de très rares et brèves allusions, puis dans la Critique du programme de Gotha. Au sujet de la période de transformation « *économique, morale, intellectuelle* », qui doit faire disparaître les stigmates du capitalisme, particulièrement *l'asservissante subordination à la division du travail manuel et du travail intellectuel*, il écrit : « *Entre la société capitaliste et la société communiste se place la période de transformation révolutionnaire de celle-là en celle-ci. A quoi correspond une période de transition politique, où l'Etat ne saurait être autre chose que la dictature du prolétariat* ». C'est tout. Cette transition ne peut être autre chose effectivement, puisque que le prolétariat est devenu classe dominante, mais il n'est pas question d'une phase autoritaire et centralisée, ni *a fortiori* d'une dictature militaire.

Au contraire, pour une telle transformation, le pouvoir ne peut être qu'une démocratie beaucoup plus totale que la démocratie bourgeoise, celle dont il voit la naissance dans la société de la Commune : « *La première étape dans la révolution ouvrière est la constitution du prolétariat en classe dominante,* ***la conquête de la démocratie*** ».

2.1.3. Lénine

Lénine disait « *édifier le socialisme* », et « *édifier le communisme* », sans faire de différence entre ces deux expressions. Construire le socialisme ou le communisme, c'était la même chose, le socialisme était la société capitaliste en voie de mutation en société communiste. Par la socialisation des moyens de production, la société accédait au socialisme, en constante gestation communiste (Cf. *Etienne Balibar*).

Nulle part, il n'a fait allusion, comme les partis communistes depuis Staline, à une société intermédiaire stable, le socialisme, qui aurait été exempt de lutte des classes sociales et doté de *rapports de production socialistes.*

Dans *l'Etat et la révolution* (1917), par exemple, il dénonçait « *l'immense mensonge suivant lequel le socialisme est quelque chose de forgé, de donné une fois pour toutes, alors qu'en réalité c'est seulement avec le socialisme que commencera dans tous les domaines de la vie sociale et privée un mouvement de progression rapide, effectif, de masse, auquel participera d'abord la majorité, puis la totalité de la population* ».

La guerre civile a entraîné, nous l'avons vu, un profond divorce entre cette théorie et les faits, entre le modèle de la Commune et l'Etat des soviets en 1921.

Dans la phase révolutionnaire de l'année 1917, les soviets (conseils) formés à la base, dans les usines, les régiments, les campagnes, remplissaient le rôle d'élaboration, de débat, de revendications et d'actions, tout en constituant la structure élue à l'échelle nationale. Mais le pouvoir acquis, leur effervescence créatrice s'est éteinte. Leur rôle de représentation a prévalu sur leur fonction d'élaboration en symbiose dialectique avec la population. Ils avaient reçu le pouvoir, ils ne l'ont jamais exercé pleinement.

En lançant, en 1921, un mouvement de redressement pour rallier paysans et ouvriers à l'effort de transformation de la société en une autre société, Lénine a tenté de renouer avec cette conception marxienne (Cf. ci-dessous son bilan de la NEP pour le prolétariat et la paysannerie, dans son intervention au IVe congrès de l'Internationale).

En 1917 déjà, dans l'Etat et la Révolution, il défendait, bec et ongles, **la nécessité de détruire la machine de l'Etat, puis de faire dépérir l'Etat**, outil de domination.

Mais autant la révolution a pu vaincre l'appareil cœrcitif de l'Etat capitaliste, les junkers et la réaction armée, autant elle a pu constituer une puissante Armée rouge face à la coalition militaire des pays capitalistes, grâce à l'afflux des déserteurs avec leurs armes, autant elle a même pu rallier des officiers de l'armée tsariste, autant elle a échoué à remplacer l'administration tsariste et les directions des entreprises par une structure innovante, mobilisée pour la transformation « *économique, morale, intellectuelle* » de la société.

Lénine pensait que les militants bolcheviques en étaient capables. Il n'avait pas mesuré les enjeux du partage du savoir, et la difficulté de la fusion du travail manuel et du travail intellectuel.

Il a dû reconnaître que les fonctions de l'appareil d'Etat exigent une organisation rigoureuse, et des compétences professionnelles de tous les niveaux. « *Vous ne savez pas… le capitaliste le sait, lui* », écrivait-il au moment de la NEP. Il réclamait une *révolution culturelle.*

L'Etat soviétique n'exerçait pas la dictature du prolétariat mais *pour le compte du prolétariat, avec une déformation bureaucratique*, disait-il. Comment pouvait-on corriger cette déformation bureaucratique, autrement que par une démocratie réellement « *participative* », telle que celle des soviets dans les combats révolutionnaires ?

Au contraire, profitant du trouble créé par la maladie et la mort de Lénine, Staline mettait silencieusement en œuvre l'appareil du parti, qu'il recrutait et qu'il a défendu plus tard comme un appareil prolétarien, substitué à l'appareil bourgeois. L'appareil stalinien était défini comme prolétarien par son seul acte de naissance et non par son action.

En 1924, Lénine est mort sans avoir vu l'achèvement de la mobilisation populaire pour la transformation sociale. Et Staline, prenant en main le parti bolchevique, y a mis un coup d'arrêt : l'appareil stalinien allait transformer la société sans le peuple, et partant, contre lui.

2.1.4. Trotski

Trotski avait compris, dès 1905, l'importance de la mise en place du premier Conseil ouvrier, le soviet d'Ivanovo Voznessen à Vyborg (Petrograd), comme lieu de regroupement des revendications politiques, de décisions et d'organisation de la lutte. Sous son impulsion, en 1917, le soviet de Petrograd, remarquablement organisé, a été le fer de lance de la révolution.

En 1920, ayant accompli sa mission dans la guerre civile, il a été chargé de la remise en état des transports désorganisés et ruinés. Il a mis en œuvre alors, avec efficacité, des méthodes très contestées parce que militaires, de mobilisation des travailleurs et d'organisation de la production ([43]).

Puis il a théorisé ses conceptions dans *Le rôle et les tâches des syndicats.* Elles ont suscité une vive discussion dans le parti.

Il proposait aux syndicats de « *concentrer entre leurs mains la vie économique tout entière* ».

Leur rôle d'organisation du prolétariat dans un Etat ouvrier devait être de mobiliser les travailleurs et d'organiser le travail et l'économie. « *Les syndicats actuels ne peuvent lutter que pour l'augmentation de la productivité du travail puisque c'est l'unique moyen d'améliorer la situation des masses ouvrières* ». « *Le problème nouveau qu'aucun syndicat n'a jamais résolu et ne pouvait résoudre puisqu'il ne se posait pas (…) c'est l'organisation des masses dans la production et pour la production* ».

43 - Ses conceptions initiales allaient très loin, puisqu'il y était question de traiter les « *déserteurs* » avec la rigueur du code militaire.

Ces propositions confiaient à l'organisation syndicale des salariés, des prolétaires, les prérogatives qu'accaparait l'appareil bureaucratique du parti dominé par Staline.

Lénine répondait que le rôle des syndicats était « *la sauvegarde des intérêts matériels des masses laborieuses* » et « *la lutte contre les déformations bureaucratiques de l'appareil soviétique* ». Ils ne pouvaient assumer collectivement le pouvoir économique sans en avoir acquis la capacité, et surtout ils ne pouvaient assumer le rôle d'un parti. Ainsi surgissait dans les débats la dialectique du savoir et du pouvoir, c'est-à-dire la revendication d'extension du savoir à tous les « *prolétaires* », en vue de leur responsabilisation.

En définissant la société socialiste par sa base, fondée sur la propriété collective et le plan, Trotski sous-estimait l'importance de la transformation de la superstructure, le rôle de la démocratie, du partage du savoir et des responsabilités.

Ainsi, il a considéré que les décisions staliniennes d'industrialisation et de collectivisation étaient copiées sur son programme. « *Le développement des forces productives s'est fait non dans la direction du rétablissement de la propriété privée, mais sur la base de la socialisation, par la voie d'une direction planifiée* », écrivait-il en 1932.

En résumé…

La question posée par Marx est fondamentale.

Après la révolution, la propriété publique des moyens de production étant acquise, **la nouvelle base de la société exige une superstructure nouvelle**, elle exige la progression vers l'égalité sociale par l'émancipation du travail manuel et l'acquisition partagée du savoir, des compétences intellectuelles et des responsabilités.

D'ailleurs, la propriété n'est réellement collective que si ses attributs, direction, décision, gestion sont partagés, ce qui constitue et nécessite **une nouvelle phase de la lutte des classes** pour une nouvelle forme de démocratie.

Qu'a fait de cette exigence l'appareil stalinien qui a pris le pouvoir en 1927 ?

Répondre à cette question au-delà du concept de totalitarisme est important, parce que les 67 années de stalinisme et leurs prolongements résiduels, encore présents, nous sont présentés constamment et bruyamment, à chaque occasion, comme le communisme. Or, ce discours dissuasif est contre-vérité :

le stalinisme n'est pas le communisme, mais son travestissement.

2.2. La construction du socialisme selon Staline

2.2.1. Les rapports sociaux stables du « système socialiste »

Selon Staline, il avait suffi que le parti « *avant-garde du prolétariat* » ait « *renversé complètement la base économique capitaliste* », pour qu'ait disparu tout conflit entre classes. A lire sa présentation de la nouvelle Constitution, en 1936, il n'y avait plus rien de la société capitaliste dans la société nouvelle.

La *construction du socialisme* était, pour lui, l'implantation de rapports de production « *nouveaux* » et permanents, imposés par le parti, exclusifs de rapports de classes.

Tout au long de son histoire le « *socialisme* » stalinien était autodéfini comme :
* un ***système économique*** **et social stable,**
* constitué sur la base de « ***rapports de production socialistes*** » spécifiques,
* en **compétition avec le capitalisme,**
* et **modèle** pour les peuples qui le choisiraient plus tard,

Tout ceci est diamétralement opposé aux thèses de Marx.

1. Selon Staline et ses épigones, le socialisme était un **système**, Il était donc **stable, établi**. Le communisme à venir n'était défini que par un niveau économique qui permettrait de demander à *chacun selon ses capacités, et de donner à chacun selon ses besoins*. Il serait donc atteint par l'accumulation quantitative de potentialités économiques, sans qu'il soit besoin de transformer les structures sociales, les rapports sociaux qui étaient dits, dès maintenant et définitivement, socialistes.

   « *La victoire totale du* ***système socialiste*** *dans toutes le sphères de l'économie nationale est désormais un fait acquis,* écrivait-il. *Cela signifie que l'exploitation de l'homme par l'homme a été supprimée, liquidée, et que la propriété socialiste des instruments et moyens de production s'est affirmée comme la base intangible de notre société soviétique* ».

   Selon Staline, cette propriété collective est donc réalisée sans que les « *propriétaires collectifs* » disposent des attributs de la propriété : la direction, la conception, la décision, la gestion, délégués de fait à la bureaucratie. Et la société restait hiérarchisée selon la subordination du travail manuel au travail intellectuel : on était plus ou moins propriétaire, sans pouvoir agir sur les biens possédés.

   « *L'ordre socialiste est déjà réalisé chez nous* »...

Telle quelle cette conception du socialisme, comme un « système » intermédiaire, était un concept nouveau, contraire à la pensée marxiste jusqu'alors.

2. **Concevoir ce socialisme et sa « construction » n'était d'ailleurs pas l'affaire de la masse des ouvriers**, il n'était pas question qu'ils en débattent. Ceci leur a été signifié explicitement par le rapport de Staline à la conférence des cadres de

Léningrad, le 13 avril 1926. « *Construire le socialisme* », ceci allait consister à réaliser un plan de production industrielle et agricole établi « *sans discussion générale* ».

Quand on lit ce rapport, on est frappé par cette conception de l'économie qui fait reposer exclusivement sur l'appareil la planification, l'industrialisation, le financement. La « *concentration du crédit [pour son] utilisation rationnelle* », le « *régime d'économies strict* », l'élimination des vols et détournements : tout était déjà décidé dans le détail. Les ouvriers, exécutants indispensables, ne devaient nulle part être associés à quelque réflexion ou quelque décision que ce soit : ils devaient être réunis dans des « *conférences de production* » pour être convaincus de produire : « *Je voudrais que vous persuadiez les masses du parti. (...) Il en est qui rêvent de l'ouverture d'une discussion générale dans le parti. Il en est qui ne conçoivent pas le parti sans discussion. (...) Ce qu'il nous faut c'est le renforcement de notre parti un et indivisible, animé d'une même volonté, qui dirige avec fermeté et assurance notre travail d'édification* »

Telle quelle, cette « *construction du socialisme* » sans l'avis des ouvriers était aussi un concept nouveau, contraire à toute la pensée marxiste jusqu'alors.

3. La notion marxienne de base économique appelle celle de *superstructure*. Or, de fait, la « *superstructure* » sociale de cette base atrophiée restait celle du capitalisme antérieur.

Le parti bolchevique était maintenant dirigé par un appareil recruté sans formation théorique, les révolutionnaires étaient éliminés, bannis, déportés, emprisonnés, fusillés.

L'appareil d'Etat restait très largement constitué de l'ancienne administration tsariste, comme le reconnaissait déjà Lénine. « *Nous avons hérité de l'ancien appareil d'Etat et c'est là notre malheur, disait-il au IVe congrès de l'Internationale. Il fonctionne bien souvent sans nous* ». La structure des entreprises restait aussi dominée par les anciennes compétences ([44]).

La transformation sociale, qui n'avait pu être réalisée dans les premières années après la Révolution, était pourtant considérée comme achevée.

44 - Quant on évoque la bureaucratie soviétique, on oublie souvent le développement de la bureaucratie dans le capitalisme au stade de l'impérialisme. La concentration capitaliste et la direction d'ensembles industriels gigantesques, le développement autonome du capital financier et du capital commercial ont entraîné l'hypertrophie des appareils administratifs et financiers du secteur privé, déjà avant la première guerre mondiale. Les appareils d'Etat étaient aussi devenus énormes, chargés de tâches nouvelles telles que la régulation du fonctionnement économique, les financements publics notamment en matière de transport, d'équipements, de recherche scientifique, la reproduction et la gestion de la force de travail, la colonisation etc., à quoi s'ajoutait la gestion de tous les besoins induits par les modes de vie « *modernes* ». Depuis, cette bureaucratie n'a cessé de croître et d'accroître son pouvoir, au sein de la structure de la classe capitaliste. En témoignent la prolifération soudaine de multiples tour au centre des villes.

En imposant brutalement « *l'ordre socialiste* », en mettant fin à toute discussion, les forces staliniennes ont imposé, de fait, **le maintien des structures sociales léguées par le capitalisme**, et leurs inégalités de tous ordres : les mêmes incitations, la même division du travail manuel subordonné au travail intellectuel. C'était concrètement un acte contre-révolutionnaire.

La « *base économique* » de la société, la propriété collective des moyens de production, fondée sur la coopération, ne pouvait fonctionner avec l'ancienne « *superstructure* » capitaliste, fondée sur l'exploitation et la concurrence.

4. **La propriété collective** juridique des entreprises et des coopératives (les kolkhoz) restait virtuelle **sans les attributs de la propriété, les pouvoirs de conception, de décision, de gestion**, car ceux-ci ne peuvent être collectifs sans **partage du savoir**.

   Il n'y a pas de véritable propriété collective sans démocratie complète. Il n'y a pas de démocratie sans information et sans savoir. Il n'y a pas de société socialiste sans substituer la coopération égalitaire à la concurrence.

   Les forces vives de la société pouvaient-elles adopter la planification conçue hors d'elles, octroyée, imposée et irréalisable ?

   La planification et la propriété collective exigeaient au contraire la transformation sociale, « *sous tous les rapports, économique, moral et intellectuel* », un mouvement populaire sans précédent pour affronter « *l'asservissante subordination à la division du travail, l'opposition entre travail intellectuel et travail manuel* ».

Effectivement, la lutte des classes n'était donc pas du tout achevée en Union soviétique, puisque la société portait les stigmates du capitalisme. La Constitution soviétique, en l'abolissant, c'est-à-dire en l'interdisant, constituait aussi le premier acte institutionnel contre-révolutionnaire de retour au capitalisme.

Substituer l'Etat du peuple entier à la « *dictature du prolétariat* » (pouvoir démocratique du prolétariat) revenait à **nier le prolétariat comme classe dominante**, et donc à instituer une autre domination qui ne pouvait être démocratique, celle-ci.

Trotski s'est trompé quand il a cru que les décisions du premier plan avaient été « *volées* » à l'Opposition unifiée. Loin d'une continuité avec les idées de Marx, elles étaient en rupture radicale et définitive avec elles.

2.2.2. L'idéologie du « *système socialiste* »

Le concept de « *système socialiste* » est venu habiller la réalité de la contre-révolution en révolution, la domination bureaucratique du parti en « *socialisme* », le verrouillage de la représentation démocratique en « *démocratie populaire* », l'appareil d'Etat partisan et monstrueux en « *Etat du peuple tout entier* ». La « *coexistence pacifique* » de deux systèmes concurrents, socialiste et capitaliste, puis leur « *compétition pacifique* » sont venues justifier la subordination des luttes de classes aux compromis politiques, alternant avec des tensions internationales calculées, selon les intérêts de l'Etat soviétique.

Contrairement à une analyse scientifique vérifiée par l'expérience, il s'agit bien d'une idéologie qui inverse la réalité, comme « *les lentilles de l'objectif inversent l'image du réel* »(Cf. *Marx, L'idéologie allemande*)

Cette idéologie ne pouvait que caricaturer les idées vérifiées de Marx, les vidant de tout pouvoir créateur.

Selon le rapport justificatif de la Constitution de 1936, il suffisait d'avoir remplacé juridiquement la propriété des moyens de production capitaliste par une propriété socialiste pour que cette propriété soit celle du « *peuple* » alors que ledit peuple ne disposait d'aucun des attributs de la propriété, exercés en son nom par l'appareil du Parti bolchevique, sans aucun contrôle démocratique.

Il suffisait de décréter cette propriété juridique de l'Etat du peuple entier, pour que toutes les structures sociales, tous les fonctionnements, tous les comportements hérités du capitalisme aient mécaniquement disparu, pour que la classe ouvrière et la paysannerie « *entièrement nouvelles* », fraternellement unies aux intellectuels (nouveaux aussi), n'aient plus qu'à accroître la production de façon idyllique jusqu'au communisme.
Le communisme viendrait, plus tard, mécaniquement, avec l'abondance économique ([45]).

Les anciennes classes, contradictoires et imbriquées dans leurs combats, étaient devenues, dans l'idéologie du *système socialiste*, des **blocs juxtaposés**, sans concurrence, sans divergence. Dans le *système socialiste*, le *parti du prolétariat* de 1927 devenait parti du peuple entier, la vie politique allait être entièrement soumise à son appareil : « *Un parti est une portion d'une classe, sa portion d'avant-garde (...) La liberté des partis ne peut exister que dans une société où existent des classes antagonistes* ».

Et ainsi a été instauré par la Constitution un nouvel Etat, comme si une Constitution fondait un Etat et non seulement sa forme. Ce n'était plus la dictature démocratique du prolétariat, c'est-à-dire le pouvoir de la classe dominante, mais ***l'Etat du peuple entier*, comme si toute domination était abolie par la décision d'une Constitution**. Non plus la transformation démocratique de la société sous tous les rapports, mais un « *ordre socialiste* » octroyé.

---

45 - Noter comme tout est mécanique, dans cette idéologie : un stade historique engendre l'autre, tout est juxtaposé. Cf. *la dialectique* dans *Marx vérifié par l'expérience*.

« *Entre la société capitaliste et la société communiste se place la période de transformation révolutionnaire de celle-là en celle-ci. A quoi correspond une période de transition politique, où l'Etat ne saurait être autre chose que la dictature du prolétariat* », écrivait Marx dans la Critique de programme de Gotha. Où est *l'Etat du peuple entier* dans ce texte ? Et dans la présentation de Staline, que sont devenus les *stigmates de la société capitaliste*, fondés sur *l'asservissante subordination des individus à la division du travail manuel et du travail intellectuel* ?

Il n'y a pas de filiation marxiste des idées de Staline, elles sont fondamentalement anti-marxistes.

Cette invention du *système socialiste*, des rapports de production socialistes et de l'Etat socialiste *du peuple entier* succédant à *la dictature du prolétariat* visait évidemment la justification de l'appareil répressif et administratif monstrueux qui se déchaînait. Ses actions criminelles étaient présentées comme la défense du socialisme contre le monde capitaliste, extérieur, contre ses innombrables *agents, traîtres, espions* : la lutte des classes était terminée dans la société soviétique, mais se déchaînait avec les agents capitalistes infiltrés !

2.3. La construction du socialisme « dans un seul pays »

2.3.1. La stratégie stalinienne : coexistence et compétition pacifiques

En 1925, c'était un simple constat : nous sommes seuls. Pourtant, la situation changeait. Le mouvement des luttes de classe ouvrait des possibilités. La Chine était au bord de la révolution. Le parti allemand restait puissant et capable de luttes déterminantes. Le parti français progressait ainsi que la CGTU, et bientôt les Fronts populaires français et espagnols allaient ouvrir de nouvelles perspectives.

Staline n'accordait aucune confiance aux mouvements révolutionnaires étrangers. « *Un seul pays* ».

Face à lui, Trotski avait développé depuis longtemps sa théorie de la révolution permanente qui avait le mérite de poser la question de la poursuite de la révolution à son échelle réelle, internationale.

Mais la « *contre-révolution* » stalinienne avait sa « *logique* » comme aurait dit Georges Marchais : le *système socialiste et le système capitaliste*, dans l'imaginaire stalinien, étaient opposés comme des nations concurrentes. Ils étaient ennemis, le rapport de forces armées était primordial. Mais l'enjeu de leur opposition était une compétition.

A partir de 1936, le nouveau discours visait **la justification d'une nouvelle stratégie**. La révolution étant terminée, tant dans le monde qu'en Union soviétique. L'Etat du peuple entier, socialiste, était un modèle dont le développement allait étonner le monde. « *Nous regardons* ***la victoire du socialisme dans notre pays*** *(...) comme* ***la voie à suivre pour faire triompher la révolution prolétarienne dans les autres pays*** ». L'essentiel allait être une compétition mondiale entre systèmes économiques.

Entrer en compétition au lieu de luttes revenait à accepter le capitalisme. De fait Yalta a été un partage du monde. Désormais socialisme et capitalisme cohabitaient.

Ainsi la stratégie stalinienne impliquait l'abandon de la stratégie révolutionnaire, à l'extérieur comme à l'intérieur de l'URSS.

Selon les circonstances, le « *système socialiste* » se déclarait en guerre, la « *guerre froide* », ou en « *compétition pacifique* », quitte à louvoyer parfois soit au bord de l'abîme, soit jusqu'à la plus honteuse compromission comme lors du Pacte germano-soviétique.

Les premiers résultats désastreux de cette *acceptation-compétition* en ont été l'élimination du Parti communiste chinois en 1927, puis la victoire du nazisme, la destruction et l'exécution des communistes allemands en 1933. Elle a circonscrit les Fronts populaires aux politiques des PS, tandis que les brigades internationales étaient sacrifiées en Espagne où triomphait le franquisme. Elle a provoqué l'extermination de millions de paysans et d'ouvriers, et la déportation d'autant, révoltés. A son apogée, la trahison du pacte germano-soviétique a jeté les partis communistes dans une confusion inextricable et désarmante. Et pourtant, elle n'a pas empêché l'invasion allemande jusqu'aux portes de Moscou.

Le retournement du rapport de forces à Stalingrad ne doit rien au stalinisme, et beaucoup aux souffrances et à la résistance populaires.

Puis l'accord de Yalta a dessiné la carte des pays « *socialistes* » selon l'avance des troupes soviétiques au mépris de la volonté des peuples et des possibilités révolutionnaires réelles. La troisième Internationale étant détruite, la politique communiste internationale était définie au cours de conférences mondiales. Elle était dictée désormais par la **« *compétition* » des systèmes économiques socialiste et capitaliste**, jusqu'à l'écroulement des pays du système socialiste étouffés par leur dette, la démobilisation populaire et les conséquences des répressions.

2.3.2. L'alternance de compromis et de replis sectaires

Dés 1926, cette stratégie allait faire alterner des périodes de tension calculée, parfois d'un sectarisme effrayant (les procès de Moscou, la guerre froide, la chasse aux déviationnistes « *titistes* », le réalisme socialiste de Jdanov, le schisme avec la Chine, la course aux armements) et des périodes de compromis (les Fronts populaires partagés avec les partis réformistes, le pacte germano-soviétique, le partage du monde à Yalta, *la coexistence pacifique, la compétition entre régimes différents*).

Au sein de l'Internationale, les partis communistes allaient aussi être soumis alternativement à des tensions isolantes et des compromis paralysants, au lieu d'une lutte cohérente.

En conséquence, cette société, exclusive de lutte transformatrice, n'était pas une société de transition. Elle n'a pas fait de transition, elle a oscillé, en **retournements** successifs, entre les compromis opportunistes de la *compétition* et la fiction sectaire des objectifs "*révolutionnaires*". Et à chaque retournement, les boucs émissaires de l'erreur antérieure étaient férocement condamnés.

Souvenons-nous. Depuis la mort de Lénine...

1924-1926. Cette première phase a été un **coup d'arrêt** du mouvement révolutionnaire, et l'élimination des partisans de Trotski. La règle devenait d'éviter tout risque de rétorsion contre la construction du modèle communiste. Le mot d'ordre *classe contre classe* était substitué à *Front unique* pour donner le change.

L'ambition de Zinoviev a été utilisée pour durcir le discours, dévier la lutte vers des actions de commando et dénoncer toute opposition comme trotskiste et social-démocrate.

1926-1927. Trotski étant isolé, l'alliance de Staline avec Boukharine, centrée sur le **prolongement de la NEP**, lui permettait de s'appuyer sur la paysannerie et de lancer *la construction du socialisme dans un seul pays*, tout en orientant l'Internationale vers des compromis et des apaisements sécurisants en écartant Zinoviev.

1927-1933. Le désastre du parti chinois a démontré l'inanité de cette stratégie, et déclenché **la lutte à mort**. Zinoviev, Kamenev, Boukharine ont été rejetés violemment avec Trotski. Les « *partis frères* » ont été mis en mutation conforme.

L'ennemi était la sociale démocratie, « *appui idéologique du capitalisme* ». Les « *social fashistes* », étaient des « *agents de la bourgeoisie dans le mouvement ouvrier* ». « *Il est impossible d'en finir avec le capitalisme sans en avoir fini avec la social-démocratie* ».

Toute opposition éliminée, la construction du socialisme modèle impliquait de reprendre des idées combattues les années précédentes. Le *congrès des vainqueurs* a lancé l'industrialisation et la collectivisation des terres à marche forcée, suivant un plan bureaucratique, imposé à coup de condamnations massives, à mort ou au bagne. C'était, disait Staline, que « *la lutte des classes s'aiguisait* » à l'échelle internationale.

1933. La victoire du nazisme et la liquidation du puissant parti allemand a enfin obligé à « ***un assouplissement*** », très provisoire.

1934-1936. Retour au mot d'ordre « *classe contre classe* », et à la lutte contre les « *social-fascistes* ».

1936. Le balancier est revenu à « ***l'ouverture*** » quand la menace anti-communiste fasciste est devenue évidente. C'est l'époque des Fronts populaires, en Espagne et en France notamment.

1938-1941. Munich a précipité **le pire des compromis staliniens** : le pacte germano-soviétique qui a ruiné le mouvement international à la veille de la guerre, tandis que l'URSS attendait la fin du « *conflit entre les impérialismes* ». Les partis communistes devaient se soumettre prudemment, de crainte de mettre en cause l'Union soviétique.

1941-1944. Ecroulement du pacte germano soviétique : foudroyante, l'invasion allemande a surpris l'Armée rouge décapitée. Son avance jusqu'aux portes de Moscou a fait craindre le renversement du socialisme. L'épopée **de la résistance et de la reconquête** soviétiques ont étonné le monde.

Partout, la participation héroïque des communistes aux luttes armées de la Résistance a rétabli leur popularité.

1944-1947. La victoire et le partage de Yalta ont porté Staline au faîte de sa gloire. L'idée de ***coexistence pacifique*** (1944-47) a permis d'asseoir les gouvernements des démocraties populaires, et de faire tolérer les partis communistes.

1947. Retournement brutal, nouvelle phase sectaire : au plan Marshall de reconstruction des économies capitalistes, il fallait opposer la coopération socialiste. C'était la guerre froide, et bientôt les persécutions anti-titistes et les procès en trahison de Slanski, London, Rajk etc.

1954. Après la mort de Staline se sont encore succédé les phases alternativement « *ouvertes* » et sectaires de *la compétition entre systèmes sociaux et économiques différents*, incarnées successivement et inversement par Khrouchtchev, Brejnev, Andropov, Krilenko, Gorbatchev.

Curieusement, c'est dans les phases « *ouvertes* » de compromis que, dans les autres pays, les luttes de classes ont pris un caractère international et unitaire. En effet, « *l'ouverture* » permettait des concertations, les mobilisations revendicatives facilitaient la solidarité anti-coloniale.

Inversement, les phases de guerre froide et de purges, présentées pourtant comme la quintessence de la révolution, paralysaient tout mouvement révolutionnaire.

Cette alternance politique et idéologique de phases opposées est **une caractéristique du stalinisme**. Elle est la conséquence de sa dualité : ses origines l'obligeaient à paraître développer les luttes de classes, vite incohérentes avec sa stratégie de compromis.

A chaque retournement, les orientations et la théorisation de la phase précédente étaient oubliées, comme si elles n'avaient jamais existé. La vérité « *scientifique* » de l'orientation nouvelle était portée aux nues.

Cette alternance déroutante a largement contribué à la destruction du mouvement communiste international et de chaque parti.

La compétition entre ces « *systèmes différents* » ne pouvait être pacifique. Comme la concurrence sur le marché, c'était un combat à mort. Le plus fort devait absorber ou détruire le plus faible. Les volte-face politiques ne pouvaient rien y changer.

3. Conclusion

Ainsi, **le stalinisme n'était pas d'abord un « *totalitarisme* »**. Il était d'abord, selon la terminologie de la tradition stalinienne, « ***révisionniste*** » et « ***réformiste*** ».
Il était **totalitaire *parce que anti-révolutionnaire dans une histoire révolutionnaire*** ([46]).

Dans la littérature de l'idéologie dominante capitaliste, le mot *totalitarisme* désigne indifféremment le stalinisme aussi bien que les nombreuses dictatures militaires et policières du capital, du nazisme aux régimes post-coloniaux. Ainsi passe-t-il à la trappe les causes des dégénérescences passées et actuelles du communisme travesti.

Savoir que le « *totalitarisme* » stalinien était l'annihilation du mouvement révolutionnaire, en URSS et au plan international, n'est pas indifférent à la réflexion et à l'action des communistes.

Il nous reste donc à comprendre comment une telle supercherie a pu s'imposer à des générations successives de militants, car le stalinisme a eu cet aspect particulier que n'ont pas les autres *totalitarismes* : l'adhésion réelle, volontaire, en général désintéressée et fidèle, parfois héroïque, de millions de militants, convaincus de se dévouer pour l'avenir de l'humanité et de se conformer à ce qu'ils croyaient la tradition marxiste.

L'idée d'un système politique et économique socialiste stable, précurseur du communisme, reste d'ailleurs encore enracinée dans les partis communistes (et même trotskistes !), qu'elle soit habillée des couleurs de la France, du costume humaniste ou des haillons de la dégénérescence.

Cette aberration, étrangère et opposée aux idées marxistes, a pu dominer le mouvement révolutionnaire parce que le stalinisme a été imposé par le parti qui avait réalisé la révolution, revêtu de la lutte des classes qu'il détournait.

---

46 - Notons, pour éviter toute confusion, que les analyses critiques de Trotski qui caractérisent justement le stalinisme comme contre-révolutionnaire et bureaucratique ne mettent pas spécifiquement en cause la stratégie de compétition liée à la construction du « *système socialiste* ».

Contrairement aux autres totalitarismes, le stalinisme, hors d'URSS, restait fondé idéologiquement sur le constat de l'exploitation capitaliste et de la lutte des classes, et sur la généreuse volonté d'une société sans exploitation.

Il promouvait la lutte des classes quotidienne dans les pays capitalistes et, en URSS, il diffusait les idées marxistes qui, détournées et travesties, permettaient de dissimuler l'abandon stalinien de la Révolution et les stigmates de la société capitaliste cancérisés.

Pour imposer cette fantastique imposture, la bureaucratie stalinienne, greffée sur le parti bolchevique auréolé de la première révolution prolétarienne, bénéficiait de son prestige dans la IIIe Internationale. Son idéologie, sa stratégie et ses méthodes ont envahi l'ensemble du mouvement communiste international.

CHAPITRE 6 (I)

Les moyens politiques du stalinisme

1. La personnification du pouvoir
(le culte de la personnalité)

Il semble inutile d'insister sur ce point tant il est communément abordé sans conteste.

Ce n'est pas une spécialité stalinienne. Comme la bureaucratie, la personnification du pouvoir était un héritage du capitalisme. Elle permet toutes les tromperies et dévie la conscience des réalités.

De ce point de vue le cas de Staline est banal. Des rois et empereurs de droit divin aux présidents, ministres et députés, exploitation oblige, il est toujours apparu normal qu'un chef donne l'apparence des qualités exceptionnelles de sa personne ou de sa lignée.

Mais il a fallu les aberrations du « *culte de la personnalité* » pour que la conscience des conséquences de la **personnification d'un pouvoir populaire** soient mises en évidence.

Pour les militants communistes, un responsable élu des communistes ne pouvait être qu'un chef idéal et sans faille, tant était portée aux nues la fraternité réelle des luttes politiques et des manifestations dans les ateliers et les quartiers.

Le plus haut d'entre eux ne pouvait donc être qu'irréprochable et nanti d'une science exceptionnelle. Et la propagande le confirmait outrageusement.

Le « *culte de la personnalité* » a permis d'asseoir l'emprise de Staline, d'opposer sa vénération à la réalité de la déferlante répressive. Des intellectuels renommés, tels Althusser, ont pu prendre au sérieux son génie scientifique.

Khrouchtchev, quand il a voulu rompre avec ce totalitarisme, s'est limité aux responsabilités personnelles de Staline, et n'a d'ailleurs pu faire qu'un inventaire partiel de ses crimes et de ses abus, sans en rechercher les causes et les implications. *Grosso modo*, pour les idéologues staliniens comme pour les idéologues du capitalisme, tout semble achevé quand les coupables sont désignés, voire punis.

Staline n'a inventé ni le culte de la personnalité, ni la bureaucratie, il n'était pas seul, et le dévoilement de son rôle criminel n'a rien résolu. Comme toujours, la condamnation de ses déficiences et de ses déviances personnelles n'a eu que peu d'effet, faute de l'analyse de ses **erreurs stratégiques et idéologiques**. Ses comparses ont dû quitter le champ d'action des combats de classes et de l'économie. Mais le pouvoir soviétique est resté stalinien et il a ramené finalement le pays de la révolution au capitalisme.

2. La bureaucratisation

2.1. Comment définir l'Etat stalinien ?

Selon Staline lui-même, ce n'était certes pas la dictature violente du prolétariat : il l'avait déclarée terminée. Ni d'ailleurs *l'Etat du peuple entier* qui n'avait pas voix au chapitre.

Ce n'était pas le pouvoir du prolétariat car aucune démocratie ne définissait la volonté majoritaire du prolétariat. C'est le sens de la formule de Lénine : bien avant Staline, déjà, l'Etat soviétique exerçait le pouvoir « *pour le compte du prolétariat, avec une grave déviation bureaucratique* ». Et ce lien, « *pour le compte du prolétariat* », était manifestement rompu depuis la victoire politique de Staline.

Ce n'était pas davantage un capitalisme : il n'était pas fondé sur la propriété privée des moyens de production, son moteur n'était plus le taux de profit ni la concurrence sur le marché.

Trotski définissait l'URSS comme « *un Etat prolétarien dégénéré* ».

C'était un Etat prolétarien, disait-il, car « *la nationalisation du sol, des moyens de production, des transports et des échanges, et aussi le monopole du commerce extérieur forment les bases de la société soviétique* ». Cette définition est contestable car elle ne tient compte que de la base économique, dissociée de la superstructure sociale et politique où se trouve justement le prolétariat.

Mais, ajoutait Trotski, c'était un *Etat prolétarien dégénéré* : face à la réalité sociale inégalitaire léguée par le capitalisme, « *l'Etat ouvrier se voit contraint de former un organe du type « bourgeois », bref, de revenir au gendarme, tout en lui donnant un nouvel uniforme* ». Par la contre-révolution stalinienne, la bureaucratie a *usurpé le pouvoir ouvrier.*

« *Si les mandataires de la classe ouvrière se bureaucratisent et s'érigent au-dessus de la société rénovée, ce n'est pas pour des raisons secondaires telles que les survivances psychologiques du passé etc., c'est en vertu de l'inflexible nécessité de former et d'entretenir une minorité privilégiée, tant qu'il n'est pas possible d'assurer une égalité réelle* ».

Mais, affirmait-il, cette minorité bureaucratique n'était pas une classe car elle ne possédait pas les moyens de production. C'était une « *caste* », une « *couche sociale* », une « *excroissance* ».

Cette définition de l'Etat ouvrier dégénéré s'avère pour le moins insuffisante.

La bureaucratie soviétique n'était pas, à l'origine, une partie du parti bolchevique à qui aurait été confiée la gestion de l'ordre social encore inégalitaire hérité du capitalisme. Elle était elle-même issue de la société capitaliste. Elle était restée en place, avec sa formation et ses conceptions acquises.

« *Nous avons hérité de l'ancien appareil d'Etat et c'est là notre malheur*, expliquait Lénine au IVe congrès de l'Internationale. *L'appareil d'Etat fonctionne bien souvent contre nous. (…) Nous avons maintenant d'énormes masses d'employés, mais nous n'avons pas d'éléments suffisamment instruits pour diriger efficacement ce personnel (…). A la base, ce sont eux qui commandent et ils le font de telle sorte que, bien souvent, ils agissent contre nos dispositions (…). A la base, il y a des centaines de milliers d'anciens fonctionnaires, légués par le tsar et la société bourgeoise, et qui travaillent en partie consciemment, en partie inconsciemment contre nous.* ». Lénine écrivait ceci à la veille de sa mort : **l'appareil d'Etat soviétique était constitué principalement par l'ancien appareil d'Etat tsariste.**

Quelques jours après, il s'attaquait à un des organes essentiels de direction du parti, placé sous l'autorité de Staline, l'Inspection ouvrière et paysanne (« *Mieux vaut moins, mais mieux* »). « *Notre appareil d'Etat, excepté le Commissariat du Peuple aux affaires étrangères, constitue dans une grande mesure une survivance du passé (…) Il n'est que légèrement enjolivé à la surface ; pour le reste, c'est le vrai type de notre ancien appareil d'Etat (...). Nous avons des bureaucrates non seulement dans nos administrations soviétiques, mais aussi dans les organisations du Parti* ». Et il proposait la diminution de l'effectif de cette Inspection, sa fusion avec la Commission de contrôle du Parti, le contrôle rigoureux des recrutements et une formation politique et économique obligatoire.

Or, nous l'avons vu, à la mort de Lénine, loin de restreindre l'effectif et d'accroître les qualifications, Staline a recruté « *la promotion Lénine* » de 20 000 permanents du parti, sans contrôle rigoureux, sans stage de formation ni exigence politique.

Ainsi, l'appareil d'Etat à la disposition de Staline n'a pas été constitué par la nécessité de *former un organe du type « bourgeois », bref, de revenir au gendarme, tout en lui donnant un nouvel uniforme* ». Il n'était pas un appareil de fonctionnaires compétents recrutés pour les tâches inévitables et impérieuses de gestion d'une société encore inégalitaire.

La bureaucratie soviétique avait une tout autre origine : **une administration hiérarchisée héritée de l'appareil tsariste, coiffée par un appareil de direction politique manipulé par Staline et gonflé de 20 000 adhérents nouveaux, dociles, à sa disposition**.

Cet appareil allait être lancé dans une infernale aventure : une industrialisation massive et forcenée, suivant des objectifs décidés « *sans discussion générale* », et la création de kolkhozes imposés tout aussi autoritairement. Où est l'impérieuse nécessité d'un ordre encore inégal ?

La bureaucratie apparaissait primitivement, à Lénine et aux Bolcheviques, comme une tare du capitalisme au stade impérialiste ; il sera nécessaire de détruire l'appareil d'Etat, disaient-ils. Ceci a été impossible. Staline en a hérité, et il a su l'organiser et le soumettre.

L'appareil soviétique était donc l'appareil tsariste capitaliste adapté à ses nouvelles tâches, suivant les procédés instaurés par Staline. Dans l'Etat soviétique stalinien, cet appareil renforcé par ledit recrutement est resté un autre **stigmate de l'ancienne société**, un stigmate cancérisé, obstacle déterminant de l'essor du socialisme ([47]).

Mais cet appareil politique et économique n'était pas une classe. Trotski avait raison sur ce point : la bureaucratie soviétique n'était pas plus une classe que la bureaucratie capitaliste.

Car quelle que soit leur place hiérarchique, les apparatchiks du parti et les bureaucrates des administrations et des entreprises de l'Etat n'étaient pas propriétaires des usines ou des kolkhozes, ils n'accumulaient pas leur part de la plus value produite pour l'investir et l'augmenter. Les plus haut placés bénéficiaient de privilèges mais, salariés, ils n'avaient aucun *droit de propriété* sur l'appareil productif. Ils ne percevaient pas de stock options ni rien de semblable !

Cependant, ils disposaient des pouvoirs, attributs de la propriété collective.

Pour **démocratiser** ces pouvoirs et **réaliser** la propriété collective, il aurait fallu poursuivre et radicaliser la transformation profonde de la société et de l'Etat, entravés par *les stigmates du capitalisme*. Or au contraire, l'appareil stalinien a éliminé brutalement les Bolcheviques révolutionnaires, et le pouvoir a glissé intégralement entre ses mains. Il a bloqué cette transformation sociale et démocratique et imposé la collectivisation et l'industrialisation forcenées.

L'Etat n'était donc pas ouvrier, prolétarien, car le prolétariat, lui, ne disposait d'aucun des pouvoirs attributs de la propriété collective, les pouvoirs de direction, de décision, de gestion, de justice. Dès 1927, Staline lui-même lui enjoignait d'arrêter la discussion et d'obéir. Et les arrestations, les déportations, les exécutions déferlaient sur les ouvriers comme sur les paysans.

Le Parti communiste de l'URSS a été transformé en structure centralisée et hiérarchisée d'encadrement de la production et de l'organisation sociale. Il était détenteur de tous les pouvoirs qu'il déléguait du haut vers le bas.

47 - Cf. *les discussions du Xe congrès en 1921, Lénine, Œuvres complètes, Volume 39.*

Bureaucratie signifie : pouvoir des bureaux. Or, tout socialisme veut réaliser la démocratie, c'est-à-dire **le pouvoir du peuple**. Autrement dit, les « *bureaux* » usurpaient le pouvoir du peuple.

« *Nous avons hérité de l'ancien appareil d'Etat et c'est là notre malheur* », *disait Lénine*, « *il fonctionne bien souvent sans nous. (...) A la base, ce sont eux qui commandent de leur propre chef, (...) bien souvent ils agissent contre nos dispositions* »,

2.2. Les méthodes bureaucratiques

Dans cette phrase de Lénine se trouvent définies les méthodes « bureaucratiques », dans la société stalinienne :

- les décisions sont prises et répercutées **par la hiérarchie des bureaux et non par les responsables élus**,
- elles ne vont pas de la base au sommet, mais des autorités bureaucratiques au peuple. Selon Lénine, les méthodes bureaucratiques consistent donc à agir par des mesures appliquées **hiérarchiquement**, en court-circuitant les organes élus : chacun s'abrite derrière la hiérarchie qui fonctionne indépendamment de la structure démocratique. Chaque affaire est réglée d'en haut, d'au-dessus, sans solliciter ni prendre en compte les informations, les préoccupations et les avis « *de la base* ».

Elles consistent aussi à prédéterminer les décisions politiques des organismes élus par des interventions préalables auprès de leurs membres pour les convaincre à l'avance, hors du débat de cet organisme, sans contestation, voire par des menaces plus ou moins explicites.

Elles consistent en manœuvres pour obtenir un vote ou annuler un autre. Par exemple, un vote imprévu est déclaré nul, par la contestation de la qualité de votants. Une assemblée « *sûre* » est alors réunie et le vote voulu acquis.

Elles consistent enfin à déformer la réalité pour obtenir un soutien ou une décision. Dans la Russie des années 20, Lénine parlait déjà de *com'vantardise*, de *com'mensonge*. Nous avons vu ensuite la duplicité de Staline, par exemple quand il faisait campagne contre la *surindustrialisation* tout en s'apprêtant à lancer l'industrialisation forcenée.

2.2.1. La bureaucratisation

On peut dire avec Lénine, que la bureaucratisation du parti communiste a commencé quand **les décisions de l'appareil permanent ont été substituées à celles des adhérents et des organismes élus, et les ont prédéterminées**.

Elle a été développée quand une **discipline hiérarchique d'appareil** a été substituée à la discipline démocratique, librement consentie. Elle s'est généralisée quand le contrôle des responsables par les masses ou les adhérents a été inversé en contrôle des masses ou des adhérents par l'appareil.

Elle a tari la créativité des masses en mouvement, par la coupure entre elles et le circuit des décisions.

Alors a prédominé parmi les militants une motivation étrangère à leurs objectifs politiques : la crainte d'être rejetés, de ne plus pouvoir intervenir dans le mouvement auquel ils s'étaient consacrés corps et âme, de perdre leur rôle et leur pouvoir. Chacun devait désormais sa responsabilité à la hiérarchie. Il devait se couler dans le moule pour la garder. L'ambition devenait la motivation principale.

Dans le Parti bolchevique, à partir de 1926, avec la hiérarchisation des salaires, une motivation financière s'y est ajoutée et, plus tard, la peur du procès, de l'emprisonnement, de la déportation, de l'exécution.

La bureaucratisation a donc constitué à la fois **la persistance du passé capitaliste** dans l'appareil d'Etat non détruit, et **une perversion phénoménale du fonctionnement du Parti communiste et des institutions politiques.**

« *Stigmate de l'ancienne société* », elle était une plaie ouverte que le rejet d'une politique révolutionnaire, participative par définition, a creusée et cancérisée au lieu de la cicatriser.

2.2.2. L'action fractionnelle

L'interdiction des tendances organisées ou fractions, dans les partis communistes, a été l'arme juridique employée constamment pour corseter les débats et empêcher toute organisation d'une minorité, a fortiori d'une opposition.

D'innombrables condamnations ont été légitimées par référence à la résolution « *sur l'unité du parti* » votée par le Xe congrès du parti bolchevique en 1921, comme si elle constituait une loi marxiste, dogmatique et éternelle.

On peut rappeler préalablement que cette résolution ne s'appliquait qu'à une situation exceptionnelle marquée par l'émeute de Kronstadt et la « *retraite* » que constituait la NEP : « *l'unité et la cohésion des rangs de l'avant-garde prolétarienne sont particulièrement nécessaires à l'heure actuelle où un concours de circonstances accentue les flottements* », disait le rapport de Lénine.

Or, cette résolution « *circonstancielle* » a été considérée comme définitive et radicalisée.

Qu'interdisait-elle réellement, lors de son vote ? « *Les fractions, groupes présentant un* ***programme particulier****, tendant à* ***se replier sur eux-mêmes*** *et à créer leur propre*

discipline de groupe ». La plupart des ententes ou groupements condamnés plus tard au nom de cette « *interdiction* » n'avaient pas de telles pratiques.

De fait, après dissolution des fractions existantes, des Oppositions se sont organisées. Effectivement, elles ne formaient plus un parti dans le parti, fermé sur lui-même. Notamment, l'Opposition unifiée était ouverte et les différents courants qui l'ont rejointe s'exprimaient librement.

Les références ultérieures au léninisme et à l'interdiction des fractions par le Xe congrès, invoquées fréquemment et récemment, sont donc abusives.

La même résolution préconisait des moyens de réaliser la démocratie, c'est-à-dire de faire en sorte que chaque membre du parti, ou chaque citoyen, ait toutes les informations et puisse intervenir librement sur chaque décision.

« *Si les circonstances suscitent des divergences fondamentales, peut-on interdire qu'elles soient portées à la connaissance de tout le parti ? Non !* »

Or un seul texte était soumis à la discussion des congrès... Aucune analyse divergente n'était publiée jusque vers 1990.

« *Toutes les propositions constructives doivent être examinées avec le plus grand soin* ».

Or toute position non conforme à l'orientation prédéfinie était écartée, de fait, dès le niveau de la cellule ou de la section, par l'abus d'autorité et le refus de la représentation proportionnelle.

« *Quand deux groupes ou deux courants s'opposent dans les élections pour élire une conférence du parti,* précisait Lénine, *la représentation proportionnelle est de droit.* »...

Au contraire, depuis Staline, seule la majorité d'une instance était élue à l'instance supérieure, et les votes ne tenaient pas compte des divergences proportionnellement à leur poids.

La résolution insistait sur « *la critique absolument nécessaire* », et sur « *l'édition de façon régulière de feuillets de discussion et de recueils de critiques* »...

Jamais ceci n'a été réalisé, notamment pendant les années cruciales de 1924-1927 et depuis, la critique interne a été totalement occultée.

De fait, la bureaucratie a éliminé toute possibilité d'élaborer une autre politique, en court-circuitant les organismes de débat démocratique à tous les niveaux.

Ainsi en 1927, en rupture totale avec le passé du Parti bolchevique, l'appareil organisé depuis quatre ans a pu imposer de fait, en dehors de la discussion démocratique, un programme particulier et une représentation centrale monolithique. Il constituait ainsi une **fraction unique**, exclusive de toute autre orientation.

3. Une doctrine, le matérialisme historique et dialectique

Staline se voulait un grand théoricien, et beaucoup l'ont cru.

Ses « *Principes du léninisme* » transcrivaient, sous une forme doctrinale et dogmatique, des idées de Lénine qu'il avait pu assimiler tout au long de sa carrière. Mais elles n'apportaient rien à la situation nouvelle.

Son ouvrage « *fondamental* », écrit en 1922, est « *Matérialisme dialectique et matérialisme historique* ». Enfin, un long article, écrit en 1952, « *Les problèmes économiques du socialisme en URSS* » a réaffirmé son autorité « *scientifique* ».

Ces écrits sont tombés en désuétude. Leur examen présente pourtant l'intérêt

- d'aider à comprendre le travestissement des idées marxistes,
- de discerner ce qui en subsiste encore dans les idées diffusées comme marxistes,
- de comprendre comment ces travestissements sont générateurs d'erreurs.

L'abondance de citations convaincantes de Marx, Engels, Lénine, qui justifient d'avance les propos qui les suivent, peut faire illusion.

Apparemment, le discours se déroule avec une logique implacable... Chaque idée est exprimée avec les mêmes mots répétés, précis, puis on passe à la suivante : « *poursuivons* »...

Staline sait se couler dans la pensée de Lénine qu'il a écoutée et mémorisée. Mais le déroulement de son exposé la travestit constamment.

Il expose d'abord le « ***matérialisme dialectique*** ».

Pour comprendre une réalité complexe, Marx en isole une partie pour l'analyser clairement, par exemple l'exploitation capitaliste dans le premier Livre du Capital, puis il en restitue ensuite la complexité, en l'occurrence dans les deuxième et troisième Livres.

Or, Staline, au contraire, les simplifie et les schématise définitivement, tout au long de son exposé, ce qui donne l'impression de clarté et de simplicité.

Ainsi au cours de ses réflexions sur la dialectique de la nature, Engels a mis en lumière la transformation de la quantité en qualité. Son exemple, devenu classique, est la transformation des états de l'eau de solide à liquide (fusion), et de liquide à gazeux (ébullition), par communication de chaleur, c'est-à-dire d'une quantité d'énergie. La quantité d'énergie ajoutée ou soustraite à l'eau, signifiée par sa température, produit une transformation de son état à une température déterminée. L'eau perd sa qualité de liquide et prend les qualités de gaz, etc.. Cette observation est utile pour comprendre ce phénomène ainsi que beaucoup d'autres, manifestés par des seuils quantitatifs. Mais il est abusif d'en déduire autre chose que ce que l'expérience démontre, car, par exemple, ce phénomène des états de l'eau se combine à d'autres.

Ces seuils de la fusion et de l'ébullition changent selon la pression, selon les substances dissoutes dans l'eau, etc. Les changements ne se limitent pas à **une** contradiction. Si, par exemple, au lieu de l'eau, corps composé très stable, on chauffait du pétrole pour le vaporiser, on prendrait quelques risques. En citant l'eau, on ne craint pas qu'elle s'enflamme comme le pétrole. Or, on a pu voir, à la télévision, les flammes jaillir soudain au-dessus de chaque réacteur de Fukushima, quand le sodium liquide utilisé pour en refroidir le cœur entrait en contact avec l'eau. Le sodium devait être refroidi par l'eau, or, en contact direct avec elle, il s'est enflammé, en aggravant dramatiquement le désastre.

Il en est de même de tout autre phénomène, et d'autant plus que ce phénomène est plus complexe (par exemple les phénomènes de la vie, de la société, de l'économie etc.).

Or que fait Staline ? Il transforme en loi cette observation des seuils quantitatifs provoquant un changement qualitatif.

Il en déduit d'abord sommairement que l'addition des luttes de classe (changement quantitatif) provoque nécessairement une révolution (changement qualitatif), ce qui ne semble pas vérifié par l'expérience historique ! Un peu plus loin, il en déduit l'inefficacité des réformes... La Sécurité sociale et les retraites n'auraient-elles rien apporté ?

Marx avait observé que « *à un certain degré de leur développement, les forces productives matérielles de la société entrent en contradiction avec les rapports de production existants, c'est-à-dire avec les rapports de propriété au sein desquels elles s'étaient mues jusqu'alors. De formes de développement des forces productives qu'ils étaient, ces rapports deviennent des entraves pour ces forces. Alors s'ouvre une époque de révolutions sociales* ». Marx décrit là des faits historiques et en donne **une explication. Il n'en déduit pas leur nécessité mécanique**, il ne parle pas de loi historique.

Or, Staline, pour les besoins de sa démonstration politique, transforme ce lien moteur tendanciel, tributaire de multiples contradictions, **en loi simple et automatique** : « *tel état des forces productives, tels doivent être les rapports de production* » il transforme une tendance dialectique en changement mécanique, simple et obligatoire.

Dans « *les problèmes économiques de l'URSS* », il en fait « *la loi de correspondance nécessaire* » (en capitales dans le texte). Du « *développement par la mise à jour des contradictions internes et le conflit des forces contraires* », il déduit un développement continu de la lutte des classes « *jusqu'au bout* ». ([48])

48 - Paradoxe : cet opuscule a été publié en 1938, alors qu'en 1936, dans sa présentation de la nouvelle Constitution soviétique, Staline annonçait que la lutte des classes était terminée en Russie, que les classes vivaient dans une parfaite harmonie que rien ne pouvait plus troubler !

A le lire, l'Etat et les institutions sociales paraissent comme des machines dirigées directement et unilatéralement par la classe dominante, au lieu de l'action dialectique de la superstructure politique et idéologique, et de la base économique.

Ainsi son exposé sur le « *matérialisme dialectique* », qui fait illusion par sa simplicité et sa clarté, n'est pas du tout dialectique. Il ne tient pas compte méthodiquement des interactions, des tensions, des transformations, et surtout, il ne confronte pas chaque hypothèse à l'expérience passée et actuelle. Il établit systématiquement **un lien mécanique et spéculatif, de cause à effet**, entre un principe érigé en « *loi* » et un phénomène particulier, **sans confrontation expérimentale** avec la réalité (Cf. *Marx vérifié par l'expérience*).

Il aborde ensuite le « ***matérialisme historique*** », avec les mêmes automatismes. « *Les liaisons des phénomènes de la vie sociale sont « des lois nécessaires du développement social », ayant « signification de vérités objectives » que le parti du prolétariat doit étudier ». Selon lui, « la science de l'histoire de la société (...) peut devenir une science aussi exacte que la biologie* », une science définitive et incontestable, au mépris de la conception marxiste d'une science ouverte aux évolutions, suscitées et confortées par l'expérience.

De l'existence objective du monde matériel, il déduit que les idées en sont le « *reflet* », au lieu de résultats de l'action transformatrice du monde matériel (c'est-à-dire de l'expérience scientifique). **Au lieu de l'aller et retour rigoureux des idées et de l'expérience**, il relie mécaniquement et univoquement les « *idées et théories sociales, les opinions et institutions politiques* » aux « *différentes périodes du développement social* ». Ainsi taxe-t-il d'idéalisme « *détaché de la vie réelle de la société* » toute idée, toute théorie non conforme aux affirmations de la bureaucratie stalinienne, détentrice de la vérité scientifique.

Il reprend la classification hégelienne de l'histoire des rapports de production en période primitive, esclavage, féodalité, capitalisme, dont la succession apparaît ici comme une loi immuable et universelle.

Et **il associe mécaniquement idées et étapes économiques** : « *tel genre de vie, tel genre de pensée* ».

Il dénature des exigences de rigueur de la pensée en « *lois du développement* » analogues aux lois de la physique : telle « *la disparition de l'ancien et la naissance du nouveau* ». « *Il est de vieilles idées et théories qui ont fait leur temps et qui servent les intérêts des forces dépérissantes de la société* ».

Ainsi, il a effectivement tiré de chaque étape de son exposé théorique des conséquences qui établissent des liens mécaniques de cause à effet et font abstraction des multiples contradictions qui interviennent sur ce qu'il affirme. Il présente son ouvrage comme la théorie générale du Parti communiste, alors que **sa méthode et l'essentiel de ses conceptions sont étrangères à la pensée de Marx et la travestissent**.

C'est important.

Non pas pour un nouveau commentaire de la perversité de Staline.

Mais **parce que ces conceptions, greffées sur celles de Marx, ont nourri le mouvement communiste et particulièrement le Parti français qui en reste marqué**.

Or, ces conceptions non dialectiques, figées, basées sur des déductions abusives, non confrontées à l'expérience et pourtant prétendues lois scientifiques, ont engendré des erreurs lourdes de conséquences et justifié les pires crimes sociaux.

Par exemple, de ces règles : « *tel développement des forces productives, tel mode de production* », « *tel genre de vie, tel genre de pensée.* », il a déduit ceci :

* toute révolution prolétarienne devait être précédée d'une révolution bourgeoise et le PC chinois devait s'allier au Kuo Ming Tang « *bourgeois* » de Tchang Kai Chek ... ce qui a mené le parti chinois à sa destruction.

* le capitalisme devait succéder à la féodalité, donc les communistes espagnols et les brigades internationales devaient combattre les révolutionnaires partisans du socialisme en Espagne, puisque la royauté venait juste d'y être abolie.

Par exemple encore, en dissociant la socialisation de la base économique de sa relation avec la superstructure sociale, il a déduit que la révolution soviétique était terminée, qu'un nouvel Etat, « *socialiste* », était installé en URSS, et que toute contestation était l'œuvre d'envoyés du capitalisme. Ainsi ont été argumentées les condamnations des procès, puis les massacres et les déportations. Ainsi Maurice Thorez a justifié la stratégie dite « *d'union de la gauche* », et Georges Marchais l'accession progressive au socialisme par des réformes démocratiques et la prise en mains du « *mécanisme unique* » des monopoles et de l'Etat.

CHAPITRE 7 (I)

Retour a l'histoire
1944-1990

Les retournements successifs de la stratégie de *construction du socialisme dans un seul pays* ont été théorisés à chaque étape, dans le processus idéologique d'inversion du réel.

Mais cette stratégie est restée fondamentalement la même et n'a fait que se radicaliser, oscillant toujours entre la *guerre froide* et les concessions désastreuses, entre le sectarisme et l'ouverture et, dans les pays capitalistes, entre les luttes minoritaires épuisantes et les expériences réformistes vouées à l'échec.

1. La victoire de 1945 : l'URSS n'est plus seule

En 1945, la victoire de l'Armée rouge et son avance jusqu'au-delà de Berlin, dans la moitié de l'Europe Centrale, ont permis à l'Union soviétique, puissance occupante, d'y installer les partis communistes au pouvoir. La construction du socialisme cessait d'être le fait d'un seul pays.

Mais il s'agissait bien encore du même stalinisme et, en conséquence, des mêmes pratiques.

La zone d'influence soviétique en Europe, compromis avec les autres vainqueurs, capitalistes, à Yalta

C'est à l'abri relatif de ce traité, expression du rapport de forces militaires, que l'Union soviétique a mis en place, dans ces pays, des régimes qui ne s'appuyaient pas tous sur un mouvement populaire vivant et massif.

Les communistes ne sont arrivés au pouvoir par leurs propres forces qu'en Yougoslavie.

Et inversement, l'URSS n'a pas soutenu les possibilités réelles de transformation démocratique en France et en Italie. Suivant un accord formel entre Churchil et Staline, elle a laissé les armées anglaises et américaines écraser et massacrer les communistes grecs, pourtant soutenus par la population qu'ils avaient libérée (même, en partie, depuis longtemps). Elle n'a rien fait non plus pour aider la longue marche des communistes chinois.

Au début, les partis communistes tchécoslovaque, allemand, yougoslave notamment, ont tenté de définir une politique transformatrice de la réalité issue du capitalisme et de la guerre. Le discours anti-fasciste, l'opposition au réarmement, la nationalisation de l'industrie ont fait illusion, mais les réalités de la politique stalinienne ont vite pris le dessus et soulevé les masses ouvrières, premières conscientes de la mystification.

Dès 1948, face au plan Marshall, la *guerre froide* a été substituée à la *coexistence pacifique*. Accusés de titisme et de trahison, les responsables communistes allemands, polonais, tchèques ou hongrois tenants d'une orientation transformatrice démocratique de la société, ont été traduits sans défense devant des tribunaux, contraints à des aveux invraisemblables et exécutés (Slanski, London, Clémentis, Rajk, etc.). Ainsi ont été préparées les révoltes des années 50 et 60, en Allemagne, en Pologne, puis en Hongrie en 1966 et en Tchécoslovaquie en 1968.

Tout a été dit sur le retentissement de la mort de Staline, en 1954, tant en Union soviétique qu'à l'étranger, en France particulièrement. Le « *culte de la personnalité* » ne me semble pas exiger d'analyse au-delà de son lien avec l'idéologie stalinienne et ses conséquences monstrueuses.

En Pologne, les révoltes ont tiré des prisons les communistes pourchassés. Gierek et Gomulka ont personnifié tant bien que mal les préoccupations de la population qui ont permis un réel progrès, sensible jusque dans les années 70.

2. Khrouchtchev, le XXe congrès

Beaucoup de communistes ont espéré en Khrouchtchev, porté en avant par l'appareil du parti soviétique deux ans après la mort de Staline.

En effet, au XXe congrès, en février 1956, après son élection au poste de secrétaire général, enfin assuré de sa victoire, il décidait un prolongement nocturne des débats et lisait un rapport célèbre sur les erreurs et les crimes de Staline.

Allait-on vers la démocratisation espérée ?

Les objectifs politiques de cette période peuvent être résumés ainsi :

* une politique extérieure dynamique de *coexistence pacifique*, marquée par des propositions de désarmement et des tentatives spectaculaires de négociation, inaugurées par la fameuse rencontre avec Eisenhower à Camp David.

* une orientation économique visant le développement de la production de biens de consommation : le rapport de Khrouchtchev au XXIe congrès, en 1958, fixait les objectifs de dépassement en 15 ans de la production de biens de consommation par habitant des USA, et d'une production industrielle égale à la moitié de celle du monde.

* une politique de réforme de l'appareil tendant à en réduire le conservatisme : le XXIIe congrès, en octobre 1961, inscrivait dans les statuts la limitation des mandats de responsable politique à une douzaine d'années (par renouvellement périodique des organismes de direction), la garantie d'expression des minorités, la division des organisations régionales en une direction industrielle et une autre agricole. Sur le plan international, il dissolvait le *kominform.*

Cette politique restait pourtant la politique stalinienne

* Le passage rapide au communisme, annoncé au congrès suivant, restait fondé sur le seul développement de la production, sans libérer les forces créatives et transformatrices populaires. La stratégie générale restait celle de la compétition entre systèmes économiques : coexistence pacifique, compétition économique. Et le développement de la production restait l'apanage de l'appareil.

* Le mouvement révolutionnaire international restait encadré dans les objectifs du développement prioritaire de l'URSS au détriment de luttes nationales contre le capitalisme et pour le pouvoir.

  Se souvient-on de l'opposition de Khrouchtchev à la décision du PC vietnamien de reprendre les armes contre la domination américaine au Sud ? Les contreparties du soutien soviétique à Cuba, situé à proximité des USA, ne révèlent-elles pas aussi les limites de ce simulacre d'internationalisme qui ont pesé lourdement sur l'évolution ultérieure de l'île soumise au blocus américain ?

  L'arrivée au pouvoir de nouveaux partis communistes, particulièrement en Chine, et également les perspectives ouvertes en Italie et en France, ont provoqué des tensions face à cette conception.

  Staline avait refusé l'aide à la longue marche de la révolution chinoise. Le PC chinois n'avait même pas été invité à la réunion du Kominform de septembre 1947 face au plan Marshall. Encore dirigé par Liou Shao Shi et Mao Tsé Toung, imprégné de l'idéologie stalinienne mais aussi des débats et pratiques révolutionnaires de la « *longue marche* », il intervenait avec une certaine indépendance dans le concert international. Son document des *25 points*, au-delà des deux points qui ressassaient la fidélité à Staline, préconisait le soutien des luttes révolutionnaires et la solidarité anti-capitaliste, et énonçait des principes de transformation sociale par les forces populaires. Dès 1955, à la conférence de Bandœng, Chou En Laï, en énonçant *les cinq principes de la coexistence pacifique*, avait gêné considérablement la diplomatie soviétique basée sur le seul désarmement.

  La lutte entre les deux PC les plus puissants a pesé lourdement sur leur évolution ultérieure. Elle a porté préjudice à l'un comme à l'autre, et à l'ensemble du « *mouvement communiste* ».

* La politique de Krouchtchev traduisait certes une volonté de déblocage et d'efficacité d'une partie de l'appareil. Mais il s'est heurté à la même problématique que bien

plus tard Andropov, puis Gorbatchev : la quadrature du cercle de la réforme de l'appareil par lui-même, sans changer les options stratégiques fondamentales.

Khrouchtchev n'a pas voulu engager une mobilisation révolutionnaire des masses, ni en URSS ni dans les autres pays. Le pouvait-il d'ailleurs ?

Il s'est en tout cas borné à agir dans l'appareil, enfermé lui-même dans l'idéologie du système socialiste. Il n'a pas avancé de mesures tendant à une démocratisation : il s'est borné à dénoncer les crimes de Staline (une partie seulement), à condamner superficiellement le *culte de la personnalité*, sans mettre en cause la mainmise à sens unique de l'appareil sur le pouvoir, ni les stigmates de l'ancienne société capitaliste.

Confronté aux révoltes populaires en Allemagne de l'Est, en Pologne, en Hongrie, et n'ayant en rien progressé vers une responsabilisation réelle du prolétariat, il n'a eu d'autre recours que de céder provisoirement puis réprimer violemment. Il est tombé d'ailleurs après avoir réprimé très durement des grèves qui commençaient à se multiplier en URSS même, à la suite des hausses de prix.

Craignant qu'il mette en danger le rapport de forces international, tant au sein du monde communiste face à la Chine qu'entre capitalisme et socialisme, l'appareil l'a destitué et a engagé une politique qui allait mener à l'effondrement du système socialiste dans la crise du capitalisme.

Et le Parti communiste chinois, éliminant aussi son courant révolutionnaire, s'est enfoncé dans la pseudo-*révolution culturelle* qui, par son échec, devait le mener, lui aussi, au retour du capitalisme.

3. L'ère Brejnev

La destitution de Khrouchtchev mettait fin aux velléités de réformer l'appareil.

La stratégie de compétition de systèmes, jamais mise en cause, restait l'orientation fondamentale du parti soviétique. Mais, face à l'échec de la production massive de biens de consommation, par défaut de mobilisation populaire, les nouveaux dirigeants abandonnaient la compétition en vue de l'abondance et reprenaient la barre fixée, au mépris du peuple, sur la réussite du parti dans la compétition.

Ils misaient sur le rapport de forces militaires et les contradictions internes du monde capitaliste : le communisme serait possible quand il n'y aurait plus, contre lui, la concurrence capitaliste. (Cf. *Histoire intérieure du Parti communiste* Ph. Robrieux).

La situation était favorable. Aux USA, Nixon et Kissinger avaient changé de stratégie militaire. La course aux armements n'était plus étroitement quantitative. L'expérience de la guerre du Viet Nam et des multiples guerres de libération nationale les avait convaincus de l'échec des guerres de *défense du monde libre*. La guerre atomique, par les destructions universelles qu'elle implique, ne pouvait être une perspective, et le développement quantitatif de ce type d'armements apparaissait inutilement coûteux. Ils avaient décidé d'investir dans l'évolution technique des armements et non plus dans le nombre de fusées et de têtes nucléaires.

Désormais les guerres seraient centrées sur des armes téléguidées sophistiquées, capables d'atteindre précisément et sûrement leurs objectifs, sans engagement des armées traditionnelles. Le projet le plus absolu de cette nouvelle stratégie était de stocker ces armes dans des satellites.

La domination économique du monde, sous-tendant la domination politique et l'aide militaire, devait prendre le pas sur la domination militaire traditionnelle. Les interventions armées seraient réservées aux cas limites, quand les intérêts financiers et économiques immédiats seraient en jeu (comme cela a été le cas en Irak en 1985).

Dès le début de l'ère Brejnev, le Parti communiste d'Union Soviétique s'est assigné le but de rattraper et dépasser l'OTAN tout en réclamant un accord de limitation des armes de destruction massive.

Les accords Sault 1 sur la « *limitation des systèmes de missiles anti-balistiques* » (mai 1972) lui donnaient une première satisfaction, bien qu'ils entérinent le retard quantitatif de l'URSS (1710 fusées contre 2358, 44 sous-marins lance-missiles contre 62). Il s'est attelé alors au rattrapage de ce retard.

Parallèlement, il s'est attaché, par la diplomatie et des aides diverses, à exploiter les failles internes du bloc capitaliste, pour en détacher des pays dont les ressources minières pouvaient faire défaut, ou qui occupaient une position stratégique intéressante.

Alors qu'il ne faisait rien pour encourager les partis communistes à lutter contre le capitalisme et pour un pouvoir populaire, il a accordé une aide considérable à des gouvernements présentés, eux aussi, comme socialistes : le Mozambique, l'Angola, l'Ethiopie, le Cambodge, le Laos sont venus gonfler apparemment le camp socialiste... Avec l'Afghanistan, au prix d'une guerre catastrophique.

Cette politique a eu un coût budgétaire énorme ([49]) au détriment des conditions de vie de la population et de toute mobilisation populaire.

Le comble a été atteint quand les dirigeants soviétiques ont pensé pouvoir obtenir le financement de leur politique par les organismes financiers du capitalisme, leur ennemi irréductible.

49 - Pour l'imaginer : le coût du seul armement atomique de la France (très inférieur à celui de l'URSS et des USA) a été de 1500 milliards de francs, alors que, par exemple, le TGV Lyon-Marseille, le plus grand chantier de l'époque, n'a coûté que 24 milliards. Qu'on songe en plus au nombre de fusées, de porte-avions, de sous-marins, de chars d'assaut etc. dont les pays socialistes ont dû s'équiper !

Le triplement du taux d'intérêt par Reagan en 1982 les a précipités dans le désastre économique ([50]).

Les conceptions bureaucratiques tenaces liées à la stratégie de la compétition pacifique ont ainsi fait faire un nouveau pas à la contamination du « système socialiste » par le capitalisme, fatal celui-là.

4. Gorbatchev

Dans le marasme économique, le peuple soviétique, comme ceux de l'Europe de l'Est, se détachait de plus en plus du *système socialiste*.

Face à ses dysfonctionnements, des dirigeants de l'appareil ont voulu le réformer. Mais ils n'étaient pas en mesure d'analyser le processus stratégique et idéologique ([51]) de cancérisation des *stigmates du capitalisme* dans la société et l'économie.

Le système ne marche pas, constataient-ils. Mais aucun ne se demandait s'il n'était pas assez socialiste. Selon eux, le capitalisme marchait, lui. Il fallait donc injecter une part de capitalisme dans l'économie et la société : « *une économie socialiste de marché* ».

Après les velléités d'Andropov et l'épisode Krilenko (dernière alternance), en mars 1985, Gorbatchev a lancé la *perestroïka* (c'est-à-dire « *une réorganisation de l'économie qui permette enfin aux peuples de jouir pleinement des biens matériels et culturels auxquels le développement des forces productives permet d'accéder* »), et la *glasnost* (c'est-à-dire la « *démocratisation totale de l'URSS : tout le pouvoir aux soviets* », sic).

4.1. La perestroïka : l'économie

Puisque le plan défini d'en haut par l'appareil ne parvenait pas à planifier les énergies, les réformateurs ont voulu remplacer le moteur manquant de la créativité populaire par celui du marché qu'ils baptisaient socialiste comme s'il n'était pas constitutif du capitalisme. La privatisation devint une panacée.

En septembre 1990 a été décidée la mise en œuvre du plan Chataline d'introduction de l'*économie de marché*. En 500 jours, 70 % des entreprises industrielles et 90 %

---

50 - Il était frappant, dans les années 90, d'entendre des habitants des pays du bloc soviétique regretter les années 1970, dont ils se souvenaient comme d'une période de développement et d'espoir, à laquelle ont succédé des difficultés économiques dont la population a fait les frais sous tous les aspects de la vie.

51 - Loin de mettre en cause la falsification idéologique stalinienne, Gorbatchev et ses conseils l'ont développée en niant le rôle de la lutte des classes et en préconisant un humanisme socialiste convergent avec l'humanisme capitaliste, tous deux fondateurs de la paix. « *L'idéologie mystifie ses commanditaires eux-mêmes* » disait Marx…

de celles du bâtiment et du commerce devaient être privatisées, leur capital étant ouvert aux investissements étrangers ([52]).

De nouvelles lois ont légalisé la propriété privée des moyens de production et de la terre et des bourses ont été créées. Dès 1990, les entreprises et les terres pouvaient être louées et concédées en pleine propriété à la fin du bail. Les grandes entreprises ont été éclatées en sociétés anonymes et vendues par actions. Selon Chataline, ceci devait également permettre le financement du déficit budgétaire (comme en France et en Angleterre !) et la maîtrise du budget.

La précipitation des 500 jours a dû être rectifiée. Avec l'aide des économistes de Harvard, le plan Iavlinski ([53]) a étalé les privatisations dans le temps.

Mais les effets immédiats de cette politique ont été désastreux : développement rapide d'un chômage massif et d'une inflation galopante dans tous les pays *ex-socialistes* (300 % l'an en URSS). Loin de permettre, comme il le prétendait, que « *le peuple soit bien nourri, bien habillé et qu'il vive bien* », le plan de Chataline a développé la misère à une vitesse d'autant plus vertigineuse que les protections sociales disparaissaient : plus de médecine gratuite, les loyers très bas étaient libéralisés, les subventions aux denrées alimentaires étaient supprimées, les retraites et les salaires, dévalorisés par l'inflation, n'étaient plus payés qu'avec des retards monstrueux.

Le reportage du correspondant à Moscou de l'hebdomadaire communiste Révolution, Gérard Streiff, signalait que le revenu mensuel minimum concernant cent millions de personnes (1/3 de la population) était fixé à 150 roubles, alors qu'un poulet en coûtait 40, un lapin 50.

Une députée, Saji Oumalatova, mettait ainsi le pouvoir en accusation : « *Vous avez conduit le pays à la destruction, à l'effondrement, à la faim, au froid et au sang. (...) Le peuple vous a cru et vous a suivi. Mais le peuple a été lourdement trompé. (...) Le pays est embrasé par la méchanceté, la haine, la criminalité. Le pays se meurt* ».

4.2. La glasnost : la démocratie

La glasnost n'a pas abordé la question de la démocratie **dans les partis communistes**, notamment par la restauration de la représentation et des votes à la proportionnelle, sur la base de positions librement exprimées et clairement diffusées. Elle ne concernait que le régime parlementaire.

Le nouveau cours a été imposé avec les mêmes méthodes qu'auparavant dans l'Union soviétique. Simplement, la terminologie a été inversée : les partisans de la propriété socialiste devenaient *conservateurs*, et ceux du retour au capitalisme *progressistes, réformateurs et... socialistes*. Sept courants se sont constitués dans le parti déstabilisé, dont six se prononçaient contre la propriété sociale des moyens

52 - En 1990, Péchiney installait déjà, en Arménie, une usine d'aluminium dont la production devait être équivalente à la production française.

53 - Limité à la Russie.

de production. Quant aux opposants, ils n'ont pas lancé d'appel à la population ni même aux militants communistes, ils ont recouru à la tentative de coup d'Etat... et échoué.

La glasnost n'a pas consisté, non plus, à proposer à la population des choix d'objectifs concrets et d'orientations claires. Dans le pays comme dans le parti, il n'y a pas eu d'élections proportionnelles sur la base d'orientations.

Imitant les pratiques occidentales, elle a mis au premier rang la restauration du multipartisme dans des élections uninominales au scrutin majoritaire ([54]).

Un exemple probant des effets de cette « *démocratie* » a été la solution donnée à la question des nationalités et de la structure de l'URSS. Selon le référendum de 1990 (80 % de participation), 76 % des votants s'étaient prononcés pour « *le maintien de l'Union des républiques socialistes soviétiques* », dont 70 % en Ukraine, 83 % en Biélorussie et plus de 90 % dans les républiques d'Asie centrale. Il n'empêche que l'URSS a été dissoute, puis la CEI.

4.3. L'effondrement

Les privatisations ont été totales dans les ex-pays socialistes, devenus intégralement capitalistes. Ils ont été divisés en Etats souvent opposés les uns aux autres (guerres dans les Balkans, le Caucase et la Caspienne)

Les objectifs affirmés lors de la mise en place de cette politique en 1989-90 ne sont pas atteints et ne le seront jamais. Le passage à l'économie de marché a partout provoqué le chômage, le déficit de la balance commerciale, l'effondrement économique, et une paupérisation rapide.

La Russie, a subi une crise financière et économique dramatique en 1998. Elle n'a retrouvé qu'en 2005 son PIB de 1989. Son essor économique actuel fluctuant est basé sur l'exportation de pétrole et de gaz dont l'appareil de production devient vétuste. Une grande partie de son agriculture et de son industrie reste ruinée.

Dans tous les pays « *ex-socialistes* », l'espérance de vie a été réduite. En Bulgarie, en Roumanie, comme en Russie et en Ukraine, 30 % de la population est tombée en dessous du seuil de pauvreté. Le PIB de l'Ukraine a baissé de 40 %. En Tchéquie la production agricole a chuté de 30 % tandis que la récession entraînait la fermeture de grandes entreprises. Le passage de la RDA au Deutschmark a ruiné 50 % de son industrie, ses entreprises ne pouvant plus s'approvisionner ni payer les salaires. La Pologne n'a retrouvé qu'en 2003 son niveau de 1990. De tous les pays de l'Est européen, seule la Hongrie avait en 2005 une balance commerciale excédentaire.

Les pays de l'Est européens sont ainsi devenus encore plus dépendants d'aides étrangères. Or, en contrepartie de leurs prêts, le FMI, la Banque mondiale et

54 - Si l'état de l'opinion était le même dans tout un pays, ce mode de scrutin aboutirait à ce que la majorité ait tous les sièges et la minorité aucun.

la Banque européenne pour le développement et la reconstruction ont exigé l'accélération des privatisations et de la déréglementation. Leur chance de survie a été focalisée sur l'implantation d'entreprises étrangères qui met leurs bas salaires en concurrence avec ceux des pays européens « *développés* », dans un processus de nivellement par le bas.

Et la crise financière et économique de 2007 les a précipités avec le monde entier dans la recrudescence du chômage et de la paupérisation.

Ainsi, la stratégie de « l*a construction du socialisme en URSS seulement* », devenue stratégie de *compétition pacifique entre le système socialiste et le capitalisme*, a étouffé le courant révolutionnaire, dans un mouvement interactif où se sont alimentés mutuellement les compromis internationaux, la liquidation de tout mouvement réellement révolutionnaire, les falsifications idéologiques, la stérilisation de toute initiative, les gaspillages et les échecs économiques, la soumission aux manœuvres politiques et économiques des Etats capitalistes.

En fin de compte, l'appareil n'a trouvé d'autre solution que de restaurer le capitalisme. Il s'est alors transformé en classe capitaliste, gangrenée par sa mafiatisation.

CHAPITRE 8 (I)

Conclusions de la 1ère partie (Le stalinisme en Union soviétique)

Un film d'Edmond Trillat, l'Atlantide, retrace l'histoire du Parti communiste français, que nous allons aborder. Dans sa conclusion apparaît une jeune femme, filleule de l'auteur, fille et petite-fille de militants communistes. Sollicitée de dire ce qu'elle pense de cette évocation, elle répond par une question : « *comment se fait-il que vous n'ayez rien vu ?* »

Le stalinisme a eu cet aspect particulier que n'ont pas les autres totalitarismes : l'adhésion réelle, volontaire, en général désintéressée et fidèle, parfois héroïque, de millions de militants, convaincus de se dévouer pour l'avenir de l'humanité et de se conformer à ce qu'ils croyaient la tradition marxiste.

L'idée d'un système politique et économique socialiste stable, précurseur du communisme, reste d'ailleurs encore enracinée dans les partis communistes (et même trotskistes !), qu'elle soit habillée des couleurs de la France, du costume humaniste ou des haillons de la dégénérescence.

Cette aberration, étrangère et opposée aux idées marxistes, a pu dominer le mouvement révolutionnaire parce que le stalinisme a été imposé par le parti qui avait réalisé la révolution, revêtu de la lutte des classes détournée.

Contrairement aux autres totalitarismes, le stalinisme, hors d'URSS, paraissait fondé sur le constat réel de l'exploitation capitaliste et sur la généreuse volonté d'une société sans exploitation.

Il promouvait la lutte des classes quotidienne dans les pays capitalistes, et il diffusait les idées marxistes, hélas détournées et travesties, pour dissimuler l'abandon de la Révolution et la vérité des stigmates du capitalisme cancérisés.

Pour imposer cette fantastique imposture, le Parti bolchevique, auréolé de la première révolution prolétarienne, bénéficiait de son prestige dans la IIIe Internationale. A sa tête, Staline et l'appareil ont instauré et légitimé des méthodes bureaucratiques qui ont envahi l'ensemble du mouvement communiste international.

Qu'en reste-t-il ?

1. Grandeur et horreur

Quand on lit les ouvrages d'histoire écrits pendant les années de la *construction du socialisme*, on peut être frappé par une certaine grandeur qui se mêle à l'horreur, une grandeur ambiguë dont il n'y a pas d'autre exemple, la grandeur d'un peuple et de sa révolution, confrontés à une abominable contre-façon.

1.1. Grandeur ?

Cette grandeur n'est pas le clinquant des démonstrations de force et d'apparat militaire.

Cette grandeur, c'est d'abord, malgré tout ce qu'il subissait, l'enthousiasme d'un peuple qui, à travers des souffrances inouïes, s'est alphabétisé et a réalisé des progrès et des victoires considérables. C'est, malgré d'énormes gaspillages, la construction, sans accumulation de base, sans investissements étrangers et sans aide extérieure, d'un appareil de production qui a fait de l'URSS une grande puissance, et qui a permis aux masses de sortir de la misère et de la faim. C'est une législation qui assurait à chacun une véritable protection sociale, souvent décriée comme refuge de la médiocrité, alors que, de fait, en respectant le droit de tous à la santé et à la vie, elle épargnait aux plus travailleurs comme aux autres les soucis et le handicap de la maladie. C'est une éducation nationale exemplaire au départ, dont il est resté jusqu'au bout des méthodes efficaces d'appréhension de la culture.

On peut rêver de ce qu'aurait été cette transformation économique et sociale si le stalinisme n'avait stérilisé l'initiative populaire et suscité d'énormes destructions humaines et matérielles, aggravées par celles de la guerre.

Si les résistances ont été multiples aux injonctions bureaucratiques et aux répressions barbares, l'adhésion a aussi généré des élans de masse, des initiatives dont la relation n'était pas seulement propagande.

La grandeur ? Chacun aurait pensé immédiatement, il y a quelques années, à l'Armée rouge repoussant l'armée nazie... Tout est fait aujourd'hui pour faire oublier la résistance des peuples et de l'armée soviétiques à l'envahisseur. Elle a pourtant frappé l'imagination dans le monde entier...

Elle était animée par autre chose que les patriotismes nationaux, dans ce pays où les traditions historiques tendaient plutôt à dresser les Arméniens, les Ukrainiens ou les Géorgiens contre les Russes qu'à les unir. Elle n'aurait pas été possible, si le peuple soviétique, quel que soit son dégoût de l'oppression, n'avait eu conscience de défendre ses acquis : la mémoire de la misère et de l'inculture du passé tsariste n'était pas éteinte.

Le bond culturel de l'URSS a aussi été saisissant. La constitution d'une structure scolaire, universitaire, scientifique et technique dans ce pays arriéré a donné lieu à de multiples dénigrements infirmés par des réalisations indéniables.

Dans les années 50, 60, beaucoup de visiteurs critiques s'accordaient à dire, par exemple, que la lecture de livres de haut contenu culturel ou la fréquentation populaire des salles de concert et des opéras étaient beaucoup plus répandues que dans nos pays occidentaux. Des interprétations de tout premier plan, la perfection des ballets, le génie de quelques compositeurs, les tournées de troupes d'enfants de talents étonnants, la mise en valeur d'une littérature auparavant sous-évaluée tranchaient avec la réputation diffusée par les médias.

Malgré les carcans stérilisateurs de la bureaucratie jdanovienne et ses persécutions, un peuple analphabète est passé en quelques années à un niveau culturel comparable à celui des pays les plus avancés. Nous en avons vu une manifestation a contrario dans la prolifération de musiciens de tout premier plan qui après 1987, ont envahi le show business des concerts et des enregistrements.

Les pays d'Europe que la guerre mondiale a assujettis aux bureaucraties staliniennes mais aussi écartés de l'exploitation capitaliste, ont connu également un certain essor jusque vers 1972, malgré le handicap d'une accumulation primitive très faible, voire presque nulle, malgré les répressions destructrices, malgré l'étouffement de l'élan populaire, les gaspillages, le poids des dépenses militaires et les distorsions qu'engendrait l'énorme machine administrative. Leur progression, le soutien qu'ils ont donné à des peuples qui luttaient ou commençaient à se libérer de l'impérialisme, témoignent des possibilités qu'aurait ouvertes une société réellement libérée de la domination du capital et de ses stigmates.

Car, malgré toutes ses aberrations monstrueuses, l'URSS est devenue une grande puissance, et ces aberrations follement contre-productives et destructrices montrent a contrario que le développement économique n'est pas soumis à la nécessité de la propriété individuelle et de la concurrence.

Ce camp *socialiste*, perverti, a tenu tête au capitalisme soixante ans avant de succomber finalement, victime des stigmates qu'il avait exacerbés et cancérisés au lieu de les combattre, et des emprunts qu'il avait faits à la finance capitaliste.

1.2. L'horreur

L'horreur, c'est l'enchaînement de purges, de procès falsifiés, de massacres, de meurtres et de déportations qui se sont abattus massivement sur les militants révolutionnaires d'abord, puis, par millions, sur tous ceux qui s'opposaient ou gênaient tant soit peu la *construction du socialisme* contrefait et octroyé. C'est le désespoir engendré par la répression de révoltes populaires, certes fatalement altérées par des mouvements contre-révolutionnaires, c'est aussi la mort ou la prison pour tant de ces révoltés persuadés de se battre pour changer l'inacceptable. Chaque femme, chaque homme n'a qu'une vie, tant de souffrances et de morts ne peuvent qu'écœurer et révolter pour peu qu'on l'imagine concrètement.

L'horreur, c'est l'obséquieuse adulation mensongère de tant d'intellectuels communistes envers Staline et ses successeurs, inimaginable aujourd'hui. C'est la capitulation de ces militants accusés qui se chargeaient eux-mêmes des pires vicissitudes et acceptaient la honte, la souffrance et la mort pour ne pas nuire au communisme.

L'horreur, c'est aussi l'aveuglement qui durant ces soixante années a conduit l'énorme appareil soviétique à s'isoler de plus en plus de la classe ouvrière et du peuple, à cumuler les erreurs et les volte-face jusqu'à espérer faire financer la croissance soviétique par les banques capitalistes.

C'est le sacrifice inutile de tant et tant de militants communistes qui dans le monde entier ont consacré leur vie à ce qui n'était que le mirage d'une société débarrassée de toute exploitation et de toute domination. Et combien d'entre eux ont été rejetés sans la moindre considération ?

L'horreur, c'est, en fin de compte, l'échec social et économique d'un régime qui prétendait montrer la voie du communisme et qui a précipité les peuples de ces pays dans la dégénérescence économique, les privations et la pourriture sociale, sous la domination d'une nouvelle classe capitaliste mafieuse. **C'est le prolétariat du monde entier privé de références et d'organisation**, livré au déchaînement de la précarité et de la surexploitation libérale, et pour des millions de femmes et d'hommes, à la faim, la maladie et la mort.

L'horreur c'est, en conclusion, la révolution trahie, victime d'une lobotomie monstrueuse, vidée de sa pensée vivante et créatrice, astreinte à un effarant et écœurant culte de la personnalité, enfermée dans la répétition dogmatique de citations, de phrases creuses ou de vérités « *scientifiques* » inventées pour justifier l'injustifiable : une idéologie substituée à la pensée révolutionnaire créatrice.

1.3. Socialisme ?

Ce qu'a engendré le pouvoir des partis communistes bureaucratisés et sclérosés, après la NEP, **ne peut cependant être défini comme une forme de capitalisme**.

L'appareil de ces partis n'était pas une classe exploitant la classe ouvrière, pas plus qu'il n'était l'avant-garde de cette classe ouvrière, comme il le prétendait. Ses membres ne possédaient pas les moyens de production. Bien qu'ils aient eu le pouvoir de les organiser, de les gérer et de bénéficier de privilèges, ils ne pouvaient pas accumuler un capital privé ([55]).

55 - Ces privilèges n'étaient pas toujours leur motivation d'accéder à l'appareil. Leur recrutement était aussi lié au désir de participer à un progrès économique et social dans le cadre de l'idéologie dominante. Mais intervenait toujours la crainte d'être éliminé, ou pire condamné. Ce qui a été déterminant, ce n'est pas le groupe d'individus apparatchiks, leurs comportements et leurs motivations, mais le fonctionnement bureaucratique et sa corrélation avec la stratégie et avec l'idéologie.

Autant on peut stigmatiser l'URSS pour sa stratégie de compromis avec le capitalisme, autant il faut bien aussi observer qu'elle était un rempart contre les agressions capitalistes, qu'elle a soutenu activement ou diplomatiquement les luttes anti-capitalistes (sauf en Palestine).

Alors peut-on dire que les pays qui se sont libérés du capitalisme étaient réellement « *socialistes* » (comme si cet adjectif était un label qui devrait être mérité !)

Leur base économique était socialiste (et, pour quelques-uns, elle l'est encore), dans la mesure où la propriété des moyens de production était sociale, et donc dans la mesure où leurs salariés avaient collectivement et théoriquement droit aux pouvoirs attributs de cette propriété.

Mais elle en était le travestissement, ce droit n'y était pas du tout respecté. La révolution, arrêtée là, ne transformait pas la superstructure héritée de la société capitaliste, par une démocratie participative active et combative. Les pouvoirs populaires, attributs de la propriété collective, sont restés virtuels. Les stigmates de la société capitaliste s'y sont développés et hypertrophiés.

L'Union soviétique, de « *dictature pour le compte du prolétariat, avec une déformation bureaucratique* » était devenue la dictature d'une bureaucratie qui se réclamait du socialisme en sauvegardant les stigmates du capitalisme.

Ce fétiche de « *socialisme* » allait inexorablement préparer le retour au capitalisme, par la transformation du sommet de la bureaucratie en classe capitaliste mafieuse.

Non seulement ces orientations ont été la cause de la mort et la souffrance de millions d'hommes, le désespoir de millions de militants, non seulement elles ont ruiné une fantastique possibilité de vaincre le capitalisme, mais elles subsistent plus ou moins explicitement et il est nécessaire de prendre conscience de leur nature et de leur nocivité pour s'en dégager et agir.

2. Le stalinisme

Ce qu'on a dénommé *stalinisme* n'est pas simplement une sorte de dégénérescence qui aurait pris le dessus dans un pays sans expérience de la démocratie, au moment de l'épuisement post-révolutionnaire.

Ce n'est pas non plus, simplement, un *totalitarisme* parmi d'autres.

Ce n'est pas, enfin, le résultat pernicieux de graves lacunes théoriques de Marx ou encore de Lénine, car dans la pratique et dans la théorie, leurs thèses ont été abandonnées et travesties.

Le « *stalinisme* » a constitué une rupture dont il est indispensable de bien observer le fondement initial : la « *construction du socialisme dans un seul pays* ».

Cette stratégie définie par Staline subordonnait les partis communistes des pays capitalistes à la construction du *système socialiste*, au détriment de leur propre conquête du pouvoir. La mission de la Troisième Internationale devenait la *compétition des systèmes socialiste et capitaliste*, au lieu de la cohésion des luttes révolutionnaires de tous les pays. Elle n'était plus communiste, mais bien stalinienne.

Le stalinisme, au delà du totalitarisme, peut être défini comme un travestissement de la pensée et de la pratique marxistes :

* la constitution d'un « *système* » baptisé « *socialiste* », par le **blocage de la transformation révolutionnaire de la superstructure sociale et juridique héritée du capitalisme**,

  c'est-à-dire la pérennisation des stigmates du capitalisme : inégalité sociale, subordination du travail manuel au travail intellectuel, domination croissante de la bureaucratie ;

* **la stratégie** de *construction du socialisme dans un seul pays* devenue ensuite *compétition pacifique du système socialiste avec le système capitaliste*, et imposée aux partis communistes qui devaient y soumettre toute leur action,

* **l'idéologie** du *système socialiste*, inversant le réel, c'est-à-dire un « *système* » économique et social hiérarchisé, prétendant préparer le communisme par le seul développement quantitatif des productions, au lieu d'une société en transformation vers la fin des inégalités et des dominations, *stigmates de l'ancienne société*,

* **la personnification du pouvoir** à tous les échelons, exacerbée jusqu'à la caricature par le « *culte de la personnalité* »,

* **l'alternance déroutante de phases politiques ultra-sectaires et « *d'ouverture* »**.

Il s'agit d'une rupture totale, « *à droite* ».

Le stalinisme n'a jamais été « *le marxisme vivant* » ni le « *socialisme réel* ». Il n'était pas le développement des idées de Marx et des luttes politiques de tout un siècle. Il en était le travestissement, **un mouvement contre-révolutionnaire, au sein même du Parti communiste soviétique et de la IIIe Internationale**.

On ne peut espérer un parti marxiste effectivement révolutionnaire sans une démocratie participative active autant que délégataire, sans libération de l'idéologie dominante, sans rupture avec le réformisme, sans renouer avec les conceptions et les pratiques de lutte unitaire.

On ne peut espérer le socialisme, que transformateur de la société héritée du capitalisme par la poursuite de la lutte des classes jusqu'à disparition des « *stigmates* » du capitalisme.

Les partis communistes, leur programme et leur fonctionnement ont été soumis à la stratégie stalinienne qui les a menés au désastre : nous allons le voir en ce qui concerne le Parti communiste français.

2e PARTIE

LE PARTI COMMUNISTE FRANÇAIS

De l'espoir au désastre
Un nouveau combat aujourd'hui

CHAPITRE 9 (II)

La création du Parti communiste et sa confrontation au stalinisme

Avertissement

Les chapitres de cette deuxième partie portant sur l'histoire du Parti communiste français recouvrent l'analyse des chapitres correspondants du livre « De l'indignation à la révolution ». Cependant, inclus dans un sujet différent, ils sont relativement nouveaux.

1. 1920-1923 : naissance d'un parti révolutionnaire

Le Parti communiste, né au congrès du parti socialiste SFIO, à Tours, le jour de Noël 1920, s'est défini par son adhésion à l'Internationale communiste.

La IIIe Internationale avait été constituée à l'appel du Parti bolchevique, à la suite de la révolution de 1917, la IIe ayant été mise à mal par son impuissance à enrayer la guerre de 1914. Son objectif était d'organiser des partis communistes capables d'étendre la révolution en Europe.

En votant, par 70 % des mandats, une résolution reprenant pour l'essentiel les 21 conditions d'adhésion à l'Internationale communiste, la majorité du congrès de Tours s'engageait dans une orientation résolument révolutionnaire et internationaliste, solidaire du premier pays qui s'était libéré de la domination capitaliste. La minorité qui s'était prononcée pour une orientation réformiste et pacifiste quittait le parti et restait Section française de la IIe Internationale (SFIO) ; elle est devenue l'actuel Parti socialiste.

Un an après, au I[e] congrès, à Marseille, un débat très vif a opposé les traditions anciennes de la SFIO aux recommandations des représentants de la III[e]Internationale, Walecki et Bordiga :

- élire un bureau restreint capable de prendre rapidement les mesures d'urgence, d'informer et former les militants et de diriger les combats,
- gagner les syndicats aux orientations révolutionnaires,

- « *ouvriériser* » le parti et les syndicats, c'est-à-dire gagner l'adhésion des ouvriers à ce parti dont la composition était encore marquée par son origine : instituteurs, journalistes, artisans, professeurs, etc.,
- organiser, au sein de la CGTU ([56]), la concertation des Communistes dans des Commissions syndicales chapeautées par la section syndicale du parti,
- mettre en place, dans le parti et dans les Jeunesses communistes, une solide charpente de permanents, de « *révolutionnaires professionnels* », courageux, dévoués, prêts à affronter la répression, la clandestinité, les privations.

Le mot d'ordre international du Komintern, **le *Front unique***, s'est heurté aux ressentiments de beaucoup de responsables qui avaient vécu avec amertume le congrès de Tours et le départ des socialistes. Mais proposer l'unité, la réaliser à la base apparaissait nécessaire aux jeunes militants ouvriers de plus en plus nombreux et déterminés.

Les premiers congrès du parti ont été homériques. D'avoir opté pour devenir un parti révolutionnaire ne suffisait pas à transformer les idées de ses adhérents, les méthodes de travail de ses organismes. Ses débats, souvent confus, ont opposé une gauche active et enthousiaste, mais parfois irréaliste, à un centre droit resté ancré sur le passé, et parfois louvoyant. Face à ces désaccords, l'Internationale a pris conscience de la complexité d'un mouvement révolutionnaire à cette échelle. Notamment, au IVe congrès mondial en 1923, les positions françaises ont motivé l'intervention écrite de Lénine, entre deux crises cardiaques : la résolution du IIIe congrès sur l'organisation était « *trop russe* », disait-il. « *Si un étranger la comprenait, il ne pourrait l'appliquer* ».

Le parti a aussi beaucoup progressé dans ces débats. En novembre 1923, le congrès de Bourges de la CGTU a porté les communistes à sa direction, à l'issue d'une empoignade acerbe avec les anarcho-syndicalistes. Et parallèlement, les communistes s'implantaient rapidement dans les municipalités des communes ouvrières en plein développement, autour de Paris et des grandes villes.

L'épreuve décisive a été l'invasion de la Ruhr par les troupes françaises en août 1923. L'Allemagne ne payant pas les réparations de guerre, le gouvernement Poincaré avait décidé l'occupation et la prise de possession des mines et des usines de la Ruhr. Le résultat a été l'inverse de celui qu'escomptait la bourgeoisie française : privée de la production de cette région vitale, l'économie allemande s'est effondrée, l'inflation est devenue galopante, et une grève générale a balayé toute l'Allemagne en août 1923.

---

56 - Les syndicats à majorité communiste avaient été exclus de la CGT à la suite du congrès de Tours et avaient constitué une nouvelle confédération, la Confédération Générale du Travail Unitaire en 1920.

Face à l'opinion chauvine majoritaire, le parti communiste a lancé courageusement une campagne internationaliste de solidarité avec le prolétariat allemand ([57]). La Jeunesse communiste a organisé des comités clandestins de soldats pour contrecarrer la répression en Allemagne. Elle s'est renforcée considérablement dans cette action, tant en qualité qu'en nombre de militants courageux, déterminés, intelligents, conscients.

De cette période date le fondement du Parti communiste,

ce qui a fait sa force, sa vitalité, son intégration à la classe ouvrière, son emprise sur elle et ses luttes, la fascination qu'il a exercé sur les intellectuels les plus progressistes, la mobilisation d'une jeunesse qui a atteint à plusieurs reprises les limites de l'héroïsme.

Il le devait à la forte influence de l'Internationale communiste, telle qu'elle a été jusque vers 1924 : bien que « *trop russe* » (! [58]), celle-ci n'avait alors aucun rapport avec ce qu'elle est devenue sous l'emprise stalinienne.

Les rapports de ses représentants auprès du PCF, Humbert Droz, puis Manouilski, attestent le décalage entre leurs conceptions majoritaires et celles des communistes français, mais aucune mesure autre que la persuasion n'a été engagée pour réduire ce décalage.

2. 1924-1928 : les bouleversements de l'emprise stalinienne

Les années 1924 à 1928 ont été, souvenons-nous, celles de la progression de la domination de Staline sur le parti soviétique et l'Internationale, pour « *construire le socialisme dans un seul pays* », en éliminant les forces révolutionnaires.

Les partis communistes, fortement liés à l'Internationale communiste, organisés avec discipline selon les principes du centralisme jusque là encore démocratique, ont subi de plein fouet les orientations nouvelles.

La troïka, constituée de Staline, Zinoviev et Kamenev, s'attachait d'abord à éliminer Trotski et son influence. Zinoviev, responsable de l'Internationale, en était particulièrement chargé vis-à-vis des partis étrangers, dont le parti français.

Ceci s'est traduit en France par **l'élimination des responsables les plus révolutionnaires**. Elle a été imposée avec des méthodes inconnues jusque là. Chaque militant était pris à part en commençant par les moins expérimentés. Ces dialogues, chaleureux et confidentiels, hors des organismes réguliers du parti, ont

57 - Le mot « *prolétariat* », au sens étymologique, désigne ici l'ensemble des salariés actifs ou chômeurs, ceux qui ne possèdent pas leur outil de travail. Le mot « *travailleurs* » peut englober aussi les paysans, les artisans etc. Beaucoup de textes utilisent le vocable « *travailleurs ouvriers* ».

58 - Cette critique ne visait pas des perversions telles qu'on en a vu ensuite avec le stalinisme. Il ne s'agit ni d'abus d'autorité ni d'opportunisme, mais de la sous-estimation des différences objectives de situation et de leurs conséquences sur la conscience des militants.

d'abord mis en cause Souvarine, le responsable français le plus influent, soucieux du libre débat d'idées et d'une réflexion marxiste. Avec tout le poids du prestige de l'Internationale et du parti soviétique, Trotski était présenté aux militants néophytes comme un ancien Menchevique tendant à faire revenir la Russie à la social-démocratie. Et Souvarine, à son insu, était accusé de trotskisme.

Soudain contesté, sans savoir pourquoi, il défendait ses positions dans le Bureau politique dont chaque membre avait été « *travaillé* » personnellement en dehors des réunions. Sa résistance l'isolait de plus en plus, accréditait les soupçons ([59]).

A sa place, l'Internationale proposait le retour d'Albert Treint, auparavant écarté du secrétariat pour son aventurisme sectaire, gauchiste et autoritaire.

Au Conseil national de juin 1924, les injonctions de réintégrer Treint dans la direction l'ont emporté malgré son impopularité. Et les fondateurs « *bolchevistes* » du parti, Souvarine, Rosmer, Monatte, ont été éliminés par les mêmes procédés ([60]).

Dès lors le Parti communiste s'est attaché à donner l'illusion d'une action révolutionnaire par la multiplication des bagarres minoritaires avec la police et par des directives totalement irréalistes, par exemple aux soldats de la guerre du Rif au Maroc.

Il s'est mis à bluffer, à gonfler l'effectif des manifestations, à déclarer des cellules fictives.

Ceci ne pouvait le mener qu'à l'affaiblissement, à l'isolement et au recul.

Une première révision déchirante, deux ans après, au congrès de Lille en juin 1926, a été facilitée par l'apparence de changement qu'induisait l'élimination de Zinoviev ([61]) jusque là Président de l'Internationale. Une discussion confuse a pu aboutir à une orientation de « *retour aux masses* », dirigée par Semard.

Mais cette libéralisation de courte durée n'était pas démocratisation.

Au contraire, **les statuts du parti français,** préparés avec l'Internationale, ont été adoptés sans discussion. Devant renforcer la discipline dans les difficiles combats en cours, **ils supprimaient les droits des minorités**, le vote secret, et l'élection

59 - Nous rencontrons là pour la première fois en France la méthode utilisée dans les partis communistes (et aussi dans d'autres organisations) pour contourner la démocratie sous des apparences statutaires. Tout au long du processus, hors du fonctionnement régulier des organismes élus, des interventions personnelles « *travaillaient* » chaque militant, le poids de l'autorité de la direction était mis dans la balance, et il ne restait plus ensuite qu'à ratifier par un débat, apparemment régulier, la décision acquise.

60 - L'évolution personnelle ultérieure des militants éliminés est souvent exploitée pour justifier *a posteriori* leur éviction. Isolés dans une hostilité généralisée, coupés de tout débat et de l'expérience de la lutte, ils réagissent parfois principalement en fonction du drame qu'ils ont vécu, des carences qu'ils observent et de leur rancœur envers les hommes qui ont utilisé de telles méthodes contre eux. Il est rare que, dans ces conditions, ils puissent garder la justesse de la ligne qu'on aurait souhaité leur voir suivre.

61 - Au contraire, Ziniviev allait adhérer à l'Opposition unfiée, aux côtés de Trotski.

des représentants aux congrès à la proportionnelle, toujours considérée jusque là comme « *de droit* ». Ainsi toute position non conforme à celle de la Direction allait être systématiquement étouffée dans l'œuf : elle n'avait plus aucune chance de dépasser le niveau de la cellule ou de la section, et les minorités ne pouvaient plus être représentées et s'exprimer à l'intérieur du parti (*Cf. chapitre 17, démocratie et appareil*).

C'est que, pour faire passer sans réaction les violences de la marche forcée à l'industrialisation et à la collectivisation de l'agriculture, la nouvelle majorité stalinienne après l'élimination de l'Opposition unifiée ne pouvait tolérer aucune opposition, aucune divergence, aucune initiative, ni dans l'Internationale, ni dans aucun parti communiste.

Très rapidement, cette mainmise devait se radicaliser en avril 1927 avec, en Union soviétique, la crise décisive provoquée par le massacre des communistes chinois par Chang Kai Chek. Menacé par la déclaration des 83 Bolcheviques, Staline réagit avec brutalité et cynisme.

Au XIIIe plénum de l'Internationale, venu personnellement, il a amalgamé les critiques internes de l'opposition aux menaces bellicistes anglaises : il dénonçait « *le front uni de Chamberlain à Trotski* ». Il parlait de sabotage et réclamait la « *liquidation des renégats* ». Le combat à mort était engagé.

Plus de Front unique ! Le mot d'ordre ***classe contre classe*** donnait le change : une ligne dure n'est-elle pas révolutionnaire ? **De fait, c'était au contraire marginaliser les mouvements révolutionnaires dans des actions minoritaires** en attente de la réussite éclatante de la *construction du socialisme.*

3. 1929-1936 : la « construction du socialisme dans un seul pays »

Aux arrestations successives de Trotski, Zinoviev, Kamenev puis de toute la vieille garde bolchevique, répondaient, en France, les exclusions des responsables élus par les premiers congrès du parti. Il n'en resta qu'un, symbolique, Marcel Cachin.

Une nouvelle direction du parti français a été constituée par l'Internationale d'une façon qui innovait tout à fait en matière de démocratie !

Le représentant de l'Internationale, Manouilski, a coopté un groupe de très jeunes communistes, composé d'Henri Barbé, Pierre Célor et Henri Lozeray. Ce noyau de militants courageux, mais inexpérimentés et malléables, était **réuni à part**, faisant fréquemment la navette entre Paris et Moscou. Il a été ainsi juxtaposé au Bureau du parti dont il préparait les réunions avec Manouilski, au vu et au su de tous. Il s'est employé pendant trois ans à imposer la politique nouvelle, « *classe contre classe* », substituée au *Front unique.*

Après l'élimination de Semard, ce groupe a formé, autour de Maurice Thorez, le nouveau Secrétariat.

Ainsi a été institutionnalisé le fonctionnement typique du stalinisme : **court-circuiter la discussion des organismes réguliers dont le rôle est alors réduit à valider des décisions prises hors d'eux**.

Dorénavant les partis communistes devaient subordonner la lutte révolutionnaire au soutien de « *la construction du socialisme* », car sa réussite prochaine rendrait évidente sa supériorité.

Dès 1929, le VIe congrès de l'Internationale donnait le ton : « *Les succès de la construction du socialisme en Union soviétique font du PCUS l'avant-garde léniniste dont les expériences colossales constituent la base sur laquelle toutes les sections de l'Internationale doivent être éduquées* ».

Staline avait conquis le pouvoir absolu sur le parti bolchevique et sur l'Internationale. C'était le début de la « ***troisième période*** » : **le premier plan quinquennal définissait la collectivisation et l'industrialisation**. Elaboré bureaucratiquement sans discussion, il était mis en œuvre à coups de déportations et d'exécutions.

La fiction a d'abord été entretenue de l'insurrection internationale que ne manquerait pas de provoquer le triomphe de la construction du socialisme.

Le Parti communiste annonçait qu'à l'issue du I^e plan quinquennal, l'URSS dépasserait les pays capitalistes d'Europe, alors qu'elle était au bord de la famine. Il disait la grève générale imminente en France, car la révolution n'allait plus tarder.

Puis, pour justifier les purges massives et les procès, Staline a inventé une loi historique nouvelle : plus la construction du socialisme avançait, plus la lutte des classes se radicalisait. Mais il ne s'agissait pas de lutte entre les classes de l'Union soviétique : celle-ci était déclarée achevée avec l'instauration du « *système socialiste* » maintenant solidement établi. La lutte des classes venait de l'extérieur, des pays capitalistes. Sabotages, infiltration d'espions, diffusions d'idées subversives, trahisons ont été les prétextes de l'élimination massive des militants révolutionnaires puis de toute opposition.

En France, les socialistes, assimilés aux fascistes, devenaient l'ennemi principal : les « ***social-fascistes*** » manipulés par leurs agents trotskistes, infiltrés dans le mouvement ouvrier.

Afin de couper l'herbe sous les pieds de l'impatience révolutionnaire, l'Internationale dépeignait le crépuscule du capitalisme qu'il fallait savoir attendre.

L'exigence était de « ***se préparer aux combats futurs*** » par des manifestations violentes,

et de développer toutes les initiatives susceptibles d'aider l'URSS, par exemple par un travail antimilitariste désorganisateur de l'armée.

Il était beaucoup question de tenir tête à la police, mais toujours pour **des minorités** de militants courageux, aguerris, dont les capacités à la faire reculer venaient d'être démontrées, lors des manifestations contre l'exécution de Sacco et Vanzetti condamnés à la chaise électrique.

La « *phrase gauchiste* » remplaçait la stratégie révolutionnaire. Les démonstrations minoritaires aboutissaient à l'isolement, contrairement à la politique passée du *Front unique* visant le ralliement des masses les plus larges. Les arrestations devenaient de plus en plus nombreuses et préventives. L'infiltration du parti par la police facilitait la répression.

Une telle politique ne pouvait que couper le parti de la classe ouvrière.

L'échec des grèves et manifestations, la chute des effectifs et du tirage de l'Humanité exigeaient une solution d'urgence.

L'Internationale choisit celle des **boucs-émissaires**. Le groupe Barbé-Célor-Lozeray qu'elle avait mis en place devait faire les frais des échecs.

Accusés de travail fractionnel, ces jeunes militants inconditionnels ont été écartés en 1931 et, après de nombreuses péripéties, déshonorés, accablés, exclus. Célor, principale victime, puisqu'il refusait la sacro-sainte autocritique, devait même passer à deux doigts de la mort, à Moscou.

La courte détente inaugurée par Maurice Thorez, (« *pas de mannequins* », « *que les bouches s'ouvrent* »), ne devait cependant pas aboutir à une nouvelle politique.

Même l'échec cuisant des élections de 1932, puis les émeutes fascistes de 1934, la grève du 12 février et l'irrésistible fusion des manifestations communiste et socialiste n'y changèrent rien.

Le mot d'ordre classe *contre classe*, substitué à *Front unique*, restera en vigueur jusqu'en 1935, sauf pendant quelques mois en 1933, lors de l'avènement de Hitler au pouvoir ([62]).

Il a fallu attendre que Staline, prenant enfin conscience du danger hitlérien, décide le grand tournant.

« ***L'unité à tout prix*** » devint alors le mot d'ordre. Les partis communistes devaient faire bloc avec les partis de gauche.

Face aux décrets-lois de Laval, réduisant les salaires de 10 %, la réalisation du « ***Front populaire*** » entraîna, en France comme en Espagne, une lame de fond d'espoir et de dynamisme, et le triomphe des élections de mai 1936. Le Parti communiste

---

62 - L'avènement de Hitler au pouvoir a montré les désastreux effets de cette politique d'isolement. La révolte de Neumann et quelques autres dirigeants, et l'évidence du danger, ont imposé un redressement en Allemagne, répercuté avec le mot d'ordre « *Front unique assoupli* ». Mais l'incendie du Reichstag a permis le déferlement de la répression nazie et la destruction du KPD (Cf. *chapitre 4*). Après cette catastrophe lourde de conséquences mondiales, l'Internationale est revenue au mot d'ordre *classe contre classe* et à la lutte contre les *social-fascistes*, devenus boucs-émissaires.

doublait ses voix de 1932 et dépassait 15 %. La majorité de députés élus allait permettre la formation du gouvernement de Front populaire.

4. Une première situation prérévolutionnaire : 1936

Nous disons qu'une situation prérévolutionnaire s'est présentée en France en 1936, en 1944 (à la Libération) et en 1968.

Cette appréciation peut choquer beaucoup de communistes et apparaître ridicule à d'autres lecteurs.

Elle ne signifie pas, comme celle de Trotski, qu'une révolution était en marche en 1936 et aurait pu réussir. Nous disons que lors de ces trois crises politiques, la situation présentait **des caractères exceptionnels** dont il faut comprendre les incidences.

Le mot révolution ne désigne pas l'action d'une minorité qui prend le pouvoir (cela s'appelle un coup d'Etat), mais l'action des masses, déterminées jusqu'à résister à la violence, pour arracher le pouvoir au capital, renverser le capitalisme.

Dans les conditions très différentes de chacune de ces courtes périodes se sont manifestées simultanément une volonté populaire de changement radical, une conscience de la nocivité du capitalisme, une aspiration de plus en plus large (quoique éphémère, nous verrons pourquoi) à l'instauration d'une autre société, et une mobilisation de masse dans des luttes prolongées, déterminées, paralysant le fonctionnement économique et social du capitalisme.

Et dans ces trois périodes, le pouvoir d'Etat capitaliste, affaibli, s'est trouvé en difficulté.

Le tournant politique du Parti communiste, en 1936, était radical.

Les socialistes, de *social-fascistes*, devenaient partenaires du Front populaire.

Ce changement total de politique n'a pourtant pas été la conclusion d'un débat interne puisque deux ans avant, le 12 février 1934, ni la jonction des manifestations communiste et socialiste protestant contre les émeutes fascistes, aux cris de « *Unité* ! », ni les interventions de Benoît Frachon exprimant la poussée des masses n'avaient ébranlé la ligne sectaire affichée dans l'Humanité.

Le changement de politique a été décidé brusquement, le plus bureaucratiquement du monde, en liaison avec le Bureau de l'Internationale ([63]). Il ne s'agissait pas précisément de la prise du pouvoir par la classe ouvrière française, si souvent annoncée comme imminente. Il s'agissait d'unité avec les socialistes et d'infléchir la politique

63 - Convocation de Vassard, puis de Thorez à Moscou. Le rapport de Dimitrov au VIIe congrès mondial précisait les directives : unité avec les socialistes, entrer dans l'appareil d'Etat comme le cheval de Troie...

nationale. Mais cette directive correspondait aux aspirations « *révolutionnaires* » des militants, brimés dans leur lutte réelle.

La position du parti dans la grève générale de juin 1936 allait le confirmer.

En mars 1936, sous l'impulsion de Benoît Frachon, la volonté d'union emportait la réunification de la CGT par le congrès commun, du 2 au 5 mars.

Le 3 mai, la victoire du Front populaire aux élections législatives de mai soulevait un grand espoir : pour la première fois, un front politique « *de gauche* » devenait majoritaire, un gouvernement était présidé par un socialiste, et les partis « *de droite* » mordaient la poussière.

***"Trop longtemps contenues"*, les aspirations populaires ont généralisé les « *grèves sur le tas* » avec occupation des usines, bureaux, magasins et établissements**, impulsées le plus souvent par les militants de l'ancienne CGTU dans la CGT réunifiée (Cf. *De l'indignation à la Révolution*).

Une grève générale comme on n'en avait jamais vu !

L'espoir de changements politiques plus fondamentaux s'exprimait de toutes parts : « *prendre possession des usines* », « *placer la production sous le contrôle ouvrier* ».

Mais, fidèle aux consignes impératives de l'Internationale, Maurice Thorez répondait dans l'Humanité : « ***Non, tout n'est pas possible*** »... « ***Il faut savoir terminer une grève*** »...

Certes, l'accord de Matignon était une grande victoire de la grève générale, ses conquêtes sociales dépassaient beaucoup le programme du Front populaire : l'augmentation considérable des salaires (certains étaient doublés), la semaine de 40 heures, les congés payés, l'institution de délégués du personnel, les assurances sociales allaient changer durablement la vie des salariés. Au bout de tant de vicissitudes, nous en bénéficions encore aujourd'hui.

Mais aucun des changements politiques fondamentaux espérés par les militants communistes n'a eu le moindre commencement de réalisation. Et rien n'a été entrepris pour que subsiste une organisation issue des Comités de grève et des Comités du Front populaire.

Cette décision de contenir les aspirations de changement politique a aussi été prise sans débat. Le rapport de Maurice Thorez a été approuvé par le Comité central : « *Notre but reste le pouvoir des soviets, mais nous n'avons pas encore derrière nous, avec nous, décidée comme nous jusqu'au bout, la population des campagnes* ». Le mot d'ordre « *il faut savoir terminer une grève* » a été répercuté avec tout le poids de l'appareil.

Ainsi l'Internationale prenait la responsabilité de limiter les objectifs d'un tel mouvement populaire à des revendications, à l'exclusion de toute accession au pouvoir politique.

Le rapport de forces aurait-il pu renverser le capitalisme ? Etait-ce « *la révolution en marche* » comme le pensait Trotski ? On peut en douter ! Mais on peut aussi se poser la question : était-il inévitable de n'en tirer aucun bénéfice politique ?

Car la paix sociale revenue, plus rien n'obligeait le Parti socialiste à infléchir ses conceptions. Son refus d'intervenir dans la guerre d'Espagne ([64]) a ouvert la voie aux concessions de la droite face au déferlement des prétentions nazies, l'Anschluss, le démantèlement de la Tchécoslovaquie, Munich.

Isolé, le Parti communiste luttait pied à pied. Le virage à 180 degrés **du pacte germano-soviétique** et l'invasion de la Pologne par l'Armée rouge à la rencontre de l'armée allemande allaient plonger les militants communistes dans le plus total désarroi.

Leur parti, dérouté, n'a pas pu s'opposer à sa propre dissolution, à l'exclusion de ses députés de la Chambre, aux perquisitions et aux arrestations : les communistes étaient « *des traîtres à la patrie* », alors même qu'ils appelaient à « *agir pour la défense nationale contre Hitler* ».

Trois ans après la grève victorieuse de 1936, c'était la guerre, puis Pétain... appelé au pouvoir par la Chambre du Front populaire et le Sénat réunis, dont avaient été exclus les parlementaires communistes.

5. Premières conclusions

Ainsi nous pouvons noter, en conclusion de ce nécessaire rappel historique, qu'on peut distinguer grosso modo deux périodes dans le développement initial du Parti communiste.

* De 1920 à 1923,

- une politique nationale et internationale tendait à **préparer la révolution**, c'est-à-dire le renversement du capitalisme ;
- **une pratique unitaire** dite du « *Front unique* » tendait à entraîner le maximum d'organisations dans la lutte, en réalisant l'unité d'action à la base et en suscitant l'expression de la volonté d'union ;
- **une pratique démocratique** qu'il ne faut certes pas idéaliser, mais très différente de celle de la période suivante : les décisions étaient prises dans les organismes de direction élus ; les congrès, annuels étaient préparés par des débats ouverts sur des positions librement exprimées et diffusées ; le nombre de voix dont disposait chaque courant d'une délégation était déterminé proportionnellement au vote qui l'avait élue et mandatée ; les interventions de l'Internationale, parfois pressantes,

64 - Le pronunciamiento de Franco date du 17 janvier 1936 ; 3 000 communistes se sont engagés dans les Brigades internationales pour défendre le Frente popular.

toujours argumentées, laissaient le débat se dérouler librement et les organismes responsables décider seuls ;

- **une armature de permanents** courageux étaient formés progressivement à la connaissance et à la pratique marxistes, sans bénéficier de privilèges.

* A partir de 1924, et de façon croissante jusqu'à 1936,

- la politique de la « *construction du socialisme dans un seul pays* » impliquait l'abandon des perspectives révolutionnaires et des luttes unitaires,
- **des actions minoritaires et une phraséologie gauchiste** constituaient les alibis pseudo-révolutionnaires de l'attente de la victoire du socialisme dans sa compétition avec le capitalisme,
- l'orientation était de plus en plus inféodée aux décisions de l'Internationale communiste sous la férule de la bureaucratie stalinienne qui contrôlait toute l'activité politique de chaque parti,
- la structure et le fonctionnement du parti muselaient l'expression démocratique des adhérents, les votes au scrutin majoritaire et non proportionnel excluaient toute minorité, les décisions politiques étaient élaborées hors des organismes élus et transmises par la hiérarchie de l'appareil inconditionnel,
- l'idéologie, calquée sur celle du Parti soviétique, mythifiait les progrès soviétiques et le « *système socialiste* », auquel on devait passer par la volonté populaire que ne manqueraient pas de susciter les succès du modèle soviétique face à la « *crise générale* » du capitalisme.

* En 1936,

- **la politique du Front populaire** a conduit à la grève générale et à **des transformations sociales durables et importantes** incorporées dans la législation et dans des conventions collectives : les congés payés, les assurances sociales, les délégués du personnel ; l'influence du parti s'est considérablement accrue et étendue ; mais il a refusé d'exploiter la situation prérévolutionnaire qui en résultait ;
- l'évolution de l'idéologie a ouvert la perspective d'une voie légale au socialisme, par une étape intermédiaire « *de front populaire* », unissant les socialistes aux communistes, et dans laquelle les nationalisations joueraient un rôle moteur ;
- **l'échec politique** cependant n'a pas tardé après la rupture du Front populaire ; la droite est revenue au gouvernement, puis elle a donné les pleins pouvoirs à Pétain qui a capitulé face aux nazis et collaboré avec eux, le Parti a été dissous et ses militants bientôt arrêtés, torturés et fusillés, une régression sociale dramatique s'est abattue sur le pays, pilotée par l'occupant nazi.

NB. Noter cependant qu'il n'est pas exact de dire que la Chambre du Front populaire a voté les pleins pouvoirs à Pétain :

* celui-ci n'avait pas le pouvoir de dissoudre, comme il l'a fait immédiatement,
* les parlementaires communistes étaient déjà arrêtés et beaucoup de socialistes n'étaient pas présents,
* le Sénat, réactionnaire, élu avant le Front populaire avec un mode de scrutin différent, a voté avec l'Assemblée nationale,
* le vote a donné les pleins pouvoirs à Pétain dans le cadre de la Constitution, limite qu'il s'est empressé d'enfreindre.

CHAPITRE 10 (II)

La guerre, la résistance, la libération

1. 1939-1944

Le Parti communiste était dissous, démantelé, réduit au silence. Son organisation était entrée dans la clandestinité Ses militants dispersés par la mobilisation, la débâcle et l'exode, se trouvaient dans une situation d'autant plus difficile que le pacte germano-soviétique les discréditait totalement.

L'Internationale communiste dominée par Staline diffusait une justification théorique *a posteriori* du pacte germano-soviétique. Elle caractérisait la guerre comme uniquement impérialiste (chaque camp valait l'autre) et fixait aux partis la tâche de lutter pour la paix, en s'abstenant de toute allusion à la lutte contre les nazis.

Reconstitué peu à peu dans la clandestinité par Jacques Duclos, le parti français a commis, sous cette pression ([65]), l'erreur de mettre sous le boisseau ses positions antifascistes. Il dénonçait la guerre et réclamait « *un gouvernement de paix (...) assurant la collaboration avec l'Union Soviétique pour le rétablissement de la paix générale* ».

En juillet 1939, il donnait même le mot d'ordre « *d'organiser la reprise du travail* », ce qui était aussi la préoccupation de l'occupant et de Vichy... Il tentait d'obtenir la reparution légale de l'Humanité, évidemment refusée.

En revanche, **dès le 17 juin 1939, Charles Tillon, sous l'autorité de Benoît Frachon, avait diffusé un appel à lutter contre le fascisme hitlérien**. Il avait impulsé à Bordeaux la réorganisation du Parti sur ces positions. D'autres responsables, moins connus mais nombreux, ont pris des initiatives semblables, en tant que communistes, et avec les communistes de leur entourage, par exemple Auguste Lecœur. Georges Guingoin, Fabien, Jean-Pierre Venant, Mialhe, les Aubrac, Georges Marrane...

65 - Staline espérait une longue période de coopération tactique avec Hitler. Les positions du PCF avaient été mises au point en coopération par Fried, représentant du Komintern, et Maurice Thorez émigré sur ordre à Moscou.

Par ailleurs, alors que s'installaient les privations, les communistes menaient la lutte quotidienne pour les salaires et les revendications populaires : distributions de tracts, prises de parole éclairs à l'entrée des usines et devant les « *queues* », protégées dès l'automne 1940 par des groupes armés de l'Organisation spéciale (l'OS) et de la Main d'œuvre immigrée (MOI).

Pendant plus d'un an, tiraillé entre les directives du Komintern et sa pratique de lutte de classes clandestine, le PC est progressivement passé, de l'opposition au patronat et au gouvernement de Vichy, à la lutte contre l'occupant pour la libération sociale et nationale.

Le point culminant de cette lutte a été atteint lors de la longue et dure **grève des mineurs, en mai-juin 1941**, avec ses piquets de grève protégés par des militants armés, parmi lesquels Auguste Lecœur (qui devait ensuite organiser le parti illégal, dans la clandestinité).

L'invasion de la Russie par la Wehrmacht, un mois plus tard, le 22 juin 1941, a enfin décanté la situation.

Ici s'est ouverte dans la clarté la page la plus héroïque et la plus difficile de l'histoire du Parti communiste français.

Sous la direction du « *triangle* » ([66]) Jacques Duclos, Charles Tillon, Benoît Frachon, la Résistance communiste, avec son organisation des Francs Tireurs Partisans (les FTP), a été, de loin, la plus forte, la plus organisée. C'est elle qui a payé le plus lourd tribut à la répression : des dizaines de milliers de fusillés, de déportés, de prisonniers torturés...

Diffusion clandestine de journaux, tracts et brochures, opérations armées, attentats contre l'occupant, armes prises sur l'ennemi, attaques de convois, sabotages dans les usines et les transports, grèves, organisation de l'évasion de militants arrêtés, constitution de réseaux chargés de missions multiples dans les Administrations ou parmi les intellectuels : quatre années de lutte dangereuse, sans merci, menée par un nombre grandissant de militants communistes ont fait de ce parti la force principale de la Résistance.

A cette époque, même la signature d'une pétition ou la diffusion d'un tract était une action très dangereuse...

Aujourd'hui, les médias s'acharnent à occulter cette page d'histoire. **Au négationnisme du génocide antisémite s'est ajouté un négationnisme de la résistance communiste.** Or, dans toute l'Europe ([67]), les communistes se sont engagés massivement dans la lutte contre les nazis.

---

66 - Pour éliminer les risques de destruction des réseaux par d'éventuelles trahisons ou des révélations sous la torture, le parti clandestin était organisé par groupe de trois militants, chacun ne connaissant qu'un élément d'un autre triangle.

67 - Qui a rappelé, au cours des guerres de division de la Yougoslavie, que la résistance communiste, organisée et dirigée par Tito, avait libéré seule ce pays, enfin uni en un seul pays pour plus de quarante années (Croatie, Serbie, Boznie-Herzégovine) ?

En France, le refus du STO (service du travail obligatoire en Allemagne) a amené des centaines de milliers de salariés français à rejoindre les maquis communistes des FTP. Ainsi la classe ouvrière est entrée en tant que telle en résistance.

L'un de ces maquis, celui du Limousin, commandé par Georges Guingoin, est même parvenu à faire capituler la garnison allemande de Limoges. Il contrôlait un département entier, fixait les prix agricoles en opposition au marché noir, organisait les luttes revendicatives, contrôlait les transports comme les cartes d'alimentation, impulsait l'éducation....

Les maquis des neuf départements de la Région du Sud-Ouest comptaient 40 000 hommes.

De telles réussites n'étaient pourtant pas dans les perspectives de la IIIe Internationale, centrées sur les avancées des troupes soviétiques. Déjà en ce temps de clandestinité, la stratégie stalinienne était quelque peu mise en cause, car l'objectif des combattants était d'affaiblir l'occupant pour le faire reculer et partir, ils se heurtaient aux horreurs nazies. Ils ne pouvaient se donner de limites.

L'indépendance relative du mouvement communiste français s'est aussi manifestée par sa politique unitaire et sa participation au Conseil national de la Résistance ([68]), dont il a marqué profondément le programme qui mettait implicitement en cause le capitalisme.

L'engagement massif et déterminé des communistes a été reconnu à l'époque par le placement d'un communiste, Rol Tanguy, à la tête du Comité militaire national qui a dirigé le soulèvement de la Libération de Paris.

2. 1944 : une deuxième situation prérévolutionnaire

Dès le 18 juillet 1944, la direction clandestine du Parti communiste avait débattu du **mot d'ordre d'insurrection nationale**, proposé par Charles Tillon.

Cependant ce mot d'ordre n'a pas été lancé par le Parti, mais le 10 août par le Comité militaire national à l'initiative de Charles Tillon et Rol Tanguy (Henri Tanguy). Staline, conformément aux accords de partage de l'Europe conclus à Téhéran, avait ordonné au parti français de laisser les armées alliées libérer le pays. Dans la stratégie stalinienne, les avancées du socialisme ne devaient pas résulter du mouvement révolutionnaire mais de l'avancée des troupes soviétiques et des accords militaires entre alliés. Charles Tillon et Rol Tanguy ont passé outre.

L'appel à l'insurrection a soulevé un enthousiasme populaire extraordinaire : grève des cheminots et de la police, barricades, combats dans les rues de Paris.

Les communistes étaient dès lors reconnus par le peuple, face à la figure mythifiée de De Gaulle, aux FFI et à la « *Résistance nationale* ».

---

68 - Les communistes avaient participé activement à l'unification de la résistance dans le Comité national de la Résistance, le 27 mai 1943.

2.1. En 1944, la situation était exceptionnelle : le pouvoir d'Etat était démantelé

Une lutte pour le pouvoir politique était de fait engagée entre la majorité de la Résistance intérieure dominée par les communistes, et De Gaulle soutenu par les fractions nationaliste et modérée de la Résistance... bientôt rejointes par les forces auparavant « *collaborationnistes* » ou attentistes, toutes décidées à reconstituer le fonctionnement capitaliste. Ainsi s'explique, sous couvert d'union nationale, le freinage de « *l'épuration* » de l'Etat des éléments qui avaient participé activement à la politique, antidémocratique, raciste et anticommuniste de Vichy.

De Gaulle disposait de l'Armée reconstituée et son service secret, l'ex-BCRA devenu DGSS. Il avait à son crédit sa popularité médiatisée. Il avait acquis, après le débarquement, le soutien des USA et de l'Angleterre dont les armées avançaient, avec la Division Leclerc, vers la frontière allemande. Chef du Gouvernement provisoire, il nommait les Commissaires de la République (préfets), reconstituait l'armature de l'Etat, dirigeait l'armée qui lui était entièrement fidèle.

Mais les maquis contrôlaient plus de la moitié du pays, de la Loire à Toulouse, de Lyon à Marseille. Des **Comités de libération** prenaient la place des municipalités installées par Vichy. Des Commissaires de la République, résistants nommés par le gouvernement provisoire, étaient proches des communistes. Des milices patriotiques se constituaient à partir des FTP

Une fantastique mutation morale se répandait dans les masses populaires, faite de fraternité, d'entraide, en contradiction avec les scènes de revanche haineuse souvent provoquées par des « *planqués* » devenus soudain zélés ([69]) .

Le retour des rescapés décharnés des camps de concentration, les images cinématographiques des chambres à gaz et des charniers de juifs révélaient de visu l'horreur du nazisme et l'abominable compromission de la collaboration. Inversement, l'héroïsme de la Résistance soviétique, l'épopée de l'Armée rouge depuis la bataille emblématique de Stalingrad, l'ampleur de la participation des communistes français à la Résistance changeaient l'image du communisme.

Des foules énormes se mettaient en mouvement.

---

69 - « *Déconsidérée, brisée, la droite classique semble anéantie. (...) Ceux qui ont peur se terrent, mais les plus déterminés ou les plus politiques des conservateurs commencent à se regrouper derrière les éléments les plus anticommunistes ou les plus modérés de la Résistance, du gaullisme au MRP naissant. Quand ils s'emparent d'un milicien ou d'un collabo, animé d'une sainte colère, des « maquisards » recourent parfois à une justice bien expéditive. (...) Quand les miliciens ont cessé de tirer, des scènes pénibles se déroulent : ici, ce sont des filles qui sont tondues pour avoir « couché » avec des « boches », des prisonniers allemands sont injuriés et parfois frappés* » (Ph. Robrieux). Des dérives largement « *instrumentalisées* » depuis.

Des milliers de gens adhéraient au Parti communiste ou au Front uni de la jeunesse patriotique (le FUJP, devenu le plus grand mouvement de jeunesse que la France ait connu).

La CGT réunifiée dans la Résistance retrouvait le courant d'adhésions de 1936.

Les ouvriers et les autres salariés d'usines dont le patron était en fuite, emprisonné, ou simplement récalcitrant, remettaient les machines en état de marche, réorganisaient la production, constituaient des organes de direction, des « *Comités de gestion* ». Les usines Renault, Berliet et Brandt en ont été des exemples spectaculaires.

Des intellectuels prestigieux se déclaraient communistes ou proches d'eux, tels le professeur Marcel Prenant, chef d'état major des FTP, torturé et handicapé, Paul Langevin et Henri Wallon, auteurs du projet de réforme de l'enseignement qui fera autorité pendant des années, Joliot-Curie, Louis Aragon, Vercors et Jean Paulhan, Picasso, Georges Politzer, les professeurs Eugène Aubel et Georges Teissier etc.

C'était - embryonnaire dans l'appareil d'Etat et dans les entreprises - **une de ces situations de double pouvoir** que Lénine avait analysées comme indispensables à la révolution.

Certes, la majorité de la population, moins engagée, se préoccupait plus de ravitaillement que de la révolution dont rêvaient maints communistes.

Mais leur parti, en développant cette situation, ne pouvait-il réussir à entraîner la majorité dans le combat pour une autre société ?

2.2. Il ne l'a pas tenté

Sa direction, qui recevait les directives de Maurice Thorez encore à Moscou, s'est d'abord consacrée à **reconstituer l'appareil, son fonctionnement hiérarchisé**, sur le modèle de ce qui avait été détruit en 1939. Elle engageait une grande campagne pour le retour de Maurice Thorez encore sous le coup de sa condamnation comme « *déserteur* ». Elle reconstituait ses directions locales au fur et à mesure de la libération du territoire.

En octobre 1944 cependant, la ligne politique était encore centrée sur la poursuite du combat de classe qu'avait aussi été la Résistance.

L'épuration, bien qu'elle ait été entachée d'erreurs, était nécessaire après la profonde contamination de l'Etat, des associations et du patronat par l'idéologie et les pratiques vichystes. Les mises en cause de Bousquet et Papon après 1980 ont montré que de tels hommes ont pu ensuite accéder jusqu'au pouvoir de la cinquième République, et à la direction des entreprises et des affaires.

Les communistes réclamaient la reconstitution d'un appareil d'Etat nouveau. De Gaulle, conscient du danger, s'est attaché à limiter *l'épuration*, arguant de la réconciliation nationale.

La sauvegarde des milices patriotiques, placées sous l'autorité des Comités de Libération, aurait-elle perpétué le rapport de forces issu des maquis ? Le décret prescrivant leur dissolution était resté lettre morte. De Gaulle avait dû entendre Charles Tillon les défendre au Conseil des Ministres même, et une manifestation à l'appel du Conseil de la Résistance avait réuni un million de personnes selon l'Humanité.

2.3. Le retour de Maurice Thorez

Mais le retour de Maurice Thorez, le 27 novembre 1944, a été le point de départ d'un tournant politique diamétral.

Dès le lendemain son discours au grand meeting du Vel' d'Hiv a surpris les militants et les responsables du parti.

A son injonction, le Comité central décidait (comme en Italie d'ailleurs) de désarmer et dissoudre les milices patriotiques et d'abandonner les Comités de Libération. Il allait négocier l'intégration des FTP dans l'armée régulière en acceptant la rétrogradation de leurs officiers.

« ***Un seul Etat, une seule police, une seule armée*** », déclarait Maurice Thorez à Ivry, le 21 janvier 1945, devant plus de 300 militants d'un Comité Central « *élargi* »... dont avaient été cependant écartés les principaux responsables militaires de la Résistance (tels Guingoin).

Le mot d'ordre devenait : *s'unir et produire*. Désormais la politique devait être centrée sur **la participation des communistes au gouvernement** qui serait issu de l'élection de l'Assemblée constituante.

Moins d'un an après, lors de cette élection, le 21 octobre 1945, 26,2 % des voix faisaient du Parti communiste le premier parti de France.

Le gouvernement comprenait cinq ministres communistes sur 21 : François Billoux (économie nationale), Ambroise Croizat (travail), Marcel Paul (production industrielle), Charles Tillon (armement), Maurice Thorez (fonction publique). Mais comme toujours, les finances, l'intérieur, les affaires étrangères et les armées lui échappaient.

Le Xe congrès, en juin 1945, devait consacrer la nouvelle orientation dans deux thèses principales :

- **la démocratie** : « *la destruction de la dictature du capital ne peut se réaliser sans un élargissement considérable de la démocratie pour le peuple et sans une limitation de la liberté des exploiteurs* » : cette thèse fondatrice, « *la démocratie est une création continue* », intégrée à celle du passage au socialisme par une voie parlementaire, était concrétisée dans un projet de Constitution,
- **l'unité avec le parti socialiste**, poussée jusqu'à un projet de fusion en un seul « *parti ouvrier* »...

Nous trouvons là les deux thèmes qui vont dominer désormais la politique du Parti communiste, radicalisés progressivement jusqu'à « *la démocratie but et moyen du socialisme* », selon l'expression du XXIIe congrès ([70]), sous la houlette de Georges Marchais. Le but n'est plus un changement de société mais des changements partiels progressifs, *l'élargissement* de la démocratie, *la limitation* de la liberté des exploiteurs. Le moyen n'est plus la révolution, mais la démocratie parlementaire qui implique l'alliance du parti socialiste.

Pourquoi ces thèses, qui ont surpris les communistes eux-mêmes ?

Marx avait clarifié ainsi la question de la révolution, de la démocratie, de la république :

> Dans chaque mode de production, la classe dominante organise son pouvoir politique de manière à en garantir la pérennité. Marx pensait que la forme de pouvoir la meilleure pour la classe capitaliste est la république. Il l'écrivait alors même que, parmi les principaux pays capitalistes, l'Angleterre était encore une monarchie et l'Allemagne un Empire, et que la France, oscillant entre république, empire et royauté, allait subir Napoléon III. En effet, la république garantit le pouvoir de la classe capitaliste par sa Constitution et sa domination idéologique. La « *république bourgeoise* » est la « *meilleure forme* » de « *dictature* ([71]) *de la bourgeoisie* », classe dominante, parce qu'elle pérennise sa domination..
>
> Pour Marx, le prolétariat ne peut conquérir le pouvoir que hors la loi, car les Constitutions rendent cette conquête impossible en leur sein. La révolution « *prolétarienne* » est nécessaire pour socialiser la *base économique*, c'est-à-dire la propriété des moyens de production, et planifier l'économie. Mais cette révolution n'est complète que si la *superstructure* est aussi socialisée par la transformation, *économique, morale, intellectuelle*, qui élimine les *stigmates de l'ancienne société*, et abolit concrètement le plus important : *l'asservissante subordination à la division du travail, l'opposition entre le travail manuel et le travail intellectuel (Critique du programme de Gotha).*

Nous avons vu ce qu'il en était en Union soviétique : la transformation sociale a été court-circuitée par l'appareil stalinien, les stigmates de la superstructure capitaliste ont été maintenus et cancérisés, sur la base de l'appareil de production socialisé.

L'Internationale a emboîté le pas de la soumission des partis communistes à la stratégie stalinienne fondée sur ce principe :

« *Nous regardons* ***la victoire du socialisme dans notre pays*** *(...) comme* ***la voie à suivre pour faire triompher la révolution prolétarienne dans les autres pays*** ».

---

70 - Nous reviendrons sur ces conceptions « *réformistes* » de la démocratie dans l'analyse critique de cette 2e partie et dans la 3e partie.

71 - Le mots dictature et république n'étaient pas antonymes.

L'accès des partis communistes au pouvoir ne sera possible que quand les peuples constateront la supériorité du socialisme dans sa marche vers l'abondance communiste. La loi intangible dorénavant est de soutenir l'Union soviétique, en popularisant les succès de « *la construction du socialisme* », et en renonçant à toute action qui pourrait entraîner la rétorsion capitaliste.

Maurice Thorez avait adhéré au parti de Souvarine et l'avait soutenu. Il connaissait Marx, il était conscient de la nouveauté des conceptions staliniennes, qui n'étaient pas encore claires pour la masse des militants formés dans les contradictions des années 30.

Pour le parti français reconstitué, il n'était donc plus question de révolution, mais d'un travail idéologique pour conquérir les masses par la lutte des classes quotidienne, et par la solidarité populaire dans les municipalités démocratiques conquises.
Cette ligne rejoignait les orientations du Parti Ouvrier passé, qui imprégnaient encore la classe ouvrière. Elle rejoignait aussi l'idéologie social-démocrate, et établissait un espace d'unité possible, avec l'idée d'un gouvernement de gauche préparant l'adhésion à la société « *socialiste* » (le « *socialisme aux couleurs de la France* »).

Elle a dominé la politique du Parti communiste français de1936 à ces dernières années. Elle l'a rendu incapable de tirer profit des trois crises politiques prérévolutionnaires où il bénéficiait pourtant d'un rapport de forces exceptionnel (1936, 1944, 1968).

2.4. Comment un tel renversement des espérances a-t-il été possible ?

Cette nouvelle orientation, que Maurice Thorez avait exposée clairement dans son discours du meeting du Vel' d'Hiv', avait été définie **sans discussion démocratique préparatoire dans aucun organisme de direction du Parti**.

La décision a été prise à Moscou avant le départ de Maurice Thorez, reçu par Staline en personne, à la veille de Yalta.

Il s'agissait d'abord de **ne pas entraver l'équilibre des sphères d'intervention du socialisme et du capitalisme**, négocié à Téhéran puis à Yalta, sur la base de l'avance des forces armées respectives. La révolution n'était pas à l'ordre du jour en France puisque l'Armée rouge n'était pas parvenue à Paris.

Il est vrai qu'un réalisme élémentaire imposait de prendre en compte dans le rapport de forces la présence des troupes américaines et françaises et l'éloignement géographique du bloc socialiste ([72]).

---

72 - Le rapport de force n'était pas simple : face aux maquis, les armées alliées et les forces militaires françaises de Leclerc, De Lattre de Tassigny et Juin pesaient très lourd. Mais une crise révolutionnaire n'est pas «*le grand soir*». Nous tenterons d'analyser ces « *crises prérévolutionnaires* » qui, même si elles ne peuvent aboutir immédiatement à la prise du pouvoir, peuvent être exploitées à plus long terme, et au moins réaliser un progrès de l'audience et de la mobilisation.

Mais dans la politique instaurée au Vel' d'Hiv', le rôle du Parti communiste devait désormais se limiter au jeu de la « *démocratie bourgeoise* » **à l'exclusion de tout double pouvoir**, en contradiction avec l'orientation mise en œuvre par la direction issue de la Résistance communiste, avant le retour de Maurice Thorez.

La nouvelle orientation a été imposée **grâce à la reconstitution de l'appareil** écartant systématiquement les militants qui risquaient de défendre une position plus révolutionnaire, notamment les responsables militaires de la clandestinité et même les militants qui avaient manifesté des réticences à la suite du pacte germano-soviétique. Seuls Charles Tillon et Benoît Frachon, qui avaient dirigé le parti clandestin avec Jacques Duclos, avaient provisoirement trouvé grâce.

Au XXe congrès, Charles Tillon, ex-commandant en chef des FTP, allait disparaître du secrétariat du parti.

Benoît Frachon également, en application des statuts de la CGT réunifiée. Il s'est ensuite (prudemment ?) consacré exclusivement à la direction de la centrale syndicale.

Quelques années plus tard, Charles Tillon était exclu avec André Marty, et Guingoin était victime d'un procès sur de fausses accusations, et même emprisonné, avant d'être mis hors de cause...

2.5. La participation des communistes au gouvernement et les difficultés

La grande question était la reconstruction du pays. Les destructions des bombardements et des combats, la désorganisation de la production, du ravitaillement et des transports, les rémanences de la corruption du vichysme entravaient l'amélioration des conditions de vie : privations de nourriture, de charbon, de vêtements, crise du logement, insuffisance d'énergie et de machines, transports démantelés...

La contradiction est apparue flagrante quand Maurice Thorez a dû faire face aux mineurs mécontents, à Waziers, dans un discours souvent cité : « *Produire, c'est aujourd'hui la forme la plus élevée de votre devoir de classe. Hier l'arme c'était le sabotage, aujourd'hui, l'arme, c'est produire (...). Les paresseux ne seront jamais de bons communistes, de bons révolutionnaires, jamais, jamais. (...) La France a les yeux fixés sur vous. (...) L'hiver sera rude, les usines sont mises au ralenti, les foyers manqueront de charbon, les femmes et les enfants auront froid (...) Nous gagnerons la bataille de la production, comme nous avons gagné la bataille de la Libération* ».

Ce discours responsable d'un communiste faisait cependant abstraction d'un fait essentiel : les mines étaient nationalisées, mais la propriété de l'ensemble des moyens de production restait privée. Le patronat se réorganisait dans le Conseil national du patronat français (CNPF), la droite se reconstituait, d'abord autour du MRP (Mouvement républicain populaire, démocrate-chrétien, qui a progressé jusqu'à 28,7 % des voix en 1946), les grandes banques d'affaires se développaient à côté des banques de dépôt nationalisées, l'inflation galopante et le marché noir profitaient aux couches bourgeoises et petites bourgeoises tandis que les salariés peinaient et subissaient les privations.

Le Parti communiste renforçait pourtant ses atouts politiques :

- battu en octobre 1945 au référendum sur les orientations constitutionnelles ([73]) il remportait plus de 25 % des voix à l'élection de l'Assemblée nationale ;
- après la démission de De Gaulle le 20 janvier 1946, il obtenait six ministres au gouvernement, dont Maurice Thorez qui devenait vice-président du Conseil ;
- battu encore au 2e référendum de mai 1946 ([74]), il progressait à l'élection de l'Assemblée : avec 26 %, il avait 7 ministres dans le gouvernement Félix Gouin ;
- le référendum d'octobre 46 adoptait, par 69 % des voix, une Constitution jugée acceptable par le parti, et les élections du 10 novembre lui donnaient son score maximum : 28,7 %. Le gouvernement Ramadier comprenait 5 ministres communistes sur 18.

Pourtant l'épreuve de forces devenait inévitable.

3. 1947, l'épreuve de force fatale

En effet, il devenait de plus en plus impossible au Parti communiste d'assumer la guerre d'Indochine contre le Viet Minh communiste, le vote des crédits militaires, la répression féroce de la révolte malgache après celle de Sétif ([75]), le blocage des salaires malgré l'inflation, les revendications sociales grandissantes.

La grève inattendue des ouvriers des usines Renault engagée le 25 avril malgré lui ([76]) et un premier mai massif revendicatif et combatif l'obligeaient à prendre la position ambiguë d'un « *soutien critique* » du gouvernement.

Son vote contre la confiance, le 4 mai 1947, provoquait **l'expulsion des ministres communistes du gouvernement**.

Certes **les conquêtes de cette période**, dues au programme du Conseil national de la Résistance et aux luttes qui l'ont imposé, **ont été très importantes et durables**, et certaines ont fait tache d'huile dans d'autres pays : le droit de vote des femmes

73 - mais avec 33,7 % des voix.

74 - 47 % pour le projet présenté par le PCF et le parti socialiste SFIO.

75 - Deux ans avant, en mai 45, le parti, par solidarité gouvernementale, avait condamné la révolte populaire algérienne dans le Constantinois, et s'était honteusement abstenu d'en condamner l'immense massacre.

76 - La grève, déclenchée le 12 avril, a d'abord été présentée par le PC comme « *l'arme des trusts* », et ses incitateurs comme des « *provocateurs hitléro-fascistes à la solde de De Gaulle* ». Mais le mouvement n'a cessé de s'étendre, approchant 20 000 grévistes qui avaient repoussé à 80 % le résultat des négociations.

(tardif en France), la Sécurité sociale (santé et vieillesse) généralisée à tous les salariés, les comités d'entreprise, la législation des heures supplémentaires, le statut du métayage, le statut des fonctionnaires, etc.

Les nationalisations ont formé un secteur nouveau, facteur de maîtrise économique : à la SNCF s'ajoutaient le gaz et l'électricité, les charbonnages, les assurances, Air-France, Renault, la Banque de France et les principales banques de dépôt. Il s'agissait d'une opération juridique de transfert de propriété au sein du capitalisme, fort loin de l'expérience d'appropriation populaire engagée auparavant chez Renault, Berliet et Brandt. Cependant, avec la promulgation du statut des fonctionnaires, les nationalisations ont largement contribué à la constitution d'un service public original dont la vie propre au sein du capitalisme a entravé le jeu libéral, et qui est resté un atout pour la classe ouvrière dans la perspective de luttes plus radicales.

Mais le Parti communiste avait totalement échoué sur ses objectifs politiques.

Il allait sortir considérablement affaibli de l'épreuve de forces devenue inévitable.

Obnubilé par les obstacles opposés à la politique inaugurée par Maurice Thorez en 47, il n'avait pas mesuré l'importance politique internationale de l'opération que constituait le plan Marshall, qui allait soumettre les économies du monde capitaliste au capital américain.

Le 22 septembre 1947 s'ouvrait à Szklarska-Poreba une conférence chargée de définir la **nouvelle stratégie** des partis communistes. Jacques Duclos y exposait et défendait la politique de son parti, réduite aux démêlés français. Il a dû subir l'humiliation de devoir reconnaître publiquement quelle était erronée, et se plier lamentablement à la nouvelle ligne : mouvements de masse contre l'impérialisme américain, combats pour démasquer ses complices. Et dorénavant le parti devait se soumettre au contrôle d'une Commission bilatérale fanco-soviétique du kominform.

En octobre 1947, ne comptant plus pouvoir revenir au gouvernement, il concentrait enfin tous ses efforts pour relancer la grève et la généraliser.

Et effectivement, en novembre, elle est partie de Marseille le 14 novembre, à la suite du décès d'un jeune ouvrier. Le 18, 135 000 mineurs et ouvriers des usines de la Région parisienne étaient en grève. Le 19, un demi-million. **La grève s'est propagée** de région en région, de Renault et Citroën à tous les métallurgistes, des cheminots aux instituteurs et aux fonctionnaires. Une des plus dures épreuves de force de notre histoire s'engageait, avec le blocage de l'économie par l'arrêt des transports et de la production de charbon (encore source principale d'énergie).

La riposte gouvernementale ([77]) a allié la répression policière, l'utilisation de l'armée avec rappel de réservistes, et la procédure judiciaire de « *flagrant délit* » qui a permis 1200 condamnations à emprisonnement.

77 - Où s'est illustré le ministre socialiste de l'Intérieur, Jules Moch.

En décembre, la tendance Force Ouvrière quittait la CGT et constituait une nouvelle Confédération, la CGT-FO, avec l'aide financière des USA via la confédération syndicale américaine AFL-CIO : la scission syndicale affaiblissait à nouveau le mouvement syndical français, durablement et gravement.

Le reflux de la grève laissait le Parti communiste désarmé.

Les élections de juin 1948 devaient marquer le début de son déclin : il perdait 3 % (mais avec 25,6 % des voix, cela peut encore faire rêver les communistes !)

Au Bureau politique, Maurice Thorez a dû faire l'autocritique... du Comité Central, et non la sienne ! Seul Benoît Frachon a osé mettre en cause l'erreur de l'entrée dans le gouvernement et du légalisme, qui avait « *bradé l'insurrection populaire et la Résistance* ».

CHAPITRE 11 (II)

1947-1958
Sectarisme et opportunisme
Vers la défaite face au gaullisme

La grève avait manifesté la déception profonde de la classe ouvrière et des forces progressistes de la Résistance. Le parti communiste, intégré dans la politique de reconstruction capitaliste dominée par le capital américain, n'avait pas su maintenir la dynamique unitaire et combattive de la Libération. Il n'avait pas pu non plus éclairer par l'expérience de luttes les couches populaires influencées par la social-démocratie et la démocratie chrétienne. Sa politique *« d'union sans combat »* avec le parti socialiste avait échoué.

Paralysé face à la protestation qu'il ne comprenait pas, il avait perdu sur tous les tableaux : il était exclu du gouvernement, les socialistes le rejetaient, son échec et la scission syndicale affaiblissaient ses capacités de lutte, les salariés combatifs subissaient la répression et les revendications restaient insatisfaites.

Parallèlement l'Union soviétique se trouvait aussi confrontée aux conséquences de son propre aveuglement opportuniste après la victoire. Le retournement a été total : 1947, c'est le début de la guerre froide, fondée sur les thèses du rapport Jdanov :

« *Dans le rapport de forces entre les deux systèmes, socialiste et capitaliste, un changement est intervenu en faveur du socialisme* » (la constitution des démocraties populaires, les guerres de libération nationale). « *Le camp impérialiste, pour survivre, réduit les pays capitalistes d'Europe à l'état de satellites et prépare la guerre pour dominer le monde. Tous les partis communistes doivent consacrer toutes leurs forces au soutien des pays socialistes contre l'impérialisme américain* ».

Bientôt la condamnation du parti yougoslave allait entraîner le déferlement de procès contre les « *titistes* » (Rajk, Slanski, Koslov et leurs camarades) et, en France, l'exclusion honteuse de Marty et Tillon.

Aux USA, symétriquement, c'était la chasse aux sorcières, marquée en particulier par le procès et l'exécution des Rosenberg.

L'unité, c'était fini.

1. 1947-1956. Du sectarisme au front républicain

1.1. Repli sectaire

Désormais il y avait « *deux camps* ». Entravé par l'échec final de la grève, privé de toute perspective d'union avec le parti socialiste champion de l'autre camp, le parti communiste ne parvenait ni à une mobilisation revendicative ni à une mobilisation politique.

Comptant y parvenir, Maurice Thorez lançait son interprétation mécaniste de la thèse marxienne de la paupérisation absolue. Mais ses estimations économiques arbitraires et son sectarisme accentuaient doutes et divisions, d'autant plus que le début de la croissance économique des « *trente glorieuses* » commençait à transformer le mode de vie.

Certes, dans cette période de tension internationale calculée, libéré des contraintes de sa participation au gouvernement, le parti communiste a poursuivi son action solidaire avec les combattants du Viêt Nam, alors en guerre contre les troupes françaises, et développé la lutte pour la paix, face à l'agressivité impérialiste des USA.

Mais son revirement sectaire a accéléré sa coupure des masses désorientées, Le « *rideau de fer* » était tombé entre « *le monde occidental* » et l'Union soviétique, alors que se multipliaient les témoignages troublants. La désaffection populaire est devenue flagrante lors de la manifestation contre l'arrivée du général Ridgway([78]) venu prendre le commandement de l'OTAN.

Pour contourner l'intervention de la police, la manifestation a été divisée en plusieurs cortèges formés au portes de Paris qui devaient s'agglutiner les uns aux autres et converger selon les informations transmises par des estafettes à moto. Cependant très rapidement, chacun étant trop faible, ils ont été circonvenus par les CRS. La convergence n'a pas pu être réalisée et la voiture organisatrice où se trouvaient une radio, une arme et deux pigeons qu'on a dit voyageurs a été appréhendée. Jacques Duclos, son garde du corps et son chauffeur ont été arrêtés, Benoit Frachon, menacé, est entré en clandestinité.

1.2. Le retour à l'unité, la grève d'août 53

Il devenait impossible de poursuivre cette politique. Alors que Khrouchtchev devenait Secrétaire du Parti communiste soviétique, en France c'est au sein de la CGT que s'est amorcé le retour du balancier. En août 1953, le gouvernement Laniel décidait de retarder l'âge de départ en retraite des fonctionnaires, de bloquer les salaires et de licencier des non-titulaires.

78 - Nommé Commandant des forces alliées en Europe, il était accusé par la presse communiste d'avoir utilisé des armes bactériologiques en Corée.

1.2.1. La grève d'août 53

Après un arrêt de travail d'une heure le 4 août, les postiers de Bordeaux n'ont pas repris le travail et appelé à la grève qui s'est très vite étendue aux PTT, à EDF, aux cheminots et à l'ensemble de la Fonction publique, en pleine période de vacances.

Face à l'intransigeance du gouvernement, la métallurgie, les mines, les banques, les assurances, la construction navale, la chimie, le bâtiment se joignaient au mouvement les 12 et 13 août : jusqu'à 4 millions de grévistes.

FO et la CFTC ayant tenté d'arrêter la grève, la CGT décapitée l'a poursuivie seule. Pendant plusieurs mois ensuite, Benoît Frachon étant en clandestinité et Alain Le Léap emprisonné, Léon Rouzaud, secrétaire non communiste, a assumé la responsabilité confédérale.

Benoît Frachon, de retour, a saisi cette occasion pour lui rendre hommage et magnifier l'unité nécessaire à la lutte. La CGT s'est alors efforcée de maintenir la mobilisation par la formation de **comités d'unité d'action**.

En août 1954, le Mouvement de la Paix obtenait l'échec du projet de Communauté européenne de Défense (CED). Le Parti communiste s'élevait contre la répression en Tunisie et au Maroc, puis engageait la lutte « *pour la paix en Algérie* ».

Ce sont ces luttes qui ont permis la nomination de Mendès France Président du Conseil, et la négociation de l'indépendance du Viêt Nam, de la Tunisie et du Maroc.

Notons que, comme maintes fois ultérieurement, ce sont les luttes de classes qui ont restauré la force du parti communiste, alors que les compromis qui en étaient déconnectés le menaient aux pires échecs.

1.2.2. 1956. Le Front républicain

Lors des élections de 1956, un ***Front républicain*** ([79]) a été constitué, centré sur la négociation pour la paix en Algérie. Le succès électoral (PCF 25,6 %) a permis la formation du gouvernement socialiste de Guy Mollet.

Mais, conforté par le scandaleux vote des pouvoirs spéciaux par les députés communistes ([80]), ce gouvernement s'est immédiatement enfoncé dans la guerre et la poursuite de la répression, de la torture, des exécutions sommaires.

Pendant ces 15 années qui ont suivi la gréve d'août 1953, une certaine dualité s'est instaurée dans les faits entre le Parti communiste et les responsables communistes de la CGT.

---

79 - Entre la SFIO (*socialistes*), les communistes, les radicaux socialistes, l'UDSR (Mitterrand, Pléven).

80 - Ce vote instituait en Algérie un régime d'exception où l'armée et la police n'avaient plus de comptes à rendre. Les exactions de tous ordres, de la torture aux exécutions sommaires et aux massacres, ont pu se développer sans recours et dans un secret qui n'a été percé que par quelques livres courageux… et contestés.

Face à la déconfiture héritée de 1947, face à la réprobation de la politique de Guy Mollet et Robert Lacoste en Algérie, des responsables du parti cherchaient de nouvelles voies, en s'appuyant sur les positions khrouchtchevienne (XXe congrès du PCUS).

Conformément à la tradition stalinienne, la remise au pas n'a pas tardé à leur faire porter la responsabilité des échecs. Les boucs-émissaires furent Marcel Servin, exclu en 1959 parce que proche des positions du PC italien favorable aux positions krouchtchéviennes, Laurent Casanova (qui, de plus, réclamait des comités de lutte contre la guerre en Algérie), Krigel Valrimont, Pronteau et Vigier, éliminés du Comité central.

Par contre la CGT, affaiblie par la scission, mais revigorée par la grève d'août 53, engageait de fait une véritable campagne de longue haleine pour l'unité d'action. De multiples implantations nouvelles se reconstituaient dans les entreprises et les services.

Cependant la chute de Khrouchtchev démontrait l'impuissance du stalinisme à se réformer. Les révoltes populaires à Berlin-Est et en Pologne, l'écrasement du soulèvement en Hongrie achevaient de dérouter beaucoup de militants et de sympathisants. Les luttes devenaient rares et difficiles.

L'éviction des communistes de toute majorité gouvernementale instaurait l'impossibilité de former une majorité stable. L'impuissance politique révélée par la révolte des « *français d'Algérie* » face aux conséquences de la guerre de libération nationale du FLN, a encouragé les factions gaullistes à tenter le coup d'Etat.

La situation était mûre pour persuader une majorité de députés affolés, d'élire De Gaulle Premier Ministre. Sa première action a été la rédaction et la promulgation par référendum d'une nouvelle Constitution. Les communistes isolés n'en ont pas moins mené une campagne énergique contre les « *manœuvres factieuses* », la « *menace fasciste* » et le « *pouvoir personnel* ». Des militants armés gardaient, la nuit, les locaux politiques et syndicaux. Les tracts explicatifs étaient distribués partout. D'impressionnantes manifestations républicaines ont laissé croire à beaucoup que la bataille était gagnée.

1.2.3. La défaite face au coup d'Etat gaulliste

La défaite a été d'autant plus cuisante.

Les 80 % de « *oui* » au référendum de 1958 sur la Constitution, quatorze ans après la Libération, la chute des voix communistes à 18,9 % aux élections qui ont suivi, révèlent à quel point est porteuse d'échec la politique qui, dans la perspective d'une alliance avec la social-démocratie, alternait sectarisme et opportunisme, sans prendre concrètement en compte la question fondamentale de la propriété capitaliste et de ses conséquences.

CHAPITRE 12 (III)

1968, troisième situation prérévolutionnaire

1. La situation en 1968

Les éléments combatifs de la classe ouvrière ont été un moment abattus par le raz de marée gaulliste et la mainmise du nouveau régime sur les moyens audio-visuels.

Cependant ni le parti communiste ni la CGT n'avaient baissé les bras. Ils ont maintenu pendant toute cette période une ferme opposition au « *pouvoir des monopoles* » et à la Constitution de la Ve République.

Progressivement, cette orientation a reconstruit la force et la mobilisation du prolétariat. La politique industrielle gaulliste, les investissements publics massifs dans le secteur privé, la prolétarisation des zones agricoles, l'apparition de besoins nouveaux liés à l'urbanisation, au travail des femmes et aux innovations, puis le plan d'austérité Debré-Giscard de 1963 ouvraient la perspective de renaissance des luttes dans les nouvelles implantations ouvrières comme dans les anciens bastions.

La grève des mineurs a révélé ce réveil dès 1961.

Les manifestations « *pour la paix en Algérie* » ont bravé la répression policière, quelles que soient les critiques qu'on peut porter sur le refus de soutenir explicitement l'indépendance algérienne.

Les grèves étaient redevenues nombreuses dans les secteurs public et nationalisé comme dans le secteur privé.

A la suite des révoltantes brutalités des CRS, le 17 octobre 1961, contre un défilé d'immigrés algériens à Paris à l'appel du FLN (des dizaines de participants avaient été jetés dans la Seine, 200 morts selon Eurandi), une manifestation de protestation contre d'autres brutalités, le 6 février 1962, était sauvagement réprimée sur les ordres du Préfet Papon. Les 8 morts à la station du métro Charonne ont à leur tour provoqué des manifestations monstres dans toutes les grandes villes.

La collusion entre le grand capital et l'Etat devenait manifeste au-delà des commandes publiques. Face à la décolonisation, et aux prémisses de la crise ([81]), le capital financier

---

81 - Aux USA la croissance économique est tombée progressivement de 3,6 % à moins de 1 % de 1966 à 1970.

recherchait de nouveaux débouchés. Par exemple, il faisait irruption dans le financement du secteur du « *cadre bâti* », c'est-à-dire de l'urbanisme, de la construction et des réseaux : téléphone et câbles, canalisation, routes et autoroutes avec le soutien des crédits publics de la Caisse des Dépôts et Consignations. La loi foncière lui ouvrait le champ de valorisation du capital, par l'institution de prêts dont le lancement était financé par des crédits publics, la création de zones d'urbanisation équipées (les ZAC), etc. ([82])

Les manifestations contre la guerre américaine au Viêt Nam attestaient la politisation du monde universitaire avec les salariés. La campagne « *un bateau pour le Viêt Nam* » réunissait des sommes inhabituelles.

Les ordonnances contre la sécurité sociale (21 avril 1967), les premiers licenciements collectifs, à la Rhodia par exemple, provoquaient des grèves et de grandes manifestations nationales impressionnantes.

L'opposition commençait à s'organiser.

Le 10 janvier 1966, la CGT et la CFDT signaient un accord revendicatif qui ouvrait de nouveaux espoirs.

En 1965, l'union de la gauche s'était reconstituée sur la candidature unique de Mitterrand à l'élection présidentielle, opposée à celles de De Gaulle et Lecanuet. Avec l'accord électoral du 20 décembre 1967, le PC remontait de 18,9 à 22,7 % aux législatives de mars 1967.

Le Comité central du Parti communiste, à Argenteuil, sous la houlette de son nouveau secrétaire général Waldeck Rochet ([83]), tentait de susciter la discussion dans chaque organisme du parti au lieu de l'alignement traditionnel sur les positions du secrétaire général.

Dans la CGT, Benoît Frachon, suivi par le congrès confédéral ([84]), lançait une formule qui faisait mouche : « *la classe ouvrière est preneuse de la succession* ».

Notons donc ces **caractéristiques de la situation** à la veille des « *événements* » de mai 1968 :

* un Parti communiste électoraliste mais marqué par son opposition au gaullisme, « *pouvoir des monopoles* »,
* la montée de la mobilisation des salariés traduite par des grèves et des manifestations importantes, et l'apparition (marginale certes) de mots d'ordre plus révolutionnaires dans la CGT, tel « *la classe ouvrière preneuse de la situation* »,
* un courant unitaire qui développait l'action revendicative de masse,

---

82 - Cette politique a permis de retarder la chute du taux de profit en France.

83 - Maurice Thorez, malade, s'était retiré en mai 64.

84 - Son dernier congrès en tant que secrétaire général : il y a été remplacé par Georges Séguy.

* la politisation croissante : solidarité au Viêt Nam, réaction aux brutalités policières, revendications de portée politique (« *abrogation des ordonnances sur la Sécurité sociale* », « *justice sociale* », « *non* » au pouvoir des monopoles),
* un climat de crise politique et économique.

2. Les événements

2.1. L'organisation de la grève

Après 10 ans de pouvoir gaulliste (dont l'idéalisation médiatique a fait oublier à quel point il était devenu impopulaire), une effervescence étudiante donnait un essor rapide à l'idée de révolution dans l'Université, où le discours marxiste occupait une place incomparable à celle qui lui est aujourd'hui concédée.

Le 1er mai avait réuni des masses plus importantes que les années précédentes. Les manifestations des étudiants prenaient leur essor dès le 4 mai, révélatrices d'un courant nouveau : les périodes révolutionnaires sont en général marquées par une agitation des étudiants. Leur mouvement s'est brusquement durci lors de la fermeture de la Sorbonne. Pour tenir la rue face à la police, ils renouaient avec la tradition des barricades. Ils occupaient les Universités. La répercussion politique de ces troubles sur les masses se dessinait.

La répression a été brutale, la police a évacué la Sorbonne, arrêté des étudiants, démoli les barricades et fait de nombreux blessés.

Alors que, jusque là, le Parti communiste dénonçait « *l'aventure gauchiste* », le 10 mai, la CGT appelait les travailleurs à protester par la grève contre les brutalités policières de la rue Gay-Lussac. Elle provoquait une réunion des organisations syndicales à la Bourse du Travail où elle proposait la grève, en mettant tout son poids contre les hésitations. Ainsi a été signé, le 12 mai, **l'appel unitaire de la CGT, la CFDT, la FEN, l'UNEF et l'UGE à la grève du 13 mai** contre la répression.

Le 13 mai, la journée de grève unitaire a été massivement suivie, et des manifestations monstres dans tout le pays contraignaient le gouvernement à relâcher les étudiants arrêtés.

Ce recul était, pour la classe ouvrière, la confirmation de sa force et de la faiblesse nouvelle du pouvoir : tout semblait devenir possible. Réunis par leur syndicat CGT, les ouvriers de deux usines ne reprenaient pas le travail le 14 et se mettaient en grève illimitée, Sud-Aviation de Bouguenais (près de Nantes) et Renault-Flins, rejoints le 15 par ceux de Renault Cléon et Renault Billancourt le 16.

Le 15 mai, le Bureau confédéral lançait un « *appel aux travailleurs pour qu'ils se rassemblent, sur les lieux de travail, et se prononcent sur les revendications et leur entrée dans l'action* »

Le 17 mai, le Comité Confédéral National de la CGT était réuni en même temps que les Commissions exécutives de la plupart des Unions départementales. Chacune a reçu, dicté par téléphone, le texte d'une déclaration du CCN à diffuser massivement et un mot d'ordre d'organisation. La déclaration appelait « *tous les travailleurs à se rassembler dans les entreprises, à élaborer leurs revendications avec leurs responsables syndicaux, à déterminer les formes de lutte qu'exige la situation présente et les possibilités nouvelles qu'elle ouvre, à prendre leur place dans la lutte* » et « *l'ensemble des organisations confédérées et des militants à faire preuve d'esprit de responsabilité et de hardiesse et à prendre immédiatement toutes les mesures de nature à élever les conditions de la lutte engagée* »([85]). Le mot d'ordre était de réunir, dès le lendemain matin, en priorité, les travailleurs des entreprises qui jouent, dans chaque localité, un rôle pilote, de leur **proposer la grève reconduite périodiquement et l'occupation des usines**, et d'étendre le mouvement à toutes les entreprises.

Ce fut un raz de marée. Le lendemain, 22 grandes entreprises et d'autres moins importantes étaient occupées par 200 000 grévistes. Ils étaient neuf millions cinq jours après. La grève était générale, étendue non seulement à toute l'industrie, mais aussi à tout le secteur public, aux grands magasins, aux banques... qui sont restés occupés pendant plusieurs semaines (six semaines dans la métallurgie).

2.2. Ce n'était donc pas une grève spontanée

A chaque anniversaire décennal de 1968, les commentaires des médias mettent l'accent sur les manifestations étudiantes, les affrontements avec la police, les discussions non stop à l'Odéon, le décalage entre les jeunes ouvriers et les « *vieilles* » directions syndicales.

Et la CGT, pourtant initiatrice de la grève, est accusée d'avoir « *pris le train en marche* », de n'avoir appelé à la grève que le mercredi 20 mai, à Billancourt, quand les usines étaient déjà occupées (J-F Sinelli). Des historiens s'étonnent même de la propagation si rapide du mouvement. Affabulent-ils des assemblées générales réunies par l'intervention du St Esprit dans des usines de plusieurs milliers d'ouvriers, des « *Assemblées spontanées* » qui auraient toutes voté les mêmes décisions exprimées avec les mêmes mots ?

---

85 - Cet appel rappelait les revendications essentielles, l'abrogation des ordonnances sur la sécurité sociale, l'augmentation des salaires, de véritables conventions collectives assurant les droits et les rémunérations des travailleurs, la réduction du temps de travail sans réduction des salaires, la diminution de l'âge de retraite, une politique de l'emploi garantissant le travail et les ressources, le plein et libre exercice de l'activité syndicale et sa reconnaissance légale ; puis il affirmait : « *l'évolution de la situation donne une nouvelle dimension à la lutte entre les forces ouvrières et démocratiques et un pouvoir placé devant la faillite de sa politique. C'est dans un système de démocratie économique et politique s'appuyant sur le peuple, où les secteurs clés de l'économie auront été soustraits à la domination des puissances d'argent et leurs responsabilités garanties, que réside l'espoir des travailleurs et le chemin du progrès social* ».

Il est assez étonnant qu'aucun historien ([86]) ne prenne encore en compte les récits des responsables CGT, de Georges Séguy en particulier, et qu'aucun ne rappelle la réunion du Comité confédéral et des CE des UD de la CGT le 17 mai ([87]).

2.3. Les discordances d'alors entre les directions du parti communiste et de la CGT

Pèsent-elles encore sur la relation historique de ces évènements ? Le témoignage de Juquin dans le film « *l'Atlantide* » ([88]) prouve au moins que les appréciations de la situation n'était pas les mêmes.

Déjà auparavant, les textes préparatoires du congrès confédéral et sa Résolution générale déclaraient et répétaient « *la classe ouvrière preneuse de la succession* », une position plutôt originale dans la langue de bois de ces temps-là.

Benoît Frachon y transmettait la responsabilité de secrétaire général à Georges Séguy. Tous deux, probablement pas toujours d'accord, sont restés côte à côte tout au long de la grève. Or, 44 ans après, Georges Séguy racontait, avec une certaine amertume, lors des 100 ans de l'Union départementale du Rhône, que quand il a annoncé à Waldeck Rochet l'intention confédérale de lancer le mouvement de grève, celui-ci s'était montré sceptique : Séguy précisait qu'il y aurait vite des millions de grévistes, Rochet ironisait, très peu intéressé.

Selon le compte rendu de la réunion du Comité central du Parti communiste, le 30 mai 1968, juste avant le retour de De Gaulle, seul le rapport de Georges Séguy faisait état de la grève, de sa généralisation par les décisions des salariés, des revendications, de la situation favorable à de profonds changements sociaux. Les autres interventions étaient centrées... sur le choix du candidat Premier ministre à proposer ou soutenir dans les tractations politiques en cours.

De telles divergences de vues se retrouvaient à la base. Ainsi, Aimé Halgeher, secrétaire CGT du Syndicat Renault-Billancourt, racontait le démarrage de la grève à Billancourt le 16 mai, au lendemain du 13 mai. De jeunes ouvriers manifestaient dans les ateliers au cri de « *Occupation !* ». Suivant l'appel du Bureau confédéral du 15 mai, il les a réunis et leur a proposé la grève reconductible, et dès le soir, 1000 ouvriers occupaient l'usine, alors qu'un meeting était convoqué pour le lendemain. Ainsi les militants et dirigeants communistes les plus responsables de la CGT et les ouvriers les plus combatifs devançaient l'appareil. Eux et eux seuls avaient le pouvoir d'accélérer et d'organiser les évènements. Les méthodes

86 - N'est-elle pas étonnante l'absence de commentaire du caractère différent de la révolte étudiante, portant sur des protestations morales et « *sociétales* » (selon le terme à la mode), et de la grève ouvrière qui portait sur les moyens de vivre dans la société et dans le travail.

87 - Le Comité confédéral suivant de la CGT, les 14 et 15 juin, a également dressé un compte rendu du Comité confédéral du 17 mai, et du lancement organisé de la grève, fondé sur la décision des salariés et non sur un mot d'ordre de sommet.

88 - « *Nous ne parlions pas de la grève, nous parlions beaucoup plus de la Tchécoslovaquie* ».

staliniennes ont ainsi été dépassées par l'organisation mobilisatrice, impulsée par le CCN de la CGT et relayée par les UD (en dépit du mensonge de Sinelli et consorts). Le développement rapide de la grève a été déterminé par cette **dialectique de la spontanéité et de l'organisation de l'action**.

Il serait intéressant que quelque historien se penche sur ces événements dans leur ensemble, en dépit du consensus général, avant que le peu d'archives syndicales ait disparu (le monde syndical en tient fort peu) et que les témoins de ces faits soient tous décédés.

En effet, les concessions du Gouvernement Pompidou lors des négociations de Grenelle ([89]), le 28 mai, n'ont pas affaibli la volonté de lutte : elles ont été rejetées ([90]), et la grève, boostée par ces résultats insuffisants, a été poursuivie, ponctuée de manifestations massives. Tout était arrêté, les grands magasins fermés, plus d'essence pour les particuliers, plus de transports.

Le mouvement posait, dans la conscience de la majorité des grévistes, **la question d'un changement politique fondamental**.

Le mot d'ordre « *gouvernement populaire* » était scandé dans les manifestations.

Les tentatives de récupération par les partis réunis dans la FGDS ([91]) et le PSU alliés aux formations gauchistes et à la CFDT ont été bon train.

Mais autant la CGT a été présente, déterminée, mobilisatrice, dynamique dans les entreprises, les établissements, les administrations et services publics en grève, autant le parti communiste, en tant que tel, semblait presque absent des débats, submergé, défensif face à la vague gauchiste. Les espérances naissantes n'étaient pas les siennes. Il n'y voyait que manipulation.

Il avait proposé à la FGDS des discussions sur un programme et la composition d'un gouvernement de gauche, mais l'entrevue du 20 mai avec Mitterrand et

89 - Le relèvement du SMIG de 30 % et l'augmentation générale des salaires de 11 % devaient permettre de relancer la production par la demande, mais l'échelle mobile des salaires était refusée (ce qui rendait ces concessions précaires), ainsi que l'abrogation des ordonnances sur la Sécurité sociale.

90 - Au meeting de Renault (où la poursuite de la grève venait d'être décidée sur la base des informations de la radio), lors de la lecture du «*constat de Grenelle*» par Georges Séguy, l'annonce de la récupération des journées de grève a été sifflée. Benoît Frachon a sauvé la mise en préconisant la poursuite de la lutte ; « *ça ne fait pas le compte* », dit-il. Séguy pouvait alors conclure, comme prévu, que la CGT, n'ayant pas donné de mot d'ordre de grève, ne donnerait pas de mot d'ordre de reprise, les décisions incombant aux salariés eux-mêmes. Le rejet du constat de Grenelle a été général à peu près partout où il a été présenté aux grévistes.

91 - La Fédération de la gauche démocratique et socialiste a regroupé le parti socialiste SFIO avec l'UDSR de Mitterrand, le Parti radical-socialiste, l'Union des groupes et clubs socialistes et l'Union des clubs pour le renouvellement de la gauche.

Guy Mollet avait tourné court. Le PSU ([92]) et la CFDT tramaient une tentative de recours à un autre homme providentiel, Mendès-France. Alléguant la vacance du pouvoir, Mitterrand se déclarait candidat le 28 mai ([93]). « *Il n'y a pas en France de politique de gauche sans le concours actif des communistes* », ripostait le PCF. C'était soumettre l'issue du mouvement à un impossible accord de sommet des partis « *de gauche* ».

2.4. Faute d'une politique audacieuse, les manœuvres partisanes creusaient les divisions

Pour les uns, il s'agissait simplement d'une grande grève revendicative porteuse d'un désir de changement, doublée de manœuvres séditieuses dangereuses pour la République. La disparition de De Gaulle, le 29 mai, ouvrait à leurs yeux la perspective d'une succession de gauche par voie constitutionnelle.

Pour d'autres, c'était un mouvement révolutionnaire. Le pouvoir était vacant.

Révolution ? On n'en était pas là, évidemment ! Mais la réalité était tout cela à la fois, parce qu'elle se transformait.

Les exigences politiques des masses dépassaient les revendications immédiates et un nouveau gouvernement. L'ampleur, la solidité de la grève et des occupations, la teneur des débats dans les usines et établissements ouvraient la perspective d'un changement de plus en plus fondamental.

Encore aurait-il fallu que la stratégie du parti de la classe ouvrière prenne en compte la spécificité d'une telle situation : la constitution d'un embryon de pouvoir face au gouvernement qui ne parvenait pas à briser le mouvement.

Lors de la manifestation de la CFDT, de l'UNEF et du PSU, au stade de Charléty, André Barjonet proposait de former des comités d'action de quartiers. Mais seule la CGT, et donc le Parti communiste, à partir des usines, établissements, administrations et universités occupés, pouvaient organiser les forces populaires au sein de leur lutte, dans l'unité.

Encore aurait-il fallu aussi que la classe ouvrière ait clairement conscience non seulement des enjeux mais aussi des obstacles.

---

92 - Parti socialiste unifié, composé principalement de militants qui avaient quitté leur parti qui avait soutenu De Gaulle en 1958. Il a aggloméré, au passage, des militants d'organisations fort diverses, de réputation gauchiste. (C'est ainsi qu'on a pu voir Rocard clore un discours en levant le poing). Leurs positions se sont condensées *grosso modo* autour de l'idée d'autogestion. La plupart on rejoint le parti socialiste reconstitué par François Mitterrand.

93 - De Gaulle, prétendant se reposer à Colombey-les-Deux-Eglises, était parti à Baden Baden.

L'appareil d'Etat était là, prêt à réagir après quelques jours de désarroi et d'hésitation. A Baden Baden, le 29 mai ([94]), De Gaulle rencontrait le général Massu et s'entendait avec lui sur l'intervention de sa Division.

2.5. La contre offensive

A son retour, **le 31 mai, c'était la contre-offensive**, son discours annonçait les élections et désignait le Parti communiste comme séditieux : « *Je dissous l'Assemblée nationale (...). Les élections législatives auront lieu dans les délais prévus par la Constitution, à moins qu'on entende bâillonner le peuple français tout entier en l'empêchant de s'exprimer en même temps qu'en l'empêchant de vivre, par les mêmes moyens qu'on empêche les étudiants d'étudier, les enseignants d'enseigner, les travailleurs de travailler.* ***Ces moyens, ce sont l'intimidation, l'intoxication et la tyrannie exercées par un parti qui est une entreprise totalitaire*** *(...)* » ([95]).

Le RPR battait le rappel de la droite pour manifester aux Champs-Elysées. Des mouvements de troupes rassemblaient l'armée de métier (légionnaires, parachutistes) dans les casernes des grandes villes ([96]).

Mais en face, hors une multitude d'entreprises occupées, rien n'était constitué pour résister. Les organisations politiques et syndicales ne prenaient même pas de mesure pour mettre leurs responsables à l'abri d'une arrestation éventuelle.

3. L'erreur

Le Parti communiste s'était prononcé exclusivement pour « *le passage au socialisme par la voie parlementaire* », depuis l'injonction de Staline en 1946.

Faute d'avoir pris à temps les dispositions correspondant à une **situation de double pouvoir**, il avait coupé les aspirations politiques du mouvement revendicatif. Les états-majors des partis concurrents avaient pu reprendre l'initiative.

---

94 - Beaucoup d'articles et d'ouvrages ont spéculé sur le désarroi du général qui aurait même décidé de quitter le pouvoir. Le journal de Jacques Focart, le « *Général en mai* », voudrait accréditer cette thèse, après Massu lui-même, chacun magnifiant sa propre fermeté. Peut-on croire que le pouvoir gaulliste n'ait été composé que de ministres falots et incapables, sans relation avec le patronat et les affaires ni avec l'étranger, et De Gaulle un pauvre homme découragé, qui s'enfuyait en Allemagne avec femme et bagages, auprès de son vieil ami Massu ! Les principes d'action de De Gaulle en cas de crise, explicités dès *Le fil de l'épée* et *Vers l'armée de métier*, étaient la tromperie, la ruse et la surprise. Quels que soient les péripéties de la comédie qu'il a jouée, le résultat est probant.

95 - Souligné par nous.

96 - Je l'ai personnellement constaté à Lyon : longues files de camions militaires sur les autoroutes A6 et A43, débarquement de Légionnaires dans la caserne de la Part-Dieu.

Les candidatures de Mitterrand et Mendès France, les polémiques entre les communistes, la CFDT et les groupes d'extrême gauche avaient accentué la division, explicitée par la manifestation de Charléty.

Les rares interventions du Parti communiste ânonnaient que la situation politique n'était pas mûre, puisque, malgré ses tractations, il n'y avait pas d'accord entre partis de gauche. Et il ne prenait aucune initiative pour structurer le pouvoir embryonnaire, né de l'occupation des usines et établissements.

Il ne s'est senti à sa place que quand De Gaulle a annoncé les élections législatives, sans en mesurer le décalage avec les espérances de cette lutte sans précédent.

Il est revenu au premier rang de la scène politique.

Son mot d'ordre a été : « *prolonger la victoire revendicative par une victoire aux élections* ».

3.1. C'était une énorme faute politique

La grève avait démarré et s'était généralisée parce que les salariés avaient pris conscience de la faiblesse du pouvoir qui reculait. La confiance dans une issue possible de la lutte a permis l'amplification rapide du rapport de forces à un niveau jamais atteint depuis 1944 et 1936.

Les premiers jours De Gaulle et son gouvernement avaient perdu pied, incapables d'enrayer la désorganisation totale du pays. L'espoir d'un changement radical s'était rapidement répandu.

A partir du discours du 30 mai, le rapport de forces a changé aux yeux des grévistes et de la population. La médiatisation de la manifestation des Champs-Elysée avait un effet de choc, elle balayait la peur petite bourgeoise. L'annonce de la dissolution de l'Assemblée nationale changeait totalement la situation.

Le Parti communiste n'a pas mesuré les répercussions de ce retournement dans la conscience des salariés, pas plus qu'il n'avait analysé, au début de la grève, leur niveau d'exigence politique et de combativité fondé sur la conscience du rapport de forces inverse. Et alors qu'il avait paru en retrait du mouvement quand tout semblait possible, il appelait maintenant à désagréger les forces en déclin.

Les élections n'ont pas du tout « transformé la victoire revendicative en victoire politique ». Elles ont permis au contraire le raffermissement du parti gaulliste ébranlé.

Le sentiment de défaite politique (et même revendicative pour beaucoup), avait démobilisé la majorité de la classe ouvrière, déçue. Et, au contraire, l'exploitation de la peur du chaos avait mobilisé la petite bourgeoisie.

Cependant, cette grève a eu des retombées importantes sur la vie syndicale dans les entreprises, et sur les progrès revendicatifs ultérieurs. Les droits syndicaux formalisés ou non, ont fait un bond. Les aspirations mûries pendant ces six semaines de lutte et de débats ont généré des actions qui ont changé considérablement la vie sociale, notamment sur les droits et la place des femmes.

Mais l'échec politique a laissé longtemps un goût amer, et, *a contrario*, a accrédité la politique du programme commun.

3.2. Sectarisme et aveuglement bureaucratique

Le parti communiste a porté sur cette page d'histoire son regard critique habituel contre tout ce qui n'était pas conforme à son projet d'un gouvernement de gauche unie. Au lendemain de la déclaration de De Gaulle, il voulait ramener les grévistes sur le terrain revendicatif immédiat pour centrer l'action politique sur les élections.

Il fallait en finir avec cette grève sans issue revendicative au-delà des *acquis de Grenelle*, et sans issue politique faute de l'unité de la gauche indispensable à la « *voie française vers le socialisme* ».

Le compte rendu de la réunion du Comité Central, les 8 et 9 juillet, est instructif à ce sujet. L'analyse politique des causes de la défaite électorale s'arrêtait à la vigueur des influences gauchistes et au refus de tout accord du parti socialiste. On se félicitait d'avoir « *évité l'aventure* ». Seuls Paul Laurent et Henri Fizbin ont parlé des difficultés lors de la reprise, mais sans conclusion. Oswald Calvetti a tenté un bilan des acquis du mouvement, qu'il limitait au protocole d'accord de Grenelle, pourtant rejeté par les grévistes. L'intervention de Georges Séguy, très défensive, argumentait la genèse de la grève par la décision des travailleurs et justifiait le refus de signer le protocole de Grenelle « *en plein accord avec le Parti* ». Et Paul Laurent concluait que « *la vague revendicative n'avait pas pour but la chute du régime* ».

Les positions ultérieures fustigeaient toute position non conforme à cette explication de l'échec par le gauchisme. La classe ouvrière aurait été menacée par les « *intellectuels gauchos* » et les « *gauchistes-Marcelin* » Les vieux réflexes ouvriéristes étaient mobilisés, les mêmes amalgames abusifs, les mêmes méthodes d'intimidation, les mêmes mesures administratives, le même blocage des discussions à coup de petites phrases lancées à la télé. Staline était mort depuis 14 ans, mais son empreinte survivait.

Le prix a été de rejeter sur le bord du chemin, ou vers la stérilité d'organisations effectivement « *gauchistes* », des militants souvent jeunes et simplement inexpérimentés, qui mettaient en cause les illusions de la « *ligne* » d'union gouvernementale de la gauche.

Ce raidissement bureaucratique a nui ensuite au développement du mouvement revendicatif : il a fallu des années pour que les communistes acceptent de prendre en compte les revendications d'augmentation uniforme des salaires (1973) et de réduction du temps de travail (1978), exprimées souvent, certes, de façon démagogique et provocatrice, mais justes et populaires. Et ils ont traîné les pieds quand ont surgi avec force les revendications féminines ou celles des homosexuels.

Cependant la CGT, pragmatiquement, a animé les batailles dans les entreprises pour réaliser et dépasser les « *acquis de 68* ». Ainsi se pérennisait une pratique quelque peu divergente du Parti communiste et des responsables communistes dans la CGT, qui devait finalement aboutir , me semble-t-il, au remplacement de Georges Séguy.

4. L'après 68

A la suite de cet échec, le Parti communiste aurait dû mesurer son décalage par rapport à la sensibilité populaire, et se poser la question de sa stratégie politique.

Au contraire, à Champigny, en décembre 1968, il analysait son recul électoral comme dû à l'absence d'issue politique due à la FGDS, et il reprenait avec force la proposition « *d'union de la gauche sur la base d'un programme commun de gouvernement* ».

« *C'est la voie de la lutte des classes sous toutes ses formes sans la guerre civile* » ajoutait Waldek Rochet. Ainsi s'amorçait un **prolongement théorique du passage pacifique** au système socialiste, en liaison avec **la théorie stalinienne du « *capitalisme monopoliste d'Etat* »**.

Le stalinisme en voie de décomposition théorique en URSS allait au contraire générer en France une théorie nouvelle de la réalisation du socialisme, « *dès aujourd'hui* ». Le parti communiste se mettait à l'ouvrage pour préparer un projet de programme : « *Changer de cap* ».

Le rapport de forces au sein de la gauche lui était favorable. Son partenaire dans le projet de Gouvernement commun, la SFIO, était discrédité par ses trahisons répétées, de la pacification en Algérie au recours à De Gaulle. Noyée dans la FGDS dominée par les hommes providentiels, Mitterrand (UDSR) et Mendès France (PSU), elle avait été absente des événements de mai-juin 68.

Aux élections présidentielles de 1969, la candidature de Deferre (avec Mendès-France, candidat Premier Ministre) essuyait le plus grave échec de l'histoire du parti socialiste (5 %). Par contre, celle de Jacques Duclos (PCF) réunissait 21,4 % des voix. Le parti communiste était en position de force pour faire valoir son projet.

En URSS, le balancier revenait à la phase sectaire. C'était la période de la chute de Khrouchtchev et de l'implantation de la stratégie bréjnevienne : immobilisme à l'intérieur, évolution de la stratégie de « *compétition pacifique avec le capitalisme* » vers le rapport de forces militaire et diplomatique.

Le « *camp socialiste* » se lézardait. Les positions plus révolutionnaires du PC chinois (dont le Secrétaire était alors Liou Shao Shi) embarrassaient le pouvoir soviétique qui a convoqué la conférence mondiale des partis communistes en juin 1969, pour le condamner.

C'est à cette conférence que les Soviétiques, profitant de l'absence de Waldek Rochet malade, ont misé sur l'ambition de Georges Marchais et l'ont installé *de facto* au poste de secrétaire général. En contrepartie, les réticences du Bureau politique étaient abandonnées et les thèses de la conférence opposées aux prétentions chinoise étaient, adoptées par la délégation française.

Le nouveau fonctionnement stalinien allait engager le parti dans une aventure, derrière son nouveau Secrétaire général doué d'un caractère autoritaire et versatile, nanti d'un projet audacieux, d'une théorie apparemment novatrice... et d'une stratégie mécaniste très stalinienne.

Dans le monde capitaliste, c'était aussi **la fin des années de croissance** qui ont suivi la guerre, « *les trente glorieuses* ».

Les signes avant-coureurs de **la crise économique** ont été perçus par des économistes communistes qui ont compris dès 1970 les conséquences inéluctables de la chute de la rentabilité du capital aux USA : la crise économique.

Face à la récession et l'inflation, le capital financier américain posait ses conditions. En 1971, Nixon dénonçait unilatéralement les accords monétaires de Bretton Woods, et décidait la non-convertibilité du dollar en or et la suppression de la parité fixe des monnaies, ce qui instituait la libéralisation des changes. Les tenants du libéralisme intégral se réveillaient.

Mais en France, le capital financier, à la recherche de nouvelles rentabilisations, avait investi le secteur du cadre bâti, soutenu par des « *réformes* » législatives et institutionnelles. Ces interventions avaient un peu retardé la crise qui déferlait déjà aux USA où les controverses des prix Nobel d'économie préconisaient bruyamment le retour au libre échange.

Le Bureau politique du parti communiste, emmené par Georges Marchais, allait construire la partie économique du projet de programme commun sur la théorie du capitalisme monopoliste d'Etat, au moment où la crise économique allait provoquer le tournant « *ultra libéral* » des USA et la réduction brutale de l'intervention de l'Etat.

Il lançait la perspective de la conquête du pouvoir par des élections unitaires et la nationalisation « *démocratique* » des monopoles, au moment même où l'illusion d'un possible « *mécanisme unique* » de l'Etat démocratisé et des monopoles nationalisés allait s'écrouler.

CHAPITRE 13 (II)

L'histoire d'un effondrement et ses causes immédiates

Pourquoi l'échec du Parti communiste à l'élection présidentielle de 1981, confirmé par l'élection législative qui a suivi ? (Rappelons qu'il est alors tombé de 22 % à 15 %) ?

Pourquoi ce déclin s'est-il ensuite accentué (jusqu'à 3 %), alors que sa participation à un « *Gouvernement d'union de la gauche* » était l'aboutissement de l'objectif poursuivi depuis la Libération ? Notons qu'à cette époque, ni les médias, ni l'opinion ne présageaient la chute de l'Union soviétique. L'échec du PCF était bien le résultat de sa propre politique.

1. Le CME et le programme commun

Dès 1969, le Parti communiste français a donc entrepris un énorme travail « *d'ajustement théorique du marxisme* ».

Au moment où, face à la domination gaulliste, une union *de facto* de la gauche se reconstituait, il s'agissait de donner un contenu théorique aux perspectives « *stalino-thoréziennes* » de « *passage au socialisme, par l'élargissement de la démocratie pour le peuple et la limitation de la liberté des exploiteurs* ».

Autour de Paul Boccarra et Philippe Herzog, les économistes communistes de la Section économique du Parti pensaient que le capitalisme parvenu à un stade monopolisé ne pouvait plus se développer, alors que simultanément, les évolutions politiques permettaient de constituer une majorité de gauche.

1.1. Le CME

Rappelons que nous étions encore dans une période particulière de l'histoire mondiale du capitalisme, caractérisée par l'intervention économique des Etats. La grande dépression de 1929, puis les destructions de la guerre mondiale de 1939 à 1945, avaient obligé le monde capitaliste à recourir à l'investissement public .

C'est cette période que les communistes, à la suite du manuel soviétique d'économie, ont analysée comme celle du **Capitalisme monopoliste d'Etat, le CME.**

Effectivement, depuis la 2ème guerre mondiale, la concurrence avait été réglementée. Le réseau des banques et établissements financiers était encadré par des règles et des interventions politiques, les banques de dépôts étaient nationalisées depuis 1936. Une grande partie du capital financier avait été détruite par la « *grande dépression* » et sa reconstitution avait réclamé l'aide de l'Etat. La spéculation financière était contenue : les crises économiques n'ont pas généré de crise financière de 1929 à 1987.

Les salaires étaient encadrés par une politique contractuelle de l'Etat, des Conventions collectives et des accords de salaires étaient négociés avec les Syndicats.

Des investissements publics favorisaient les principaux monopoles par les commandes publiques (notamment armements, bâtiments publics), par des travaux publics gigantesques (voies de communications, réseaux, urbanisme), par la fourniture des matériaux (métaux, canalisations, conducteurs électriques, béton, pierre, bois, etc.), la fourniture de l'énergie électrique (barrages, nucléaire) et d'une grande partie du pétrole. Des tarifs préférentiels étaient accordés aux monopoles sous prétexte des quantités commandées, etc.

Ces investissements publics étaient de plus en plus conjoints aux investissements des monopoles. Or, les capitaux publics n'étaient pas valorisés, c'est-à-dire qu'ils ne réclamaient pas de profit. La théorie française du CME évaluait le taux de profit en rapportant la plus-value du capital total, privé et public, au seul capital privé. Elle expliquait ainsi le taux de profit monopoliste supérieur au taux de profit moyen selon Staline lui-même.

1.2. Le « mécanisme unique Etat-monopoles »

La « *conférence des 81 partis communistes et ouvriers* » de 1960, proposait la définition suivante : « *Les contradictions de l'impérialisme ont accéléré la transformation du capitalisme de monopole en capitalisme monopoliste d'Etat. En renforçant le pouvoir des monopoles sur la vie nationale, le capitalisme monopoliste d'Etat* ***réunit la puissance des monopoles et celle de l'Etat en un mécanisme unique*** *destiné à sauver le régime capitaliste, à augmenter au maximum les profits de la bourgeoisie impérialiste par l'exploitation de la classe ouvrière et le pillage de larges couches de la population* ».

Cette définition actualisait la thèse de Staline sur les « *lois* » scientifiques de l'économie et de la nature, dans « *Les problèmes actuels du socialisme en URSS* » (1952). « ***Le capitalisme de monopole*** *ne réclame pas n'importe quel profit, mais précisément le profit maximum. C'est ce qui constitue la loi économique fondamentale du capitalisme actuel* ».

La théorie du CME précisait comment était réalisé ce profit maximum : le « *mécanisme unique* » abondait la plus-value du capital privé par la plus-value du capital public.

Les interventions de l'Etat, conjuguées aux décisions des groupes monopolisés, auraient engendré ce « *mécanisme unique* ». Etat et monopoles interagiraient afin de réaliser l'adjonction systématique du capital public« *dévalorisé* » aux investissements privés.

Selon Paul Boccara et ses coauteurs ([97]) du traité *Le capitalisme monopoliste* d'Etat, ce mécanisme était nécessaire aux monopoles car la baisse tendancielle du taux de profit ([98]) provoquait la crise de l'investissement ([99]).

Georges Marchais et Philippe Herzog pensaient devenu inutile de détruire l'appareil d'Etat : il serait possible de parvenir au socialisme en nationalisant et démocratisant les monopoles et en utilisant ce « *mécanisme unique* » selon la volonté populaire exprimée par le vote du programme commun.

1.3. L'orientation du PCF devenait :

- profiter de la faiblesse du PS pour constituer une alliance durable dont les deux partis profiteraient,
- élaborer un programme commun de réformes sociales et démocratiques,
- et nationaliser progressivement les monopoles, c'est-à-dire

les incorporer dans un ensemble d'institutions économiques et financières démocratiques, le « *mécanisme unique* » transformé démocratiquement,

et soumettre globalement et progressivement l'essentiel de la production à cette direction démocratique, hors du marché capitaliste.

C'était une démarche nouvelle pour un militant marxiste !

Il n'était pas un article de *Economie et politique*, des *Cahiers du communisme* ou de *l'Huma-dimanche* qui ne fasse état de nouveaux dispositifs de rentabilisation du capital financier par le « *capital dévalorisé* ».

Simultanément, Georges Marchais annonçait publiquement et sans débat la décision du parti communiste de ne plus fonder le passage au socialisme sur la dictature du prolétariat.

---

97 - La Section économique du Parti communiste.

98 - Le taux de profit se calcule en divisant la plus-value (réalisée par l'exploitation de la force de travail) par le capital privé investi, qui est ainsi valorisé par le profit. Si on ajoute en partie ou au total la plus-value produite par les opérations du capital public, on augmente le numérateur, alors que seul le capital financier privé est au dénominateur.

99 - Il s'agit là d'une simplification mécaniste de la thèse marxiste de la baisse tendancielle du taux de profit, qui la transforme en nécessité mécanique de baisse continue, au lieu de crises cycliques.

1.4. L'abandon de la « dictature du prolétariat »

Marx pensait que, pour parvenir à la socialisation des moyens de production, puis transformer profondément la société et éliminer les stigmates du capitalisme, il sera nécessaire que le prolétariat, constitué en classe dominante, transforme à la fois la base économique et la société encore porteuses des stigmates du capitalisme. Cette période de transition, disait-il, ne peut être que la *dictature révolutionnaire du prolétariat*. Et il ajoutait au sujet de cette *suprême bataille entre les classes*, que *la démocratie est encore à cent coudées au dessus du démocratisme* de la République démocratique.

Les Bolcheviques n'ont pas pu instaurer réellement cette dictature du prolétariat en URSS après la révolution : les actions contre-révolutionnaires, la guerre civile et leurs propres erreurs ne l'ont pas permis. Nous avons cité plusieurs fois les mots de Lénine : le pouvoir soviétique n'était pas la dictature du prolétariat, mais « *une dictature pour le compte du prolétariat avec une déformation bureaucratique* ».

Staline a cependant prétendu que les douze premières années de son propre pouvoir étaient la dictature du prolétariat.

Or, chacun sait que, loin de la démocratie qu'elle aurait dû être, cette prétendue « *dictature du prolétariat* » a été marquée d'abord par l'exécution des dirigeants révolutionnaires de 1917, puis par les massacres et déportations des ouvriers qui résistaient à l'industrialisation forcenée et des paysans qui refusaient la collectivisation. Elle a été suivie des procès qui, avant et après la guerre, ont mené les responsables politiques à la mort dès lors qu'ils exprimaient une contestation ou un doute. La génération suivante a connu la répression massive des révoltes des salariés allemands, polonais, hongrois, tchèques.

Peu à peu, les mots associés à ces crimes ont perdu leur sens originel. Mais les « *dirigeants communistes* » ne pouvaient, sans se désavouer, ni abandonner le dogme de la dictature du prolétariat, ni en discuter le sens véritable.

Au lieu de redéfinir la dictature démocratique du prolétariat, Georges Marchais a finalement choisi de se débarrasser de ce concept en la caractérisant comme un *régime intermédiaire autoritaire et étatique* dont il n'y aurait plus besoin.

Il suffirait désormais de gagner les élections pour gouverner avec les socialistes, réaliser le programme commun, nationaliser les principaux monopoles et changer l'économie et la société, en agissant par le mécanisme unique, laissé sans doute en place par la défaite des monopoles.

Ainsi ont été élaborés les concepts qui ont guidé le parti et l'ont conduit au désastre :

* *la démocratie est à la fois le but* (le socialisme) *et le moyen* (le gouvernement de la gauche) ;
* l'accession au socialisme sera constituée de ruptures démocratiques, de réformes démocratiques qui s'engendrent mutuellement ;

et non d'une révolution, c'est-à-dire d'une transformation cohérente ;

* « *le socialisme commence aujourd'hui* », « *le socialisme est une création continue* ».

C'était effectivement une ***concrétisation du projet de Maurice Thorez, à son retour de Moscou*** en 1944, adopté par le Xe congrès du Parti : « *un élargissement considérable de la démocratie pour le peuple, une limitation de la liberté des exploiteurs* ».

ANNEXE

Le CME. L'exemple du BTP et de l'Equipement

Prenons l'exemple du secteur industriel du BTP (bâtiment, travaux publics). Il joue un rôle économique de premier plan, parce qu'il correspond à des besoins vitaux et coûteux, le logement, les transports, les communications de toutes sortes, la distribution de l'énergie.

Or, alors que, la reconstruction étant achevée, l'essor industriel capitaliste transformait le mode de vie et concentrait le capital dans des monopoles croissants, en France, le retard de concentration des entreprises du cadre bâti gênait leur investissement par le capital financier.

Les entreprises publiques constituées en 1936 et 1945 avaient développé les réseaux d'électricité, de téléphone, de voies ferrées, de routes.

Mais le développement de la circulation automobile engendrait le besoin d'un réseau d'autoroutes qui n'existait pas encore, l'urbanisation et l'immigration généraient des bidonvilles, la pénurie de logements impliquait de nouveaux financements, ainsi que la généralisation du téléphone, de l'alimentation en eau, en gaz etc. Les avant-projets de trains à grande vitesse laissaient présager des financements considérables. Les techniques fondatrices d'internet surgissaient dans ce panorama. Tout ceci impliquait une nouvelle politique globale d'urbanisme et d'aménagement du territoire.

Alors que le développement industriel marquait le pas (notamment aux USA), les groupes financiers reconstitués par la monopolisation étaient candidats à investir le secteur, à condition de moyens de valorisation intense des capitaux.

Aux politiques antérieures d'intervention directe par le financement public succédait effectivement **une politique d'aide publique du financement bancaire de l'ensemble du secteur.**

A cet effet, le Ministère de l'Equipement a été créé par la fusion et le développement des anciens Ministères des Travaux publics et de la Construction, et la création de services techniques nouveaux.

Le réseau de subdivisions territoriales des Ponts et Chaussées (correspondant primitivement aux cantons) a été transformé en une structure territoriale de subdivisions chargées des opérations de proximité, assistées de services départementaux d'urbanisme et de travaux, et une structure parallèle de services publics d'ingénierie (les arrondissements de travaux neufs, les CETE, le CETu, le SETRA, et les Ecoles d'Ingénieurs).

La « *DDE* » et l'ensemble national de « *l'Equipement* » ont ainsi présidé à la transformation du pays, sous l'égide des monopoles du BTP, de la métallurgie et de la chimie, en coopération étroite avec les banques. Les grandes entreprises ont été rapidement absorbées par le capital financier et le réseau des petites et moyennes entreprises et des associations a dû s'organiser dans des ententes locales de toutes sortes.

La loi d'orientation foncière a mis les terrains équipés nécessaires à disposition des maîtres d'œuvre. Les autoroutes ont été concédées à des consortiums privés de banques et d'entreprises, des « *Villes nouvelles* » ont été créées, etc. Parallèlement, des prêts du Crédit foncier (Caisse des Dépôts et Consignations) et des prestations sociales ont été associés aux prêts des banques privées pour

* l'accès de particuliers, de revenus de niveaux variés, à la propriété de leur logement,
* et l'aide à l'investissement privé dans la construction et l'exploitation des réseaux (route, téléphone, distribution de l'électricité) ([100]).

La valorisation du capital financier a été effectivement augmentée par l'investissement public. Ainsi, les longues sections d'autoroute à péage « *en rase campagne* » ont été concédées aux consortiums privés, tandis que les sections urbaines étaient exclusivement financées par les crédits publics. Le péage correspondant à l'ensemble d'un itinéraire rémunérait le capital privé, les sections urbaines étant financées par des capitaux publics « *dévalorisés* » (plus exactement non valorisés), ce qui augmentait évidemment le taux de profit.

Ainsi aussi, le taux d'intérêt des prêts publics d'accession au logement du Crédit foncier permettait aux acquéreurs de payer un taux d'intérêt moyen accessible, inférieur au taux d'intérêt bancaire, prohibitif.

Le « *mécanisme unique* » du secteur du cadre bâti

Le ministère de l'Equipement et ses services étaient évidemment en fréquente collaboration professionnelle, conceptuelle, financière, technique, comptable avec les bureaux et les chantiers des entreprises privées des monopoles et avec leurs cadres et directeurs.

100 - Notons qu'une expérience avait déjà été réalisée : les ports maritimes les plus importants avaient été transformés en Ports autonomes, pour faciliter la rentabilisation du capital des compagnies maritimes, portuaires et pétrolières par l'adjonction de financement public.

La dimension croissante du réseau des entreprises et des chantiers aboutissait-elle à constituer un « *mécanisme unique* » qui aurait pu être dirigé vers les politiques de nouveaux programmes communs ?

Les organismes d'études, ministériels, départementaux, locaux ou nationaux, et le réseau public territorial permettaient certes une emprise sur les enjeux concrets d'aménagement. Leur coopération avec les services d'étude des entreprises et des investisseurs étaient évidente, mais ce n'était pas un fait nouveau, seule son ampleur l'était. Elle ne constituait pas un mécanisme, les services d'Etat répondaient aux objectifs politiques d'équipement, les monopoles étaient centrés sur les objectifs tout autres de valorisation du capital. Et d'ailleurs ceux-ci ont déserté le secteur BTP dès lors que le capital américain a décidé de résoudre la crise économique par le tournant libéral opposé au schéma imaginé par la Section économique.

NB. Le « *mécanisme unique* Etat-monopoles» n'aurait guère pu viser que l'injection de capital non valorisé conjoint au capital financier : par exemple, le financement public des sections urbaines d'autoroutes, les prêts du crédit foncier, etc. La « démocratisation » de ce « mécanisme » impliquait le rétablissement de l'autorité du Service public qui venait d'être transférée aux consortiums privés par la privatisation des autoroutes et le transfert d'études à des Etablissements public d'aménagement.

La Fédération CGT de l'Equipement a revendiqué, lors de la décentralisation, la constitution d'un service national mis à disposition des collectivités territoriales et géré paritairement par les représentants de l'Etat, des collectivités territoriales et du personnel. Curieusement, cette revendication, qui aurait permis au moins un « *regard* » public, n'a pas été prise en considération par le Parti communiste.

2. La signature du programme commun

2.1. Le programme et la politique

Après le rassemblement des débris de la gauche non communiste dans le nouveau PS sous l'égide de F. Mitterrand au congrès d'Epinay, en juin 71, la signature du programme commun, le **26 juin 1972**, a soulevé un espoir immense. Le parti communiste était alors puissamment organisé dans les quartiers et dans les entreprises. Ses militants, stimulés par la perspective de l'union et du changement, se sont lancés dans une ardente campagne qui a popularisé les engagements revendicatifs du programme.

Mais, sur le plan économique, celui-ci était un compromis entre les idées keynésiennes de relance par la consommation populaire et de « *redistribution* », et des propositions communistes en vue de socialiser « *le pouvoir des monopoles* » : nationalisations, décentralisation. Ce programme ne modifiait en rien la propriété et le fonctionnement capitalistes et suscitait l'illusion du pouvoir par « *l'occupation de l'appareil d'Etat* ».

Pourtant le rapport présenté le 29 juin au Comité Central ne comportait pas que des illusions. Il parlait d'un « *point de départ pour une puissante action de masse* ». Il relevait la « *tendance* [du parti socialiste] *à la collaboration de classe* ».

Mais ce rapport n'a pas été publié pendant trois ans.

2.2. Trois années d'opportunisme intégral

Pendant ces trois années, jetant par dessus bord les avertissements de Waldeck Rochet présentant le manifeste de Champigny, Georges Marchais a multiplié les déclarations tendant à faire croire que l'entente de la gauche était sans faille.

Le slogan scandé à toutes occasions était alors : « *une seule solution, **le programme commun*** ». Surtout, ne pas critiquer le PS, ne pas gêner l'unité ! Il n'était plus question de lutte politique. Voter massivement, faire confiance...

Loin d'être un point de départ, « *d'offrir un tremplin au mouvement populaire et au développement de son action* », le programme commun était bien le « *point d'arrivée* » que ledit rapport, tenu secret, récusait.

Pour mesurer jusqu'où allait cet opportunisme, nous nous bornerons à quelques citations de Georges Marchais.

« *Où avez-vous vu qu'il* [Mitterrand] *prend des distances par rapport à ses alliés ? Moi, je me base sur la réalité. Nous avons mené ensemble une bonne campagne pour les législatives. Depuis, l'unité de la gauche n'a cessé de se renforcer, aussi bien pour la défense des revendications économiques et sociales que pour celle des libertés* »...

Selon lui, le parti socialiste avait fait « *un tournant* », une « *rupture avec la collaboration de classe* », il avait même « *rompu avec le réformisme* ».

« *Le PS, je dois le dire parce que c'est du passé, a rompu avec le terrain qu'il a occupé si longtemps, le terrain de la collaboration de classe. Dans ces conditions, l'entente est devenue possible, et je veux dire que l'union de nos deux partis n'a jamais été si solide* » ([101]).

Son objectif était probablement d'entraîner le parti socialiste vers une adhésion plus ferme aux objectifs du « *changement* » *annoncé*.

Mais en se plaçant sur le même terrain que lui, en évitant de mener les combats politiques où seraient apparues des divergences, le parti communiste a laissé s'implanter l'illusion d'une alliance sans faille et d'un avenir sans combat.

Loin de devoir gauchir ses positions, le parti socialiste regagnait la popularité perdue.

2.3. De l'adulation à la rupture

Face à la montée impressionnante du PS dans les sondages, le parti communiste décidait, à son XXIe congrès (fin octobre 1974), de récupérer son leadership en exigeant, lors de l'actualisation du programme, l'inscription de filiales des monopoles sur la liste de nationalisations prévues.

Dans le climat politique euphorique, cette querelle a plus rebuté que convaincu. Le nouveau mot d'ordre, « *union, action, programme commun* », n'a guère été repris que par les militants avertis ([102]). Les débats étaient houleux. Les réactions médiatiques, acerbes.

En juillet 1977, alors qu'un accord sur l'actualisation se dessinait, selon Roland Leroy qui le négociait, Georges Marchais rentrait précipitamment de ses vacances en Corse (c'est là que se situe le fameux « *Liliane, fais les valises* »). Il imposait une surenchère d'exigences (seuil d'efficacité du nombre de nationalisations, nombre et indépendance des ministres etc.). Et comme d'habitude, la parole du secrétaire général, incontestable, constituait d'office la position du parti.

Mais, forts des positions acquises, en septembre 1978, le PS et le MRG refusaient, c'était **la rupture**.

Plus de programme commun ! Plus d'alliance politique ! Plus d'unité intersyndicale avec la CFDT qui se « *recentrait* » avec Edmond Maire.

---

101 - Et pourtant, au congrès de l'Internationale socialiste, F. Mitterrand n'avait pas caché l'objectif qu'il poursuivait en signant le programme commun : réduire l'influence du Parti communiste à 15 %. Il y est parvenu… largement !

102 - En présentant au XXIe congrès le projet de résolution amendé, R. Leroy précisait : « *La question décisive est celle du contenu de l'union et celle de la pratique de l'union, sans quoi l'union n'existe pas vraiment. Elle ne se comprend pas en dehors des enjeux de classes : unité de qui, contre qui, pour qui, pour quoi* » (27 octobre 1974).

Dans ces conditions, en septembre 1978, **la rupture avec le PS** ne pouvait être comprise. Elle choquait beaucoup d'électeurs après tant d'utopie. Désorientés, ils allaient faire mentir les sondages lors des législatives de 1978 : pour la première fois depuis la guerre, avec 20,5 % des voix, le PCF était devancé par le PS (22,5 %). C'était l'inverse du but poursuivi depuis trois ans.

Dernier acte... Pour garder ses élus dans le scrutin majoritaire, le parti avait besoin des voix socialistes. Entre les deux tours des élections, l'Humanité a eu beau publier un énorme titre : « *ça y est !* » annonçant un accord purement électoral, la victoire annoncée s'est transformée en défaite inattendue de la gauche.

Pourquoi ce revirement ? En1972, le programme commun allait nous mener au socialisme ; en 1978, bien qu'amélioré, il était devenu inacceptable ! Les autres responsables du parti communiste semblent encore ne pas avoir découvert les raisons de l'intransigeance de Georges Marchais ([103]).

Elles peuvent s'expliquer à la lumière de la suite des événements. Le monde capitaliste, pour « *sortir de la crise* », entrait dans une nouvelle phase, très différente du capitalisme monopoliste d'Etat. Penser que la direction du parti communiste l'avait compris serait probablement lui prêter une trop grande clairvoyance.

Mais certains de ses économistes en parlaient cependant, j'en ai été témoin. Ce bouleversement se réalisait déjà. Nixon avait révoqué le système monétaire de Bretton Wood (1971). En France, le capital financier commençait à quitter les places qu'il venait d'acquérir dans le secteur du cadre bâti. Aux USA, Milton Freedman, prix Nobel, préconisait la déréglementation totale et le désengagement de l'Etat, et le Parti républicain semblait assuré de récupérer la présidence.

Les « *milieux dirigeants* » parallèles du parti le pressentaient : le projet stalinien du « *mécanisme unique* » et de la prochaine suprématie communiste risquait d'être une impasse. Cette intuition alimentait la rivalité de Marchais avec Leroy qui réclamait plus de rigueur et d'action. Pour forcer le destin, Georges Marchais, se serait engagé dans la surenchère intraitable qui a provoqué la rupture.

3. 1978-1981, le déchaînement sectaire

Brutalement alors, le discours est devenu l'inverse de la période précédente. Le parti socialiste, hier fidèle allié qui avait rompu avec le réformisme, devenait une émule du RPR et de l'UDF.

---

103 - Dans le film l'Atlantide, ils n'y voient que des explications psychologiques. Philippe Robrieux, dans son *Histoire intérieure du Parti communiste*, pense qu'il aurait été contraint, par un chantage, d'adopter le projet soviétique et d'attendre l'usure de la société giscardienne pour recueillir seul le pouvoir quand il tomberait sous les coups de l'action internationale du camp socialiste. Je ne crois ni que ledit chantage ait pu avoir un effet dans le contexte, ni que les options soviétiques déjà anciennes sur la politique française aient eu encore du poids.

G. Marchais dénonçait « *la bande des trois* » : « *Pour Giscard d'Estaing, pour Chirac et pour François Mitterrand, il faut qu'elle* [l'élection présidentielle] *leur permette d'atteindre leur but essentiel : gérer la crise ensemble en se partageant le pouvoir* ».

C'était, pour le moins imprudemment, prendre le contre-pied des espérances chimériques diffusées auparavant !

La perspective de l'union de la gauche s'éloignant, le parti communiste se repliait sur l'affirmation de son exclusive capacité de « *mettre fin à la crise* ».

Contraint d'expliquer l'échec du programme commun en 1978, G. Marchais faisait l'autocritique... de ses prédécesseurs et de leur « ***démarche programmatique*** » (mais ni du contenu du programme ni de ses propres déclarations). Désormais, plus de programme du tout ! Plus d'objectif défini pour sceller les futures alliances. La volonté supposée du peuple sera le seul critère.

ANNEXE

Le sectarisme a pesé sur les luttes revendicatives

L'exemple de la grève de la sidérurgie en Lorraine, dans le Nord et à Fos

En conséquence des investissements inconsidérés dans ce secteur, endetté et inégalement développé, le Plan acier de 1977 avait échoué. Des usines étaient fermées, 22 000 emplois supprimés, des pays entiers étaient condamnés. La CGT avait informé, mobilisé les salariés.

En Lorraine, à Longwy particulièrement, son action a atteint un niveau qualitatif exceptionnel.

Une intersyndicale donnait confiance dans le développement du mouvement, une radio locale libre et clandestine ([104]) était écoutée avidement partout. Rien n'y était caché des désaccords avec la CFDT qui manœuvrait pour une « *solution conventionnelle* » ([105]) avec le gouvernement, tout en organisant des actions de commando au risque de briser le mouvement. Mais le débat était réel et ouvert aux salariés eux-mêmes, la volonté unitaire s'exprimait publiquement : l'unité était maintenue.

La grève et les manifestations locales ont été massives dans les trois bassins. La manifestation nationale des sidérurgistes à Paris a marqué cette période par son ampleur, sa détermination, son dynamisme.

104 - Les radios non gouvernementales émettant à partir du territoire français étaient alors illégales.

105 - La CFDT préconisait de se battre « *pour un autre emploi* », « *un autre type d'emploi* », et accepter pour cela la mutation à Dunkerque avec les 5 x 8 ... ou la préretraite.

La CFDT nationale a pourtant signé la convention sociale. Pour contourner cet obstacle, le contrôle de l'unité d'action par les sidérurgistes en grève était nécessaire, sinon suffisant. Or le parti communiste, enfermé dans le dénigrement systématique du PS et de la CFDT, refusait de poursuivre l'unité d'action avec ces « *praticiens du double langage* ». Au lieu de la structurer de la base au sommet, il ne se préoccupait que de démontrer la combativité supérieure des communistes.

La division a sonné le glas du mouvement : des centaines de milliers de sidérurgistes, voyant le mouvement s'effriter, ont perdu confiance, acceptant la préretraite ; 4 800 se sont portés volontaires pour quitter le pays et toucher une prime de départ de 50 000 F., et le responsable CFDT, Chérèque (père), a été nommé Préfet.

Cet échec relatif a pesé. Par sa dimension (toute une branche industrielle), par ses enjeux nationaux et son caractère symbolique (l'industrie lourde, fondement traditionnel de l'industrie, bastion de la classe ouvrière), par son implication politique (les injonctions des organismes de l'Europe et du grand capital), par sa créativité combative, par son caractère unitaire aussi, cette grève était effectivement exemplaire et démonstrative.

Mais la démonstration de la combativité des Communistes impliquait la poursuite de la lutte par une victoire effective, et donc le maintien de l'unité intersyndicale en bas, malgré les manœuvres de la CFDT.

Or, la plupart des luttes revendicatives de cette époque étaient enfermées dans **ce carcan de la condamnation de l'unité intersyndicale**. La doctrine de « *l'unité à la base* » était devenue l'unité informelle des salariés, sans les autres organisations syndicales (sic).

A la veille de l'élection présidentielle, dans l'affolement des derniers jours face aux sondages, la CGT a multiplié les appels à des grèves de 24 heures, chacune sur un objectif différent (jeunes, retraités, etc.), détachées du « *mouvement réel* » des luttes. Elles ont été ultra-minoritaires, ce qui est significatif de cette erreur : **l'action doit être organisée pour gagner, pas pour démontrer, et l'unité d'action est une exigence.**

4. 1981 : Mitterrand Président, l'effondrement paradoxal de 20 années d'effort

4.1. Victoire populaire, défaite politique

L'élection de Mitterrand président de la république, le 8 mai 1981, était l'aboutissement paradoxal de vingt années de luttes, de victoires revendicatives et de déceptions politiques.

Une volonté de changements décisifs s'est exprimée dans une explosion de joie populaire. Mais elle était ambiguë au point de se concrétiser par l'élection de F. Mitterrand dès le premier tour, puis le triomphe du PS aux législatives, au lieu d'une victoire commune. Car le parti communiste subissait un recul comme il n'en avait jamais eu depuis la guerre, tant avaient été déroutantes ses volte-face entre « *le combat sans l'union et l'union sans le combat* ».

Après l'optimisme béat de la signature du programme commun, sa folle politique sectaire a conduit la majorité du peuple de gauche à vouloir le Front unique malgré les communistes. Mitterrand est apparu comme la seule chance de « *changement* ». Au lieu de *l'occupation de l'appareil d'Etat*, c'était la concession de quatre ministères dont un seul important. Au lieu du double pouvoir, c'était « *l'état de grâce* ».

La montée de la crise économique sous Giscard, l'inflation qui a atteint jusqu'à 17 % l'an sous la houlette de Barre, la liquidation de secteurs entiers de la production malgré de dures grèves et manifestations comme celle de Lip à Besançon, celles des sidérurgistes de Lorraine et du Nord, de Manufrance, du puits Estival à Alès, la main mise étouffante sur la télévision, tout provoquait un ras-le-bol croissant qui exigeait des changements réels dont le programme commun, après l'échec politique de 1968, avait donné l'espérance.

Or, le parti communiste avait contribué à la confusion quant à la mise en cause du capitalisme. Par le programme commun d'abord. Puis par le débat faussé sur les nationalisations, où l'objectif de limitation du pouvoir du capital disparaissait dans des disputes sur le nombre minimum de filiales à nationaliser : « le seuil d'efficacité du nombre de nationalisations » (Cf. chapitre 15, § 3.3.3.).

La condamnation sectaire de toute tentative d'unité dissuadait de placer un espoir dans les luttes. Les polémiques stériles ponctuées d'injures battaient leur plein. A la veille de l'élection présidentielle de 1981, l'Humanité titrait encore : « *La bande des trois faussaires démasquée : socialistes, giscardiens, RPR pris en flagrant déli*t ».

Les élections présidentielle et législatives de 1981 ont constitué la première phase de l'effondrement... un tiers des voix perdues.

4.2. 1981-1984, quatre ministres communistes...

Le courant populaire des manifestations de joie du 10 mai 1981 se serait-il porté sur les enjeux véritables si le Parti communiste avait mobilisé autour de revendications concrètes ?

Dans des assemblées générales syndicales, pour peu qu'on n'y ressasse pas trop de slogans en langue de bois (la « *volonté du changement* »), les aspirations à des améliorations immédiates s'exprimaient fortement.

A l'épreuve du pouvoir, le PS pouvait être contraint à des concessions. Mais au lieu de s'appuyer sur les débats et de les éclairer, le Parti communiste a opéré brusquement une **nouvelle volte-face** : il faisait signer une pétition pour entrer dans le gouvernement... et obtenait en fin de compte quatre ministres sur 44, sur la base d'un accord qui ne comportait que des généralités : « *des mesures de justice sociale et d'élévation des ressources des plus défavorisés* », « *l'extension des libertés* » et « *la lutte contre le chômage* », sans programme économique et social.

... 4.3. quatre années sans lutte

Pendant trois ans la lutte de classe a été suspendue en France par décret du parti communiste.

Plus question d'agir contre le patronat. Il fallait être « *acteur du changement* », un changement explicitement limité à « *ce que les Français ont exprimé le 10 mai 1981* ».

Oh certes, il y a eu quelques grèves !... la plupart désapprouvées par les Unions départementales de la CGT : « *il ne faut pas se tromper d'ennemi* » ([106])... Des responsables syndicaux ont vécu amèrement cette période où une manifestation revendicative faisait scandale, où des grèves contre les menaces de démantèlement d'un service public étaient condamnées, où l'insuffisante loi de titularisation ([107]) du ministre communiste Le Pors était « *une bonne loi* » et devait être appliquée telle quelle, où la grève des ouvriers de Peugeot-Talbot se heurtait à l'impuissance du ministre communiste Ralite... et aux CRS évacuant l'usine.

Même en 1982, lors de la réduction de la durée hebdomadaire de travail à 39 heures, les luttes pour le maintien du salaire ont été soigneusement circonscrites aux entreprises. Il n'était pas question d'une action tant soit peu générale, pour une

---

106 - Sauf les grèves de l'industrie automobile, pour la liberté syndicale et contre la dictature des faux « *syndicats indépendants* » mis en place par les patrons.

107 - insuffisante car elle ne tenait aucun compte des situations différentes du cas classique légal (hormise l'Education nationale). Elle ignorait, par exemple, le projet de loi déposé par la Fédération de l'Equipement, objectif de nombreuses luttes de dizaines de milliers de non titulaires alliés aux fonctionnaires.

disposition légale et la création concomitante d'emplois, *a fortiori* pour les 35 heures.

Ce n'était plus les travailleurs qui manifestaient dans la rue, mais la CGC pour la hiérarchie des salaires, la droite pour l'école libre.

Fin 1982, le blocage des salaires et, en 1983, le plan de rigueur n'ont rencontré que « *des réserves* » du Parti communiste et aucune riposte globale de la CGT.

Il n'était plus question que de « *l'intervention des travailleurs sur la gestion* » des entreprises, des banques, etc.

Le Parti communiste appliquait, contre vents et marées, son projet de conquête de l'Etat pour changer l'économie à partir de la gestion démocratique des monopoles nationalisés.

Il n'a alors proposé aux travailleurs que « *d'élargir leur base d'intervention* », pour « *une grande politique industrielle* » et « *de nouvelles avancées* ». Le capitalisme ? Il n'en parlait plus, comme si on pouvait sortir de la crise sans agir sur les profits, et même construire le socialisme sans socialisation des moyens de production. Quant à poser des revendications, manifester, parler de grève, c'était « *se tromper d'ennemi* ».

Il a voté les budgets réactionnaires. Il a vanté le bilan de la majorité, « *déjà supérieur aux grandes conquêtes du Front populaire et de la Libération* ».

Comment les travailleurs déçus, désorientés, pouvaient-ils se retrouver dans de telles affirmations, dans une telle politique ?

4.4. Le tournant libéral, Reagan et Thatcher

Or, le Parti communiste, enfermé dans sa position de participation au gouvernement, n'a pas vu le succès des thèses des prix Nobel américains, de Freedman à Lucas, ni le tournant politique et économique personnifié par Ronald Reagan et Margaret Thatcher. Il n'a pas anticipé la déréglementation mondiale, la dénationalisation et le retrait de l'Etat, pour le retour au libéralisme. Face à la baisse rapide du taux de profit de la crise des années 70, le capital monopoliste cherchait d'autres valorisations du capital que l'intervention du capital public. La plus traditionnelle était la baisse des coûts salariaux par les investissements à l'étranger.

La politique sociale et les nationalisations issues du programme commun étaient en porte-à-faux avec ce tournant politique mondial.

La fuite de capitaux et le déficit budgétaire ont été le prétexte de l'austérité. Dés 1983, le gouvernement Mauroy décidait *un plan de rigueur*. Les militants communistes « *à la base* » réclamaient la sortie du gouvernement. Mais il n'en était question dans aucune déclaration.

1984. Changement de gouvernement. Sous la pression de la majorité de ses militants révoltés par la dérive de ces trois années, le parti communiste refusait enfin d'en faire partie... alors que, 15 jours avant, Georges Marchais et Roland Leroy répétaient : « *Nous sommes au gouvernement pour longtemps* ».

Troisième volte face : feu sur le parti socialiste ! Chacune de ces volte-face décontenançait ceux qui avaient cru en la politique de la période précédente et discréditait un peu plus ce parti capable de se retourner ainsi comme une crêpe.

4.5. Opportunisme et sectarisme sont deux faces de la même erreur

Une politique est « *opportuniste* » quand elle n'est plus définie par une mobilisation de masse pour des objectifs clairs, mais soumise aux aléas des opportunités électorales. Un jour on ménage son allié, on l'encense même. Le lendemain, devenu concurrent, il est haïssable. Un jour une mesure est urgente, le lendemain, elle peut attendre.

Dans sa politique d'union de la gauche, le PC se plaçait sur le même terrain que le parti socialiste. Alors il ne déterminait pas ses positions prioritairement pour la lutte de classes ni pour des changements fondamentaux : il se préoccupait d'abord de remporter les élections.

En 1973, le Parti communiste, se sachant le plus fort, a ménagé le PS dans l'espoir de l'enfermer dans un mouvement d'opinion populaire pour le programme commun.

Quand il l'a vu se développer à son détriment, il s'est mis à le dénoncer à tous propos, particulièrement à partir de 1978 puis de 1984, tout en exigeant ce qu'il refusait auparavant, et sans pour autant engager de luttes réelles.

Dans ses phases opportunistes, cette politique a désarmé les travailleurs, elle les a divisés et déçus profondément, car elle n'était qu'une forme adoucie de la politique exigée par le capital.

Dans ses phases sectaires, l'effet a été tout aussi désastreux, car le débat portait moins sur les politiques menées, les formes d'exploitation qu'elles recouvraient et les moyens de les combattre, que sur des attaques partisanes hors des préoccupations des travailleurs.

4.6. Mais il y a plus grave encore

Au-delà des voltes-face, les travailleurs ont pu dire : « ***quand le parti communiste est au gouvernement, c'est la même chose !*** »

Car les quelques améliorations promues par le gouvernement étaient immédiatement couvertes par le déferlement de l'idéologie dominante, et ce qui était promis et non réalisé pesait beaucoup plus lourd dans la conscience sociale.

« *Le rapport de forces électoral de 1981 ne nous permettait pas d'infléchir suffisamment la politique du PS* », alléguait le parti.

Mais qu'est-ce que cette conception qui se cantonne au rapport de forces électoral ou parlementaire ?

Non seulement le parti communiste n'était pas obligé de demander à participer au gouvernement dans ces conditions, mais qu'a-t-il fait ensuite pour développer la lutte des classes ?

Car enfin, le patronat était toujours là, avec tous ses moyens économiques, avec sa domination de l'appareil d'Etat, avec ses moyens idéologiques : presse, radios, etc. Et le capital financier commençait le bouleversement d'envergure qui allait transformer le monde entier.

Or, le parti socialiste allait s'intégrer dans les exigences capitalistes, c'était évident, l'histoire le démontre... elle l'a confirmé une fois de plus (quatre fois, maintenant !).

Qui plus est, nonobstant quelques réserves, le parti communiste a soutenu cette politique pendant trois longues années, il n'en a combattu réellement aucun aspect, il n'a même pas engagé de véritable lutte de masse pour l'infléchir. Il s'est borné à l'illusoire « *intervention des travailleurs sur la gestion* » (Cf. Chapitre 15)...

Enfermé dans cette politique qui l'a mené à l'effondrement, pouvait-il réaliser la « *remontée de son influence* » dont il rêvait depuis 1981 ?

Le déclin n'a plus cessé au baromètre électoral : 11,3% en 1988, 9% en 1993, 3% en 2002.

Son stalinisme a ruiné le parti communiste, non seulement par le retentissement des crimes et des échecs soviétiques, mais par l'erreur fondamentale qui a dominé sa pensée et son action, en France comme en URSS.

CHAPITRE 14 (III)

1984-1997
Le parachèvement de la « mutation » réformiste

Or, sorti du gouvernement, le parti communiste s'est replié dans une nouvelle phase sectaire, tout en poursuivant ce qu'il a appelé sa rénovation puis sa « *mutation* », sans pour autant retrouver la moindre « *remontée de son influence* »...

C'est dans cette phase qu'il a affronté l'écroulement du stalinisme des pays « *socialistes* ».

1. Le soutien de la pérestroïka et la glasnost

En mars 1985, Mikhail Gorbatchev, nouveau président de l'URSS, présentait la « *pérestroïka* » (réorganisation) comme la « *révolution dans la révolution* » et la « *glassnost* » comme la « *démocratisation complète* », « *tout le pouvoir aux soviets* ».

Le parti communiste français s'est entêté à se réjouir de tous les effondrements qui ont suivi, comme s'il s'agissait de redressements ; il refusait de reconnaître la dégradation économique de l'URSS et la désaffection populaire. Les responsables de l'appareil allaient d'émerveillement en émerveillement (sic), devant ces « *améliorations du socialisme* » comme disait Roland Leroy à la fête de l'Huma de 1990.

En septembre 1990, le plan Chataline prétendait organiser en 500 jours le retour de l'URSS à « *l'économie de marché* » que le PCF s'obstinait à dénommer « *économie socialiste de marché* » et à la distinguer du capitalisme. Il s'agissait de dénationaliser 70 % de l'industrie et 90 % du commerce et du bâtiment.

La prise de conscience de la réalité de ce mouvement inexorable se développait dans le parti où des pétitions circulaient. Mais G. Marchais, R. Leroy et le Comité central continuaient à réaffirmer leur « *ferme soutien* » de la perestroïka, encore le 22 août 1991, deux jours avant la dissolution du PCUS.

Quand, à la suite de la tentative de putsch militaire, Gorbatchev a dû démissionner et laisser la place à Eltsine qui interdit le Parti communiste US, ils déclaraient : « *il serait faux d'y voir un progrès des forces et des idées de droite, alors qu'il s'agit d'un progrès de l'aspiration à la liberté. C'est l'un et l'autre* ». Comment des responsables marxistes, si incultes soient-ils, sont-ils arrivés à une telle confusion sur le concept de liberté ? Sur ce qu'est le capitalisme ?

Il faudra attendre décembre 1991 pour que le bon sens paysan d'André Lajoignie lui fasse « *constater que ces derniers* [les partisans du retour au capitalisme] *ont pris le dessus* » ([108]) tandis que G. Marchais prétendait encore avoir eu raison dans une lettre personnelle à Gorbatchev, et que Claude Cabane écrivait dans l'Huma de Noël : « *Nous n'avons pas ménagé notre enthousiasme ni notre soutien à la Pérestroïka : combien de fois Georges Marchais ne l'a-t-il pas définie avec force et conviction comme la révolution du socialisme lui-même, avec tout son potentiel enfoui de libertés et de libération* ».

2. Des années de lutte sociales

Les grèves et les luttes sociales ont été importantes tout au long des années qui ont suivi le départ des ministres communistes du gouvernement Fabius en 1984.

Que les gouvernements soient socialistes (Fabius, Rocard, Edith Cresson, Bérégovoy, Jospin), ou de droite (Chirac de 1986 à 1988, Balladur de 1993 à 1995, Juppé de 1995 à 1997), les syndicats CGT, libérés des contraintes du soutien du gouvernement, ont pu enfin organiser le mécontentement général dans des actions qu'ils auraient voulu souvent plus déterminantes : grèves des aiguilleurs du ciel, de la météo, des cheminots, des transports publics, des infirmières, des Finances, de l'Equipement, des transports routiers, d'Alsthom.

Les luttes contre les fermetures ont été nombreuses, en particulier celles des chantiers navals de St Nazaire, la Seyne, la Ciotat, Le Havre.

Les mouvements des étudiants contre le projet Devaquet en 1986 et des lycéens contre le CIP en 1994, pour les conditions d'étude en 1998, ont été victorieux.

Mais la droite était prête à prendre sa revanche.

2.1. Le « pacte unitaire pour le progrès » (PUP)

Cependant, de congrès en congrès, les reniements du Parti communiste se sont enchaînés sans argumentation approfondie et sans débat véritable ([109]).

La référence au marxisme et à la lutte des classes et le centralisme démocratique ont été abolis.

Et en 1993, à l'issue des deux septennats de Mitterrand, le XXVIIIe Congrès votait un manifeste pour « *une nouvelle construction politique* ». Il s'agissait une fois de plus, après neuf années de sectarisme, « *d'associer les forces de gauche, les forces de progrès* » au parlement et au gouvernement.

---

108 - C'était déjà lui qui avait reconnu (et lui seul !) qu'il « *fallait, même en 1981, une bonne dose de crétinisme pour penser que, avec 4 ministres communistes sur 44, nous allions pouvoir peser sur le cours des choses* ».

109 - Cf. chapitre 15.

Sous la houlette de Robert Hue, le Comité central du parti prétendait y parvenir par une idée neuve (sic), une nouvelle « *démarche stratégique de grande portée et de longue haleine* », « *un processus devant déboucher sur un changement de gouvernement : le « Pacte unitaire pour le progrès* ».

Des forums devaient permettre « *aux salariés et aux citoyens* » de **ne plus « *se rallier à des politiques élaborées sans eux* »**, et amener « *les formations politiques* » à « ***se situer par rapport à leurs exigences,*** *à se mettre au diapason de leurs aspirations* ».

C'était la concrétisation générale du concept d'unité à la base sans les autres organisations, comme si les individus non communistes se présentaient vierges de toute conviction, de tout lien organisationnel.

Cette « *démarche stratégique de grande portée* » n'a eu aucun effet réel, sinon de désarmer un peu plus le parti communiste, alors que se dessinaient des potentialités de lutte réelle.

2.2. La grève de novembre-décembre 1995

Par sa durée, son ampleur, son caractère démocratique, cette grève a soulevé des espérances nouvelles.

Les actions des cheminots s'opposaient au projet de scinder la SNCF en une société de gestion des infrastructures ferroviaires et une société d'exploitation du réseau, mise en concurrence avec des sociétés privées. L'annonce de l'application de la réforme Juppé des retraites de la Sécurité sociale aux régimes spéciaux des secteurs public et nationalisé, a rapidement radicalisé la grève des cheminots et l'a étendue à tous les secteurs concernés.

Les habituelles manœuvres gouvernementales et médiatiques tendant à dresser les usagers contre les grévistes ont échoué. Malgré la gêne qu'il provoquait, ce mouvement a bénéficié d'une sympathie inhabituelle, sans doute parce que la population avait conscience des enjeux : la sécurité sociale, le service public.

Relativement aux objectifs initiaux, la victoire a été complète bien qu'éphémère : les régimes spéciaux de retraite n'ont pas été modifiés, les groupes de travail qui devaient élaborer des mesures d'alignement des régimes de maladie sur le régime général ont été annulés, le contrat de plan de l'Etat avec la SNCF a été renégocié ([110]).

Mais, dans leur mouvement, les grévistes posaient la revendication du retrait du plan Juppé, qui concernait tous les salariés puisque ce plan étendait aux régimes spéciaux les dispositions de la loi Balladur de 1993 sur le régime général de retraite.

---

110 - Beaucoup de grévistes cheminots, électriciens ou fonctionnaires, n'ont pas mesuré la portée de leur action et de ses résultats, car il s'agissait de l'ensemble de la protection sociale du secteur public et nationalisé. L'alignement des régimes particuliers sur le régime général allait supprimer le maintien du salaire en cas de maladie, d'accident, de maternité, etc. La grève l'a empêché.

Cependant, pour gagner l'abrogation de cette loi, il était nécessaire de mobiliser l'ensemble du secteur privé auquel elle s'appliquait, et de s'attaquer à son contenu par des revendications **offensives et concrètes** : par exemple, retour au calcul de la retraite sur les 10 meilleures années, suppression du délai des trois premiers jours de maladie non indemnisés, etc. Il était nécessaire d'y associer de façon plus offensive les revendications concernant le financement : extension des cotisations aux revenus financiers, règlement des cotisations en retard, etc.

La grève est restée celle des secteurs public et nationalisé, elle a rencontré une large sympathie populaire malgré la gêne durable qu'elle a provoquée. Ses objectifs revendicatifs spécifiques ont été atteints, elle a aussi bloqué provisoirement les projets d'alignement des retraites complémentaires par répartition, qui constituent une part importante des retraites du privé. Mais le retrait du plan Juppé et l'abrogation de la loi Balladur n'ont pas été obtenus.

Elle a cependant eu un effet politique considérable et imprévu : la majorité de gauche aux élections législatives de 1997. Chirac a dissous l'Assemblée, pensant que les élections lui donneraient une majorité plus large pour assumer la mise au pas qui lui paraissait nécessaire. C'était un mauvais calcul et le septennat s'est achevé par quatre années de « *cohabitation* » avec le gouvernement de la gauche plurielle.

3. Le gouvernement Jospin

3.1. Trahison ou double langage ?

Au XXIXe congrès, en décembre 1996, Robert Hue s'engageait à consulter les adhérents avant toute décision de participation à un gouvernement.

En mars, le Comité national du PCF définissait un « *socle* » programmatique préalable où figuraient la semaine de 35 heures puis 30 heures sans réduction de salaire, le SMIC à 8500 F. avec augmentation de 1500 F., le droit de veto sur l'emploi dans les entreprises, la « *renationalisation* » des banques et assurances, l'abrogation du plan Juppé sur la sécurité sociale, le quadruplement de l'impôt sur la fortune, la réduction de la fiscalité indirecte, la « *renégociation* » de Maastricht.

Et pourtant, après la dissolution de l'Assemblée nationale et la 1/2 victoire de la gauche plurielle aux élections législatives de juin 1987, une déclaration électorale commune ne parlait plus que d'un relèvement non chiffré des salaires, d'une loi-cadre sur les 35 heures, de l'arrêt des privatisations.

Après les élections, 15 propositions ont été communiquées à Lionel Jospin, qui les a rejetées. Les adhérents n'en ont pas été informés quand, consultés dans des assemblées informelles, ils se sont prononcés dans la confusion, sur un texte vague, pour la participation au gouvernement (qui s'est soldée par deux ministres, Jean-Claude Gaissot aux Transports, Marie-George Buffet aux Sports).

La grande affaire de ce gouvernement a été la réduction de la durée hebdomadaire de travail, de 39 heures (Mitterrand) à 35 heures.

L'imposer aux entreprises impliquait une mobilisation importante des salariés, et leur implication réelle et active dans la négociation, faute de quoi celle-ci aboutissait à des concessions « *donnant donnant* ».

De fait, la loi-cadre sur les 35 heures ne comportait pas d'obligation de création d'emplois et elle a été assortie de l'annualisation des heures supplémentaires, réclamée à grands cris par le patronat engagé dans le marché-roi. Ceci a d'ailleurs provoqué de nombreuses luttes revendicatives dont les résultats n'étaient pas au crédit du gouvernement.

Le parti communiste n'avait aucune prise réelle sur la politique sociale, brouillonne et régressive, de la majorité plurielle. Les emplois jeunes, précaires et sans garanties sociales, ont remplacé des emplois statutaires, les dépenses militaires ont été maintenues et les prestations sociales ont été diminuées.

Le ministre communiste des Transports, Gayssot, le seul qui ait un rôle déterminant, s'est trouvé d'emblée ligoté non seulement par les choix budgétaires du PS, mais surtout par les accords européens de l'Acte unique. Son discours d'opposition à l'ouverture du réseau ferroviaire aux compagnies privées et à la dénationalisation d'Air France, comme sa tentative d'utiliser les péages autoroutiers à l'entretien et la modernisation de l'ensemble du réseau, se sont heurtés à la menace de recours juridiques devant la Cour européenne. Il a dû sacrifier l'ingénierie publique sur l'autel de la concurrence.

La dénationalisation d'Air France et de France Télécom a été achevée par lui, ainsi que la privatisation de la Société des autoroutes du Sud de la France, et on a dit que le gouvernement Jospin de la gauche plurielle a plus dénationalisé que ceux de Balladur (1993-95) et Juppé (1995-97) réunis.

Et lors des élections présidentielles de 2002 et 2007, la marginalisation du Parti communiste est devenue une presque disparition.

3.2. Après l'échec de la majorité plurielle, victoire antilibérale

A l'élection présidentielle de 2002, la faiblesse du score du candidat communiste, Robert Hue (3,37%°), a été éclipsée par l'élimination de Lionel Jospin du 2ème tour, qui a laissé Chirac face à Le Pen.

L'échec de Lionel Jospin, qui était aussi celui du parti communiste, était en fin de compte l'échec final et sans appel de la politique du Programme commun, issue de la théorie du Capitalisme monopoliste d'Etat.

L'erreur chiraquienne de la dissolution de l'Assemblée nationale avait permis ce dernier sursaut de l'Union de la Gauche, le gouvernement de la Majorité plurielle.

Son échec a été lourd de conséquences.

La majorité « *UMP* », derrière Chirac puis Sarkozy, a eu le champ libre pour liquider les garanties sociales acquises depuis 50 ans, malgré le long mouvement de grève et de manifestation de 2003.

Cette politique implacable ajoutait les méfaits de la « *mondialisation libérale* », aux attentats et aux menaces terroristes à la suite du 11 septembre 2001, aux guerres en Palestine et dans l'ancien « *empire* » soviétique, aux dérèglements climatiques, à la hausse du prix du pétrole.

En France, contre Sarkhozy. le front syndical du refus, faute de luttes contraignantes, n'a pas pu empêcher la régression sociale générale du monde capitaliste.

Face au rebondissement de la crise économique et financière par l'effondrement des subprimes, le parti communiste n'était plus en mesure de mobiliser le prolétariat affaibli par les transferts massifs de production vers les pays de bas salaires dépourvus de protection.

Cependant, de fait, une majorité a refusé le projet de Constitution européenne qui aurait « *constitutionnalisé* » les options libérales. Le parti communiste a mené une campagne qui a d'abord entraîné les syndicats de la CGT à réagir et diffuser la justification du « *non* ». Il a réuni des foules imprévues, et la victoire du front du refus de la « *mondialisation libérale* » l'a revigoré.

La formation du Front de Gauche, le **retour de la combativité** lui ouvrent des perspectives de lutte, difficiles dans une situation bouleversée.

C'est un tournant qui peut être déterminant. La page ouverte par Maurice Thorez en 1947 est fermée.

Le débat sur les raisons du désastre est nécessaire. Les échecs des 90 années politiques dominées par l'expérience stalinienne, impliquent d'aller au bout de l'analyse de ce qu'elle a été et de ses rémanences, afin de pouvoir chercher dans la clarté les conditions de la reconstitution de la force marxiste.

Nous arrêterons donc là ce rappel historique pour tenter de préciser l'analyse critique.

CHAPITRE 15 (II)

La stratégie nationale du Parti communiste dérivée de la stratégie stalinienne

Le Parti communiste plonge ses racines à la fois dans les analystes marxistes telles qu'elles avaient imprégné les controverses de la IIe Internationale et du Parti ouvrier français, dans le mouvement révolutionnaire qui l'a profondément transformé lors des premières années de la IIIe Internationale (1919-1923), enfin dans la stratégie et l'idéologie stalinienne.

Le fil rouge de sa politique, depuis 1936, est le combat pour l'union de la gauche et la formation d'un gouvernement commun, étape vers le socialisme. Il s'est placé ainsi constamment en concurrence électorale avec le PS face à la droite, dans une alternance de phases sectaires et de périodes de coopération.

Et, dans le même temps, il a impulsé effectivement les luttes des salariés et d'autres couches populaires, par son implantation profonde dans la classe ouvrière, dans la CGT et dans d'autres organisations fondées sur une orientation de classe.

1. Une stratégie nationale vouée à l'échec...

Quelques chiffres qui traduisent d'emblée l'ampleur de l'échec, avant de passer à une analyse plus fondamentale.

Pourcentages de voix obtenues par le PC
aux élections législatives ou présidentielles :

1946 : **28,7 %**

1947 : **29,9 %**

1956 : **26 %** (*Front républicain*)

1958 : **18,9 %** (*De Gaulle*)

1967 : **22,5 %**

1968 : **20 %**

1969 : **21,4 %**

1973 : **21,3 %** (*signature du programme commun*)

1981 : **16,1 %** *(au moment où il atteignait son objectif : un gouvernement de gauche)*

1988 : **11,3 %** *(après la participation au gouvernement)*

1993 : **9,2 %**

1995 : **8,6 %**

1997 : **6,7 %** *présidentielle*

2002 : **3,4 %** *présidentielle*

2007 : **1,9 %** *présidentielle*

2012 : **11,1 %** (*Front de Gauche*)

Elections municipales :

1989 : **21 351 sièges** de conseillers municipaux perdus.

1995 : **14 925 sièges** de conseillers municipaux perdus.

En ce qui concerne d'autres pays, les échecs ont été similaires au Portugal, en Italie, en Espagne, en Suède. Les Fronts populaires ont été écrasés par l'armée en Espagne avant la guerre, au Mexique et au Chili depuis.

N.B. Ces chiffres concernent des élections présidentielles, législatives, européennes, très différentes tant par leurs objectifs concrets que par leur environnement politique (autres partis candidats, événements, etc.).

... une stratégie dérivée de la stratégie stalinienne

La stratégie initiale du Parti communiste français, né en 1920, la stratégie du Front unique, n'a duré que quatre années, pourtant riches de premières expériences et controverses qui pourraient servir aujourd'hui.

Puis elle a été corsetée par l'emprise stalinienne, après la mort de Lénine, en 1924.

Après l'élimination des responsables accusés de trotskisme, le Front populaire de 1936 a marqué toute une génération de militants confrontés bientôt aux épreuves de la Résistance.

Le Front populaire, la Résistance et l'expérience du gouvernement de la Libération ont constitué **la matrice du nouveau Parti communiste français**, doté dès lors d'une substantielle représentativité populaire et d'une idéologie propre.

Celle-ci, du « *passage pacifique au socialisme* » au « *programme commun d'union de la gauche* », s'est implantée d'autant plus facilement qu'elle renouait avec la culture et les controverses du Parti ouvrier avant 1914, tout en paraissant fidèle à la révolution soviétique et au « *marxisme-léninisme* ».

Mais souvenons-nous qu'elle était **le résultat de la mission confiée par Staline à Maurice Thorez** lors de son retour en France, dans la situation de la prédominance des forces communistes issues de la Résistance.

2. La stratégie et l'idéologie staliniennes initiales

Nous l'avons vu dans la première partie de cet ouvrage, la stratégie stalinienne était fondée sur cette formule « ***Construire le socialisme dans un seul pays*** ».

Nous allons d'abord en constater l'application stricte, selon les directives transmises par Maurice Thorez.

2.1. « Dans un seul pays »

Depuis 1926, « *la Révolution était terminée* ». Les autres partis devaient désormais concentrer leurs efforts sur la défense et l'aide du pays du socialisme, et donc de ses nouveaux alliés. Staline, recevant Maurice Thorez avant son retour en France, le lui a sans doute rappelé. « *Nous regardons la victoire du socialisme dans notre pays (...) comme la voie à suivre pour faire triompher la révolution prolétarienne dans les autres pays* ».

Le message a été transmis. La révolution n'était pas à l'ordre du jour en France, la mission primordiale du parti communiste était d'aider l'URSS. Il devait participer au gouvernement provisoire et faire progresser l'audience communiste en France et dans le monde. « *Un seul Etat, une seule armée, une seule police* »

Dans le rapport de forces initial, les ministres communistes avaient une certaine autonomie. Ils ont pu faire appliquer les exigences sociales du programme de la Résistance.

Mais le capital restait privé.

Ceci délimitait **le cadre de la nouvelle stratégie politique du Parti communiste**, intégrée au jeu politique de l'Etat républicain, dans le capitalisme.

A la compétition du système socialiste avec le capitalisme correspondait, en France, la compétition du parti communiste avec le parti socialiste.

Cette soumission du parti à la stratégie stalinienne de Construction du socialisme ne lui laissait d'autre perspective politique nationale crédible qu'une majorité parlementaire de gauche, pour une gestion du capitalisme, qu'il affirmait transitoire vers le socialisme, dont l'Union soviétique allait démontrer la supériorité.

Peu à peu, cette politique s'est imposée comme stratégie nationale, développée dans le cadre de la stratégie stalinienne mondiale.

Dans les phases pacifiques, elle était reconnue comme nouveau moyen d'accéder au socialisme. Dans les phases de tension internationale, l'unité avec le parti socialiste était mise sous le boisseau.

Cette stratégie nationale du parti communiste comporte donc la tache originelle de la théorie stalinienne, très au-delà d'une simple soumission conjoncturelle, au jour le jour.

Mais après la défaite de 1958, l'expérience gaulliste imposait de définir une voie politique concrète adaptée aux transformations du capitalisme monopolisé, dans le cadre de la « *déstalinisation* ».

2.2. « Construire le socialisme »

2.2.1. Le modèle de l'Etat du peuple entier

Qu'était ce socialisme, « *idéal* » du Parti communiste français ?

Nous avons vu que la nouvelle Constitution soviétique de 1936 définissait l'Etat soviétique comme ***Etat du peuple entier*** et non plus comme dictature du prolétariat. Staline, en la présentant, insistait sur l'union réalisée d'un nouveau prolétariat, d'une nouvelle paysannerie et de nouveaux intellectuels.

Cette nouvelle société ne portait plus les stigmates de la société capitaliste. toute exploitation de l'homme par l'homme était *supprimée, liquidée*. La lutte des classes y était terminée.

Nulle allusion à la disparition de « *l'asservissante subordination des individus à la division du travail et, avec elle, de l'opposition entre le travail intellectuel et le travail manuel* »([111]).

« *L'ordre socialiste* » de « *L'Etat du peuple entier* » était substitué à la nécessaire lutte des classes contre les stigmates de l'ancienne société, « *sous tous les rapports, économique, moral, intellectuel* ».

Le mot révolution était proscrit du discours communiste. Les démocraties populaires de l'après-guerre n'avaient plus besoin de révolution, l'Armée rouge la leur avait apportée, elles devenaient des Etats socialistes, sans dictature du prolétariat.

Le modèle de « *l'Etat du peuple entier* » a été inculqué aux communistes français comme à tous : le socialisme était une société idyllique instaurée une fois pour toutes, qui permettrait de développer les forces productives jusqu'à donner « *à chacun selon ses besoins* ». Un homme nouveau était né en URSS

---

111 - La société nouvelle, disait Marx, « *porte* ***les stigmates de l'ancienne société des flancs desquels elle est issue****, sous tous les rapports, économique, moral, intellectuel* ». Il citait « *l'asservissante subordination des individus à la division du travail, et avec elle, l'opposition entre le travail intellectuel et le travail manuel* » et l'inévitable inégalité des salaires, des niveaux de vie. Aujourd'hui, il y ajouterait sans doute les méthodes bureaucratiques, le racisme, l'emprise des *stigmates* culturels. Ceci signifiait que la Révolution, après avoir substitué une **base** économique socialisée à la propriété capitaliste, devait transformer profondément **la superstructure** politique et sociale, au cours d'une période de transition révolutionnaire qui « *ne peut être que la dictature révolutionnaire du prolétariat* », c'est-à-dire le pouvoir démocratique de la majorité, les travailleurs.

en a été l'héritier, défini par « *le pain, la justice, la liberté* ». Peu de communistes ont eu conscience de l'origine stalinienne de ce « *projet* ». Non pas parce que « *totalitariste* » évidemment, mais parce que empreint des idées qui ont orienté la politique stalinienne pour se démarquer de son image totalitaire.

Ce projet est fondé sur **l'obsession de contourner la nécessité de la révolution et de la dictature du prolétariat**.

Bien que bafouée, la démocratie, toute puissante, les remplaçait et « *devenait l'enjeu des luttes des classes* » (nous y reviendrons).

La naissance théorique de **l'Etat du peuple entier**, puis des démocraties populaires allaient y aider, en cantonnant la dictature du prolétariat aux premiers jours d'une révolution. Plus besoin de révolution d'ailleurs puisque l'Union soviétique avait pu exporter le socialisme dans les démocraties populaires .

L'union avec le parti socialiste allait permettre la conquête de la majorité parlementaire pour des réformes successives, ruptures progressives vers un démocratie véritable.

La première serait la prise de possession de l'appareil de production des monopoles suivant un « *seuil scientifique du nombre de nationalisations* ».

Puis, plus besoin de propriété collective des moyens de production, celle-ci sera « *mixte* ». Il suffira d'une dose de capitaux publics, et la démocratie pourra se saisir du mécanisme unique des monopoles et de l'Etat.

Ainsi, les derniers congrès ont précisé ce projet communiste, **une « *autre orientation de l'argent*** *donnant la priorité aux besoins* ».

Les idées staliniennes ont décidément la vie dure ! En contradiction avec toute l'expérience historique, (ce qui signifie : contrairement à toute la pensée marxiste), la tradition stalinienne professe que, comme il est dit maintenant, **le capitalisme peut être « *dépassé* » par un « ordre socialiste »**, un « *homme nouveau* », maintenant un « *nouveau type de développement humain* » et un « *nouvel âge de la démocratie* ».

Ces théories, sont issues du stalinisme. Elles le sont historiquement. Elles le sont aussi logiquement. Puisque la dictature du prolétariat s'était réduite à la prise du pouvoir par la bureaucratie stalinienne, puisque dorénavant l'Etat du peuple entier avait aboli les divisions en classes et leurs séquelles en Union soviétique, des circonstances particulières pouvaient installer le socialisme simplement par un compromis entre une majorité de gauche et les groupes capitalistes. Ces idées, ces analyses « *scientifiques* » n'ont apporté aucune avancée durable. Nous en sommes tous empreints, pourtant. Elles ont imprégné 90 années du mouvement révolutionnaire, on ne s'en débarrasse pas facilement !

Leur confrontation avec l'expérience en aura-t-elle enfin raison, après tant de dévouements et de réalisations ruinées, tant d'échecs, de crimes et de catastrophes ?

3. Le CME, et le passage au socialisme

Petit rappel. En contradiction avec le mouvement de 1968 dont il porte une responsabilité de l'échec politique, le parti communiste a tenté de saisir la chance que semblait lui offrir la théorie du Capitalisme monopoliste d'Etat.

Les principes de la stratégie définie, en 1945, par le Xe congrès, suivant les directives de Staline, n'avaient jamais été modifiés :

- la démocratie : « *la destruction de la dictature du capital ne peut se réaliser sans un élargissement considérable de la démocratie pour le peuple et sans une limitation de la liberté des exploiteurs* » : « *la démocratie est une création continue* »,
- l'unité avec le parti socialiste, poussée jusqu'à un projet de fusion en un seul « *parti ouvrier* ».

3.1. L'expérience de 1944

Ces principes correspondaient-ils au rapport des forces de 1944 ? Les communistes avaient fourni le plus lourd tribut à la Résistance. Ils disposaient d'une force militaire, les maquis FTP et les milices patriotiques. Leurs influence dans les Comités de Libération, leur représentativité, leur influence sur une partie de leurs alliés socialistes et progressistes faisaient espérer un grand pas politique. Mais pouvaient-ils gagner une épreuve de forces face aux armées alliées française, anglaise, américaine ?

A cette question posée ainsi, la réponse est évidente. Mais il était possible d'engager une mobilisation de masse ancrée sur le programme de la Résistance pour des transformations structurelles de la société et de l'appareil de production, au lieu d'une action gouvernementale limitée et perdue d'avance.

Or, la voie qui a été choisie a été de s'incorporer dans la reconstruction de l'Etat et de l'économie capitaliste sans contrepartie,

* l'ensemble des forces militaires de la Résistance ont été désarmées et dissoutes : une reddition sans condition ;
* les salariés ont été engagés à « *produire* », dans les conditions de l'exploitation capitaliste ;
* les nationalisations ont été effectuées dans des entreprises certes placées sous la tutelle de l'Etat, mais fondées sur la concurrence et la rentabilisation du capital ;
* au sein de l'effervescence culturelle issue de la Résistance, renaissaient la presse, le cinéma et l'édition tributaires du taux de profit.

Le front de lutte était démobilisé.

Dans le rapport de forces de la Libération, au lieu de ministres vite impuissants, au lieu de la participation à la reconstitution de la structure et du fonctionnement capitalistes, n'aurait il pas été possible d'agir pour des transformations économiques et sociales plus déterminantes en sauvegardant l'indépendance du parti et ses moyens de pression ?

3.2. Le CME

La banqueroute de 1947, le marché de dupes de 1956 et la défaite de 1958 l'ont démontré, la ligne politique du Parti communiste, définie en 1945 avec Staline ne progressait pas.

Or, en 1973, la conjoncture était favorable. Après la mobilisation et l'échec politique de 68, le parti socialiste était faible et malléable.

Selon la théorie du CME, élaborée en France comme en URSS, la concentration capitaliste atteignait son dernier stade avec la monopolisation. Elle menait donc l'économie dans « *l'antichambre du socialisme* » selon l'expression de Hilferding. La crise générale du capitalisme, annoncée par Staline, se préparait.

Il s'agissait de donner un contenu à la stratégie décidée à la Libération, 22 ans auparavant. **La démocratie** devait mener au socialisme par le Programme commun des partis communiste et socialiste :

* démocratie des nationalisations : participation ouvrière à la gestion, et conquête du *mécanisme unique* de l'Etat et des monopoles.

* démocratie de la conquête du pouvoir avec le PS, de réforme démocratique en réforme démocratique, « *pas à pas* ».

L'occasion du *mécanisme unique* entre l'Etat et les monopoles parvenus au bout de leur itinéraire, ouvrait la possibilité de construction démocratique d'un Etat et d'une société socialistes.

1. Les monopoles, face à la baisse du taux de profit, avaient besoin de l'intervention de l'Etat pour adjoindre à leurs financements l'investissement de capitaux publics *dévalorisés* ([112]). Ainsi se constituait entre eux et l'Etat un « *mécanisme unique* » d'adjonction de la plus value de capitaux publics « *dévalorisés* » au profit du capital privé des monopoles.
2. Le vote d'un programme commun de gouvernement avec le parti socialiste permettrait la nationalisation des monopoles et la prise en main du « *mécanisme unique* ». Les nouvelles directions des monopoles nationalisés, démocratisées, et le gouvernement de l'Etat pourraient travailler ensemble aux objectifs du programme commun.
3. L'obstacle de la mauvaise image de la dictature du prolétariat résultant des procès politiques, des massacres et déportations et de la répression des révoltes dans les démocraties populaires, serait levé par un fonctionnement démocratique « *à la*

112 - C'est-à-dire qu'ils ne réclamaient pas de profit, ou un profit réduit.

française » et un passage à ce socialisme démocratique, « *sans guerre civile* », « *sans étape autoritaire et centralisatrice* », par « *ruptures successives démocratiques* ».

4. La participation des travailleurs à la gestion des entreprises et services constituerait un progrès de la démocratie qui associerait la gestion de chaque entreprise à la réalisation des objectifs de toute la société.

3.3. La théorie du CME confrontée à l'expérience

3.3.1. Le CME n'était pas la phase ultime du capitalisme

Une théorie n'a de valeur que si elle est vérifiée par l'expérience.

Celle-ci reposait sur un postulat : le capitalisme était parvenu à sa phase finale, « *l'antichambre du socialisme* ». Les monopoles avaient besoin de l'intervention des Etats pour obtenir *le taux de profit maximum* ([113]).

Or, face à la crise et à l'inflation récurrente, l'élection de Ronald Reagan et de la majorité républicaine aux USA et celle de Margareth Thatcher au Royaume-Uni, largement financées par les monopoles, ont condamné l'intervention des Etats sur l'économie. La dérèglementation, la marchandisation de l'ensemble des productions et la restauration du libre-échange ont aboli de fait le « *Capitalisme monopoliste d'Etat* ». ([114]).

Le Capitalisme monopoliste d'Etat n'avait donc pas été la dernière phase du capitalisme, l'antichambre du socialisme. Le capitalisme libéral renaissait avec la « *révolution informationnelle* » et le développement des moyens de transport et de communication, plus libéral que jamais.

Le mécanisme unique([115]) des l'Etats et des monopoles n'existait plus, si tant est qu'il ait jamais existé.

---

113 - Noter **le caractère mécaniste, non dialectique, de cette théorie** : sa non-confrontation à l'expérience, l'intervention du profit au lieu du taux de profit, la baisse de celui-ci qui n'est pas tendancielle mais continue et inéluctable, le « mécanisme unique » lui-même.

114 - Or, ceci s'est produit au moment même où le programme commun de gouvernement accédait au pouvoir avec l'élection de François Mitterrand.
Effectivement, les premières réalisations du gouvernement Maurois en ont été l'application :
* nationalisation de banques et entreprises multinationales,
* durée hebdomadaire de travail portée de 40h à 39 h,
* âge de départ en retraite à taux plein porté de 65 à 60 ans,
* augmentation du Smic.
Ainsi, la stratégie des « *ruptures successives* », semblait celle du « *changement* » .... jusqu'à ce que le « *tournant ultra libéral* », puis Chirac et Sarkozy détruisent chacune de ces mesures, en même temps que la théorie qui les avait voulues.

115 - A ma connaissance, l'expression littérale du « *mécanisme unique* » n'apparaît pas dans le Traité sur le CME, bien qu'il y ait été décrit dans le premier chapitre. Par contre, cette expression revient constamment dans les textes écrits des discussions de la Section économique avec les responsables politiques.

Mais l'idéologie et les illusions inculquées dans cette période imprègnent encore les idées de beaucoup de communistes.

3.3.2. La notion de capital public dévalorisé est abusive

Le capital est valorisé quand, engagé dans la production, il est augmenté par la plus-value. La spéculation en bourse consiste à jouer sur l'augmentation future du capital par la plus-value. Souvent, le capitaliste emprunte à une banque en spéculant sur la plus-value à venir qui augmentera son capital et lui permettra de rembourser son emprunt avec un profit.

La capital est dévalorisé quand, par exemple, survient une crise qui arrête la production de plus value. Le capitaliste ne peut rembourser son emprunt. Des entreprises font faillite. Dans son ensemble, le capital est alors dévalorisé.

Dire analogiquement que le capital public est dévalorisé est abusif. En général, la plus value de ce travail permet l'auto-investissement et le paiement de l'intérêt des crédits.

Ce capital n'est pas valorisé sur le marché financier. Mais il n'est pas dévalorisé. Une nationalisation n'entraîne pas de destruction du capital, ni sa dévalorisation, mais son retrait de l'espace de valorisation.

L'assimilation de la non valorisation à une dévalorisation signifierait, par exemple, qu'une nationalisation comme celle de EDF serait analogue à une dévalorisation spéculative ou à une faillite !

D'ailleurs, le soutien du capital privé par le capital public est relativement ancien, notamment par les avantages fiscaux, les commandes publiques etc. Il s'agit plus ici d'une amplification que d'une caractéristique nouvelle annonciatrice d'une apocalypse. Le phénomène nouveau est l'organisation d'opérations conjointes telles que, par exemple, les prêts du crédit foncier associés aux prêts bancaires pour la construction de logements... Ceci n'a pas disparu quand le capital financier a désinvesti le secteur du cadre bâti.

3.3.3. Le « *seuil d'efficacité du nombre de nationalisations* »

Quelle proportion d'entreprises doivent être nationalisées pour obtenir un effet réel

* sur la démocratie

* sur le fonctionnement capitaliste ?

C'était la controverse de l'actualisation du programme commun : le nombre de nationalisations, la nationalisation des filiales.

Le Parti communiste a prétendu qu'il existait un seuil scientifique de la proportion d'entreprises nationalisées, nécessaire à leur effet économique.

Cette question n'a de sens que :

* si les entreprises nationalisées sont réellement gérées et dirigées démocratiquement par les salariés, ce dont on était fort loin,
* si leur fonctionnement s'insère dans un dispositif de définition des besoins, qui n'existait pas et n'était pas envisagé : le fonctionnement des entreprises était fondé sur le taux de profit, et non sur les besoins.

Il ne peut y avoir un tel seuil scientifique d'efficacité des nationalisations, car celle-ci dépend de la maîtrise de leur production en fonction des besoins et de leurs priorités, et de l'imbrication des productions en amont et en aval etc. bien avant leur nombre.

Le débat politique sur un seuil « *scientifique* » du nombre d'entreprises nationalisées a sombré dans la surenchère arbitraire des années 76-81.

Le véritable débat devrait porter sur la conception même de la nationalisation. Leur efficacité économique était-elle relative aux besoins ? ou aux finances ? ou à des objectifs précis (le plan) ? ou aux conditions de travail et de rémunération ?

Autrement dit, l'efficacité de la nationalisation et des décisions ultérieures dépend de la question de la propriété des entreprises (qui décide et à quel niveau et par quelle délégation ?), des attributs de cette propriété (quelle nature de direction : décision de programme de production ? de moyens ? de gestion comptable et financière ? de gestion du personnel ? de relation extérieures ? etc.) en fonction de l'évolution de la politique générale.

3.3.4. La gestion démocratique des entreprises

C'était l'objet de longues controverses entre CGT et CFDT, entre PSU (puis parti socialiste) et parti communiste : la « ***gestion démocratique*** » des entreprises nationalisées, et au delà de toutes les entreprises. Voire de l'Etat.

Le parti communiste et la CGT ont développé un vaste effort de formation. Dans les débats politiques, notamment lors des élections, il fallait démontrer que les communistes sont de meilleurs gestionnaires politiques et économiques.

La gestion proposée portait essentiellement sur la maximisation de la valeur ajoutée par unité de capital, Va / (C + V).

Ainsi, la théorie glissait de la lutte contre l'exploitation capitaliste, (c'est-à-dire contre la maximisation de <u>la plus-value par unité de salaire</u>), à l'action pour la meilleure gestion patronale (pour la maximisation de <u>la valeur ajoutée par unité de capital et de travail</u>). Quant à le satisfaction des besoins sociaux, il ne pouvait en être question sans planification générale.

Autrement dit, il n'était plus question de mettre en cause le capitalisme, le marché capitaliste fondé sur la taux de profit, c'est-à- dire sur l'exploitation des salariés.

L'idée se développait que le capitalisme au stade de sa monopolisation était mal géré et l'axe de la lutte était déplacé vers la gestion.

Et finalement, la dénationalisation est passée comme une lettre à la poste. Les communistes avaient organisé des pots de la nationalisation pour fêter cette victoire lors de chaque nationalisation. Ils n'ont pas pu organiser de lutte véritable lors des opérations inverses dans les deux décennies suivantes.

Non parce que la gestion aurait été défectueuse : les entreprises dénationalisées se portaient mieux en moyenne.

Mais leur statut d'entreprise nationalisée paraissait inutile, puisqu'elles restaient soumises aux aléas du marché au lieu des besoins sociaux. Et il fallait trouver de l'argent pour combler le déficit du Budget.

En conclusion,

* l'effondrement du parti communiste est la conséquence de sa soumission à la politique du parti socialiste, chaque fois que l'unité semblait réalisée.,
* et donc la conséquence de **la stratégie de contournement des exigences « *révolutionnaires* ».**

4. L'idéologie de la démocratie « but et moyen » (XXIIe congrès)

4.1. La démocratie abstraite, un alibi invoqué pour éviter le débat

La démocratie devient une abstraction irréalisable si on lui demande de transformer la société à elle seule et sans préalable. Car la démocratie est conditionnée par le mode de production....

« Constituant à la fois le but et le moyen du changement, la démocratie est devenue l'enjeu, le terrain de la lutte de classe ».

Cette phrase, leitmotiv des congrès suivants, est au centre de l'orientation du Parti communiste depuis 1979 (depuis l'illusion du mécanisme unique).

Or, dans le monde capitaliste, le pouvoir est fondé sur la propriété des moyens de production. Parce qu'elle néglige ce fait fondamental, **cette phrase qu'on voulait fondatrice n'a jamais rien pu fonder.**

1. L'étymologie du mot « démocratie » est : pouvoir du peuple.

Le pouvoir du peuple implique évidemment des formes d'exercice du pouvoir. Par exemple, l'élection de représentants, le vote des lois et décisions etc. Il exige aussi la participation de tout le peuple sans exclusive et à égalité.

La République démocratique semble réaliser ces objectifs. C'est en ce sens qu'elle a toujours été un objectif de luttes populaires dans lesquelles les marxistes se ont impliqués sans réserve.

Mais les auteurs de cette phrase « *fondamentale* » semblent oublier qu'un peuple est constitué de **classes sociales**. Or ces classes sociales ne se définissent pas du plus riche au moins riche sur l'échelle continue des revenus. Notamment, la notion ressassée et passe-partout de classe moyenne n'a pas de sens. Elle n'est définie que relativement à une moyenne statistique, sans délimitation ni différence essentielle (ce qui fonderait la lutte des classes sur la jalousie !)

Les classes sociales ne peuvent être définies que par la propriété des moyens de production qui donne le pouvoir. Les prolétaires ne possèdent pas leur moyen de production, il ne disposent que de leur force de travail. Les paysans possèdent leur terre et leurs instruments, les artisans leur atelier et leurs outils. Les capitalistes, eux, possèdent les moyens **collectifs** de production : les industriels, les propriétaires fonciers, les financiers, les grands commerçants possèdent le capital sous des formes qui se conjuguent et se métamorphosent pour produire la « *richesse* » et engendrer la domination.

Les ressortissants des classes sociales ainsi définies ne sont donc pas égaux face au pouvoir.

Notamment, la classe capitaliste possède directement ou indirectement, les moyens d'information et de culture qui conditionnent les appréciations « *du peuple* » sur tout ce qui constitue le pouvoir. Ce fait fausse donc complètement la démocratie en instituant l'idéologie dominante.

Le mot démocratie est pure abstraction trompeuse si on ne tient pas compte de cette circonstance fondamentale qui, non seulement oppose la démocratie au totalitarisme, mais explique le pouvoir capitaliste.

Ce n'est pas par hasard si Marx, quand il a parlé de la société enfantée par une révolution, a insisté sur les stigmates de l'ancienne société, au premier rang desquels il plaçait « *l'asservissante subordination des individus à la division du travail, à l'opposition entre le travail intellectuel et le travail manuel* ». Car la démocratie exige le partage total du savoir, c'est-à-dire de l'information et de la capacité de comprendre, de concevoir, de choisir et de décider, (c'est-à-dire … les attributs de la propriété !)

La démocratie n'est ni l'enjeu ni le terrain des luttes de classe. Elle est conditionnée a priori par la division de la société en classes. Elle est conditionnée dès le départ de chaque vie par la propriété privée des supports de l'idéologie dominante. L'enjeu et le terrain de la lutte des classes sont là, dans la propriété capitaliste des moyens de production des biens de consommation et des moyens de comprendre, de penser, de créer ([116]).

Tant que les moyens de la production des supports de l'idéologie dominante, livres, journaux et publications, radio et télévision, Internet, école, resteront propriété

116 - Il serait trop long de prendre en compte ici la question de la conquête de savoirs par l'exercice même de la lutte, que l'on constate chez tant de militants.

capitaliste, la démocratie restera entravée par l'impossibilité d'information objective et de libre débat à égalité de moyens.

2. La démocratie n'est pas « *le moyen du changement* ». Car elle ne permet ni par elle-même, ni par son exercice, de changer de propriétaire des moyens de production.

La lutte des classes peut créer une situation de changement démocratique. La lutte des classes doit aussi être faite de décisions démocratiques des travailleurs. Mais c'est la lutte qui est génitrice du « *changement* ».

La démocratie est une **condition de l'efficacité de la lutte**, elle n'est pas le moyen du changement. Le changement, que ce soit par petits bouts ou par un bond, ne viendra pas de « *décisions démocratiques* » mais de la lutte, plus ou moins efficace.

L'efficacité de la lutte dépend de l'engagement conscient des travailleurs au delà de votes délégataires. Mais c'est la lutte efficace qui produit le « *changement* ».

L'histoire a montré, effectivement, que lors de tout changement de société, même les moins fondamentaux, ce n'est pas la décision de votes démocratiques mais le rapport de forces qui est déterminant. Les conquêtes sociales ont été acquises par des grèves et d'autres luttes sociales à leur mesure.

3. La démocratie n'est le « *but du changement* » qu'à condition de donner à ce mot un sens très au delà du sens commun, ce que ne disent ni cette phrase ni les textes qui en sont dérivés dans les résolutions des congrès.

« *La démocratie elle-même est encore à cent coudées au dessus d'une démocratisme de cette sorte* », écrivait Marx en opposant la démocratie de la dictature du prolétariat à la république démocratique.

La démocratie ne peut être « *le but du changement* » que si ce mot signifie la lutte pour l'abolition des stigmates économiques, moraux et intellectuels du capitalisme, donc en priorité l'abolition réelle de la propriété capitaliste et de l'opposition entre travail intellectuel et travail manuel, que ce soit par bouts ou par un bond,

4.2 . Les congrès du Parti communiste la démocratie et la propriété des moyens de production

Chaque congrès, depuis le XXIIe jusqu'au XXIXe, précisait cette orientation qui, en somme, donnait un contenu à la stratégie et l'idéologie de Staline, transmise par Maurice Thorez en 1945.

Le XXIIIe :

« *Chaque droit, chaque liberté, chaque avantage démocratique conquis, conservé, développé, c'est un privilège de moins pour les capitalistes* ».

« *La voie démocratique est bien la voie de la lutte (...) pour modifier toujours plus le rapport des forces sociales et politiques au profit des travailleurs, de toutes les couches populaires* ».

« *Plutôt que de se placer dans la perspective d'une rupture du type de celle de la révolution d'octobre, il faut envisager un processus de rupture, une suite de luttes de masses imposant* ***des transformations démocratiques toujours plus poussées*** *qui créeront les conditions d'un passage au socialisme constituant lui-même l'expression la plus achevée de cette démocratisation* ».

« *Nous proposons la voie la plus rapide et la plus efficace. C'est dans l'action quotidienne,* ***dans les conquêtes démocratiques diverses (...) que se construiront pas à pas les conditions de l'union, des changements et des succès électoraux qu'elles impliquent*** ». (souligné par nous).

On ne peut pas dire que l'histoire ait vérifié cette affirmation du XXIIIe Congrès de juin 1979 ! Les délocalisations et les investissement à l'étranger sont facilement venus à bout de telles prétentions fantasmatiques.

Alors que quatre ministres communistes participaient au gouvernement d'union de la gauche, en 1982, le XXIVe congrès précisait ce que la direction du parti entend par **réforme démocratique** :

> « *démocratiser le secteur public et les entreprises nationalisées, y assurer des possibilités d'intervention des travailleurs à tous les niveaux, (...)*
>
> « *casser les pouvoirs de l'argent par la démocratisation du crédit, la réforme du financement et de la distribution, (...)*
>
> « *les travailleurs doivent disposer de droits nouveaux, autogestionnaires, dans l'entreprise, (...)*
>
> « *démocratiser la vie politique, (...), ouvrir aux travailleurs l'accès à tous les niveaux des fonctions dirigeantes,*
>
> « *instituer la représentation proportionnelle pour toutes les élections, élargir les prérogatives du Parlement,*
>
> « *rendre l'information pluraliste et honnête,*
>
> « *la décentralisation de l'Etat est une réforme essentielle, qui doit permettre de résoudre les problèmes avec les intéressés (...)* »

Tout cela devenait donc possible. Le crédit pourrait être démocratisé avec des banques capitalistes, l'autogestion des entreprises serait possible sans propriété collective, l'information pourrait être honnête sans détruire les liens des groupes de presse et des médias privées avec le capital...

Une grande campagne était lancée pour les « *nouveaux critères de gestion des entreprises* » qui devenaient l'objet principal des écoles du parti.

Ce même XXIVe congrès affirmait sans sourciller :

« *Chaque communiste doit en avoir la claire conscience :* ***pour la première fois en France****, le socialisme est à l'ordre du jour, non comme une perspective lointaine et dès lors abstraite, mais comme la réponse concrète qu'appellent les problèmes de notre société* ». Quelle démagogie !

Le XXVIIIe congrès de 1994 a poussé plus loin les abandons. C'est lui qui a consacré l'idée de « ***dépassement du capitalisme*** ». apparue au XXVIe congrès. Il précisait :

* « *cela n'implique en rien la disparition de l'initiative privée et d'un secteur économique privé, mais d'établir une* ***mixité*** *à prédominance sociale* »,

* « *c'est d'abord cela qu'il faut changer dans toute la société, dans les entreprises et la vie publique, ouvrir toutes grandes les portes et les fenêtres à la démocratie* »...

* La révolution est devenue le « *dépassement du capitalisme* ».

Le Préambule des statuts du parti a été modifié, pour supprimer :

- la référence au « *marxisme-léninisme* » et à la classe ouvrière,
- la définition du « *but fondamental* » du parti communiste : « *la transformation de la société capitaliste en société collectiviste et communiste, société fraternelle sans exploiteurs ni exploités* »,
- la référence à la « *dictature du prolétariat qui assure la démocratie la plus large* »,
- le mot d'ordre : « *Prolétaires de tous les pays, unissez-vous !* »,
- le principe du « *centralisme démocratique* » qui, certes, n'avait jamais été appliqué depuis 1925.

Cette évolution vers l'idéologie dominante a accompagné le déclin du Parti communiste, sans pouvoir l'enrayer.

5. La lutte des classes

L'histoire du Parti communiste français a été marquée, même pendant son déclin, par de grandes luttes de masses : outre la Résistance, ses morts, ses tortures et ses souffrances indicibles, les grèves de 1936, 1947, 1953, 1968, 1974, 1995, 2003, et de très nombreuses luttes plus sectorielles ou plus ponctuelles mais tout aussi déterminées.

Il est resté le parti de la classe ouvrière (au sens large de ce concept couvrant maintenant presque tous les salariés), c'est-à-dire celui qui dirige ses luttes, ce qui ne se mesure pas seulement en nombre d'électeurs.

Il l'était devenu par la pratique de lutte de classes de ses militants. Une symbiose dialectique s'est développée entre lui et des adhérents de la CGT, de la FEN (devenue FSU), et d'autres mouvements : adhésions au parti, incitation à agir, direction de l'action...

Sa solidarité internationale n'a pas été un vain mot, si entachée de pacifisme qu'elle ait pu être : après l'aide aux communistes allemands et les brigades internationales en Espagne, les communistes ont lutté pour empêcher et faire cesser la guerre française au Viet Nam, puis pour soutenir les combattants vietnamiens contre les USA. Ils ont agi longuement pour la paix en Algérie, malgré la répression. Ils ont aidé Cuba, pris position pour les Palestiniens, lutté pour la fin de la guerre américaine au Viêt Nam.

Mais, dès 1926, ces luttes ont été encadrées par l'objectif prioritaire de la construction du socialisme dans un seul pays, qui rejetait à un avenir indéterminé la lutte des classes ouvrières des pays restés capitalistes pour socialiser la production, et fonder une société socialiste. Souvenons-nous du « *il faut savoir arrêter une grève* » de 1936, du désarmement des FTP en 1945, des pouvoirs spéciaux en 1956, de la schizophrénie du parti en 1968, de son entrée sans garantie dans les gouvernements Mitterrand-Maurois et Jospin, de sa gestation du « *mécanisme* » unique du CME, enfin, de *la démocratie but et moyen.*

Plus il voulait rassurer les électeurs en proposant une voie progressive fondée sur des réformes démocratiques, plus se répandait le scepticisme.

CHAPITRE 16 (II)

Réformisme ou révolution ?

Le mouvement ouvrier était, dès l'origine, partagé entre réformistes et révolutionnaires.

Le réformisme, c'est quoi ? C'est une politique qui vise à réformer le capitalisme et le **transformer progressivement** en socialisme.

Une révolution, pour Marx et les marxistes, ce n'est cependant ni un bain de sang, ni le « *grand soir* », ni la prise du pouvoir par une minorité populaire armée,

c'est **le renversement** de la propriété capitaliste, de la domination de la classe capitaliste.

Ils estimaient que ceci n'est possible que dans une courte période décisive de changement de base économique et sociale, **suivie** d'une longue « *période de transformation révolutionnaire* » de la société héritée du capitalisme en une autre société, réellement démocratique, où, après l'appropriation privée de la plus-value, disparaîtraient les inégalités, la bureaucratie et la subordination du travail manuel au travail intellectuel.

Les expériences historiques de ces révolutions ont toutes été marquées par des heurts violents entre les masses révolutionnaires et les forces armées du pouvoir en place. Mais des évolutions semblaient ouvrir la perspective d'affrontements moins coûteux en souffrances et en vies. C'est pourtant le reflux des forces révolutionnaires qui a dominé l'entre-deux siècles.

1. Les textes que nous venons de lire préconisent la réforme du capitalisme : on appelle cela réformisme

Des « ***transformations démocratiques toujours plus poussées » de la société capitaliste*** seraient le **moyen** d'accéder progressivement, « *pas à pas* », à une société nouvelle, sans renverser la propriété de la classe capitaliste.

Chaque réforme serait « *un point d'appui* » pour de nouvelles avancées démocratiques, vers le « *socialisme à la française* »... devenu « *le nouveau type de développement humain* ».

Il n'y aurait plus d'opposition fondamentale entre société capitaliste et société socialiste : l'une pourrait se transformer en l'autre par les réformes démocratiques. « *Le socialisme commence aujourd'hui* » !

Autrement dit, il suffirait de convaincre peu à peu la majorité des électeurs d'opter pour une société sans exploitation de l'homme par l'homme. Le sous-développement, les crises économiques, les tentatives de destruction des conquêtes sociales ne résulteraient pas de l'action du moteur taux de profit au lieu des besoins sociaux. Il ne serait donc pas question de socialiser la propriété des moyens de production et de financement. Il suffirait de démocratiser, pas à pas, de réforme en réforme, pour que la majorité l'emporte et que l'exploitation et la domination disparaissent.

Or, tant que la base économique restera la même, tant que la propriété des moyens de production restera privée, avec ou sans mixité, **tant que le taux de profit restera en conséquence le moteur de l'économie**, les salariés n'auront pas de véritables pouvoirs, et chaque revendication ne sera acquise que par des luttes acerbes.

Cette espérance séculaire, dite réformiste, reportée de défaite en défaite, repose sur une première illusion : les élections ne peuvent être démocratiques tant que subsiste une idéologie dominante liée à la propriété des moyens d'information et de culture. L'idéologie pourrait-elle être « *pluraliste et honnête* » tant que soumise à des intérêts privés, tant que ses supports, sa conception et sa diffusion restent l'apanage d'entreprises capitalistes ? Pourrait-elle être « *moins* » dominante, le pouvoir de l'argent pourrait-il y être « *moindre* », sans expropriation ?

Et cette nouvelle démocratie-là, c'est-à-dire ces réformes démocratiques, peuvent-elles être adoptées par la démocratie actuelle, soumise et faussée ? Le patronat et le capital financier se soumettront-ils, quelle que soit l'issue des élections, ainsi que l'armée, la police et, en bloc, les services de l'Etat et des Collectivités ? Où et quand se sont-ils soumis à un gouvernement susceptible de réformes fondamentales ?

La politique du programme commun nous a été présentée comme une voie nouvelle. Depuis, durant ces quarante années, **l'enchaînement de réformes démocratiques, préconisé par 11 congrès successifs a totalement et toujours échoué. Le résultat aujourd'hui est, au contraire, une dramatique régression de la société.**

Et de fait, lors de situations très favorables (1944, 1956, 1968, 1981, 1995), **cette politique, bien que génératrice des progrès sociaux, a plongé le Parti communiste dans le désastre**.

2. Marx, la démocratie et les communistes

Marx était « *révolutionnaire* ». Mais le mot révolution a désigné des mutations politiques différentes.

La forme républicaine et démocratique de l'Etat (constitution, loi électorale, etc.) a toujours été objet de lutte pour les communistes. Pouvaient-ils être indifférents au débat sur le scrutin proportionnel ou majoritaire, au partage des sièges dans les conseils municipaux, à la revendication d'élection directe des conseils communautaires ou de district etc. ? La présidentialisation reste une très grave régression de la démocratie, le projet de création des Métropoles le serait aussi.

Oui, les objectifs démocratiques de la lutte sont bien essentiels.

Marx insistait déjà sur la revendication de république démocratique, ou plus démocratique, mais pour développer la lutte. C'est « *sous cette forme étatique* », disait-il dans la Critique du programme de Gotha, « *que se livrera la suprême bataille entre les classes* ». Il est temps de revenir à cette conception.

Certes, pour Marx, chaque victoire est bien un point d'appui ». Mais **pas pour transformer la société capitaliste par injections successives de démocratie !** La lutte pour plus de démocratie est nécessaire et fondamentale pour développer la conscience de classe, amplifier et étendre le combat : chaque victoire est un point d'appui parce que facteur de confiance dans l'action et la transformation.

Ainsi, pour les marxistes, la démocratie est une condition favorable de la lutte pour le socialisme. Elle n'est pas le moyen d'atteindre le socialisme : ce moyen est la lutte des classes.

Dans son projet de passage au socialisme, le PCF a substitué la démocratie à la lutte des classes. Il a voulu que la démocratie réussisse ce que le peuple ne pouvait pas encore atteindre par la lutte des classes.

Un enchaînement de réformes instaurées par une majorité parlementaire esquivait la question de la propriété privée ou publique des moyens de production et de financement.

3. Le « dépassement du capitalisme »

3.1. Depuis 1994

il n'a plus guère été question que de « *dépassement du capitalisme* » dans les textes du parti communiste.

Auparavant, certes, il employait rarement le mot révolution comme son objectif, mais elle était inscrite dans ses statuts. En 1994, soudain, le XXVIIIe congrès l'a remplacée par « *le dépassement du capitalisme* ».

Selon la motivation officielle de cette nouveauté, les communistes ne voulaient pas « *changer d'en haut les conditions économiques et matérielles de la société selon des critères prédéterminés* », mais des réformes successives au rythme voulu par la population.

Nous avons vu que **le même congrès**, avait voté comme un seul homme une nouvelle « *démarche stratégique de grande portée et de longue haleine* », « *un processus devant déboucher sur un changement de gouvernement : le « Pacte unitaire pour le progrès »*

(PUP). Elle devait amener les formations politiques à « *se situer* » par rapport aux exigences des citoyens.

Et Robert Hue s'engageait à consulter les adhérents avant toute décision de participation à un gouvernement.

En mars, le Comité national définissait un important « *socle programmatique* », résultat de ce PUP. Après la victoire de la gauche plurielle aux élections législatives de juin 1987, les adhérents ont encore voté 15 propositions, conditions de participation au gouvernement. Lionel Jospin les a rejetées, et ... plus de PUP, ni de socle, ni de propositions ! Deux ministres communistes ont été nommés.

Ainsi, à la première occasion d'élaboration politique par les électeurs et de consultation des adhérents, cette réforme démocratique du comportement du parti lui-même n'a jamais été appliquée. **Tout simplement parce qu'elle est impossible**.

3.2. Une démarche impossible et nuisible

« *C'est en ce sens,* disait le XXXe congrès, *que nous parlons de dépassement du capitalisme pour caractériser cette conception neuve de la révolution* ». Il précisait :

« *Dépassement n'est pas adaptation : il ne s'agit en rien d'en rabattre sur l'objectif, qui est de passer à une autre organisation sociale. Mais il n'est pas non plus « abolition » brusque, par décret, dont l'histoire à montré qu'elle ne prémunit ni contre les tares de l'ordre ancien, ni même contre sa restauration. Le terme* ***« dépassement » correspond à la conception d'un processus de transformation de la société dont le rythme, la durée dépendent du peuple****, qui permette de mettre en cause, jusqu'à les supprimer, l'exploitation, l'aliénation, les dominations, non pas en faisant table rase de la société actuelle, mais en s'appuyant, dans ce combat, sur le développement des acquis, besoins, potentiels de cette société.* ***Nul ne peut prétendre définir à l'avance les constructions politiques et les ruptures*** *par lesquelles cette transformation socialiste s'effectue, au rythme des luttes et des votes du peuple.* » (souligné par nous)

Depuis plus de 14 ans, cette démarche n'a pas eu le plus petit commencement, ce processus de transformation n'a pas eu le moindre écho.

Cette démarche est impossible parce que le peuple ne peut décider sans concrétisation des idées qui courent, sans modalités de choix, sans proposition, sans information, sans débat, sans organisation de l'action, sans unité entre organisations, c'est-à-dire sans théorie, sans réflexion sur une expérience et sans programme, etc. Il ne peut agir de cette façon spontanée et dispersée.

N'importe quel militant sait comme il est difficile, dans notre société, de combattre l'idéologie dominante et de mener une lutte dans de multiples entreprises en de multiples lieux, contre l'exploitation de plus en plus complexe. **Et il faudrait supprimer l'exploitation par petits bouts, sans mettre en cause sa cohérence, la propriété qui la fonde**. Il faudrait soustraire au hasard et petit à petit les entreprises au taux de profit, un petit peu et puis un peu plus, au sein de la concurrence internationale, discuter pas à pas avec les actionnaires et les groupes financiers.

1. Non, la spontanéité de la lutte de classes n'existe pas. Ce qui peut exister, c'est une dialectique de la spontanéité et de l'organisation.
2. Et le capitalisme est une réalité **cohérente** qui repose partout sur la concurrence de multiples entreprises en guerres multiples et néanmoins cohérentes. **Chaque revendication importante met en cause cette cohérence et implique une lutte cohérente**.
3. Le capitalisme combat chaque progrès obtenu en nivelant par le bas sous prétexte d'injustice, par exemple la réduction de la journée de travail française ou les garanties statutaires acquises dans le secteur public. **La lutte des classes exige la solidarité et l'organisation** autant que la démocratie.

Il n'est pas possible de tout gagner et d'un seul coup, mais il est indispensable de s'attaquer à la cohérence qui fait la force du capitalisme. Les masses se mobilisent quand elles constatent la mise en cause de cette cohérence qui ouvre la perspective d'une possible victoire décisive.

Cette démarche est nocive, parce que ces balivernes ne peuvent qu'engendrer l'attente, la division, la démobilisation et les révoltes stériles.

Or, il n'a pas été possible, lors de ce XXXe congrès, de discuter vraiment et librement (c'est-à-dire sans pression hiérarchique de l'appareil) la validité de cette esquive, qui a « *accompagné* » sinon précipité le déclin du parti communiste.

Réfléchissons, a contrario, à l'organisation de la grève en 1968 et 1936 (Cf. Infra, chapitres 9 et 12 et in *De l'indignation à la révolution*).

Il n'est pas question de refuser les étapes. Chaque victoire permet la prise de conscience de l'efficacité de la lutte.

Il est question, à chaque étape, de prendre en compte le nœud de tout changement de société : la propriété des moyens de production, et le moteur du capitalisme : le taux de profit.

Pouvoir en débattre sans pression est bien le moins que puissent demander les militants communistes, au bout de l'échec d'un siècle de luttes de classes, ponctuées de souffrances inutiles imposées à tant d'eux.

4. L'alternance de phases sectaires et unitaires

4.1. Similitude ou soumission à la politique soviétique ?

Nous avons pu observer, dans le rappel historique de l'emprise du stalinisme sur le PCF, une alternance de périodes d'isolement sectaire et d'ouverture, comme dans l'histoire du stalinisme soviétique.

Selon les rapports de forces, le parti socialiste devenait tour à tour l'ennemi, parfois jusqu'à l'injure (les social-fascistes, « *la bande des trois* ») ou l'allié, parfois jusqu'à l'identification (« *le PS a changé* »).

La stratégie soviétique de compétition avec le capitalisme plaçait aussi le *système socialiste* dans une succession de phases de tension et de coopération.

Cependant, la soumission du parti français à la compétition du *système socialiste* avec le capitalisme n'a pas reproduit à l'identique cette alternance déroutante de phases opportunistes et sectaires, selon la thèse de soumission du parti français, que défendent beaucoup d'ouvrages, dont l'histoire intérieure du Parti communiste de Philippe Robrieux.

Car du moins après 1955, **l'imprégnation des orientations et décisions du parti français par l'idéologie stalinienne a été certainement beaucoup plus déterminante que les objurgations soviétiques.**

Dès 1936, l'expérience du Front populaire donnait une première réponse spécifique à la contradiction entre la réalité de la lutte des classes en France et les compromis de l'Internationale stalinienne.

Certes, elle a été dictée au départ par les directives du Komintern. Sa filiation ne fait aucun doute. Mais son développement ultérieur relativement autonome dans la situation politique française ne fait aucun doute non plus.

L'alternance des phases sectaires et opportunistes en France a d'ailleurs été décalée par rapport à celle de la politique soviétique, et souvent en situation de gêne mutuelle et même de conflit larvé.

Le pacte germano-soviétique a plongé les communistes dans un marasme destructeur, mais l'entrée en Résistance, collective ou personnelle, de beaucoup d'entre eux a précédé l'invasion nazie de l'Union soviétique. Le programme de la Résistance a aussi été une initiative originale que le PCUS s'est bien gardé de diffuser dans son camp. L'accord de Yalta excluait toute tentative de « *passage au socialisme* » en France, mais le parti français n'a cessé de chercher une « *voie française* ». La rupture de 1947 a coïncidé avec le début de la guerre froide, mais elle était provoquée par l'exclusion des ministres communistes du gouvernement, Staline a dû les mettre au pas alors qu'ils espéraient y revenir.

Après la mort de Staline, quand le contrôle soviétique s'est quelque peu relâché, Maurice Thorez a résisté plusieurs années aux tentatives réformatrices de Khrouchtchev. De même, après 1973, le PCF a poursuivi contre vents et marées la politique du programme commun pourtant suspecte aux yeux du PCUS de Brejnev.

4.2. De l'opportunisme au sectarisme et inversement

En dernière analyse, le rapport le plus important entre la stratégie internationale de compétition pacifique et la stratégie nationale de compétition entre partis communiste et socialiste est qu'elles **acceptent toutes deux *de facto* le capitalisme**, en se plaçant tour à tour, par rapport à lui, dans une position de combat ou de coopération-gestion.

L'échec des phases de coopération les a transmutées en phases d'isolement plus ou moins sectaire. Inversement, les phases sectaires gardaient en point de mire la reconstitution de l'unité.

Il s'agit bien d'une seule et même politique, dans **un mouvement de balancier déroutant**.

* Dans les périodes d'isolement (ci-dessous, colonne de gauche), les luttes politiques n'avaient plus de perspective d'avenir. Les échecs désarmaient les masses. Les actions minoritaires, voire les diatribes grossières discréditaient le parti communiste. Mais ensuite, la dialectique des luttes revendicatives et de l'unité à la base reconstituait peu à peu une perspective de changement. Dans le même temps, la soumission du parti socialiste aux exigences du capital le confrontait au mécontentement de son électorat, ce qui facilitait un rapprochement. Le balancier revenait vers des positions plus unitaires.

* Dans chaque période unitaire (colonne de droite), l'espérance donnait d'abord un essor au rassemblement et au mouvement des forces populaires. Mais le freinage des luttes revendicatives et l'échec conduisaient inéluctablement à la désaffectation et à la rupture de l'unité.

* Par trois fois, l'essor de la combativité a cependant débouché sur des luttes exceptionnelles qui ont provoqué des situations de crise que nous avons qualifiées de prérévolutionnaires. Ces trois expériences ont engrangé des conquêtes sociales considérables. Mais le Parti communiste, fermé sur son plan d'action, n'a pas pu en tirer de profit politique ; au contraire, sa régression a été catastrophique.

1924-1936. « *Classe contre classe* ». Elimination de Souvarine. Actions minoritaires, bluff, nouveaux statuts éliminant les minorités. Exclusions. Groupe Barbé Célor, campagnes contre les « *social-fascistes* », chute de l'effectif, reculs électoraux. Fusion des manifestations antifascistes de 1934.	1936-1938. Front populaire, grève générale, conquêtes sociales considérables. Mais « *Il faut savoir terminer une grève* ». Refus des socialistes de s'engager dans la guerre d'Espagne, rupture du front populaire. L'Anschluss, Munich, isolement du Parti communiste.
1939-1941. Pacte germano soviétique, Non validation de l'appel Tillon à la résistance (17 juin 1939) par le Parti communiste, mais luttes revendicatives très dures, qui se politisaient progressivement jusqu'à la grève armée.	1941-1944. Résistance communiste; lutte clandestine héroïque, programme anticapitaliste du Conseil national de la Résistance, participation majoritaire des communistes aux luttes armées populaires de la Libération .

A la Libération, situation de double pouvoir, adhésions.

1944-1945. Participation communiste au gouvernement, apogée de la force du parti et de sa représentativité électorale, réformes sociales. Mais la priorité est donnée à la reconstruction, les luttes revendicatives sont freinées, le capitalisme se rétablit. Première chute électorale, éviction du gouvernement, grève de 1947, scission syndicale, échec et reflux.

1947-1952. Guerre froide, chasse aux titistes, repli sectaire. Isolement du parti contre le plan Marshall, luttes minoritaires. Guerre du Viet Nam, répression en Algérie, au Maroc, en Tunisie. Théorie de la paupérisation absolue. Manifestation « *Ridgway go home* », arrestation de responsables communistes.

1953-1958. Grève d'août 1953, comités d'unité d'action. Gouvernement Mendès France, guerre d'Algérie, front républicain de 1956 et succès électoral. Trahison de Guy Mollet en Algérie, détérioration politique et sociale jusqu'au putsch de 1958. Recours à De Gaulle, référendum, effondrement : 80 % de « *oui* ».

1958-1964. Isolement du parti communiste, résistance à la déstalinisation, à « *l'ouverture* » krouchtchévienne. Opposition au pouvoir des monopoles, lutte contre la guerre d'Algérie, grèves, manifestation, répression. Le PS passe dans l'opposition.

1965-1968. Candidature commune de F. Mitterrand à la présidence de la République. Accord revendicatif CGT-CFDT, luttes unitaires de plus en plus massives et politisées. Solidarité au Viêt Nam

1968, révolte étudiante, la CGT organise la grève générale avec occupation, aspirations politiques, mais le parti communiste n'y donne qu'une issue revendicative. Avancées revendicatives mais échec politique.

1968-1971. Sectarisme anti-gauchiste. Effondrement du PS en1969, reconstitué par F. Mitterrand en 1971. Au BP, la ligne sectaire de G. Marchais l'emporte sur celle de W. Rochet malade.

1972-1975. Signature du programme commun. Non publication du rapport de G. Marchais au Comité Central, coopération électorale démente avec le PS dédouané et renforcé.

1975-1981. « *Querelle* » de l'actualisation du programme commun, surenchères, rupture, fin de l'unité. En 1978, échec électoral. Entraves à l'unité, grèves minoritaires. Premier effondrement le 8 mai 1981 confirmé le 24 mai.

1981-1984. Participation du Parti communiste au gouvernement. Il substitue « *l'intervention des travailleurs dans la gestion* » aux grèves et luttes revendicatives. Aggravation de son effondrement électoral

1984-1993. Le PCF ne participe pas au gouvernement Fabius. La dérive réformiste et sectaire dans les élections européennes ne favorise pas la remontée souhaitée. Echec général de la politique dite de gauche aux élections de 1993. Présidence de Chirac. La droite au gouvernement dénationalise et dérèglemente.

Novembre 1995, grève massive contre les réformes des retraites et de la Sécurité sociale. 1997, majorité de gauche. Participation communiste au gouvernement sur la base d'une déclaration politique inconsistante. A part les 39 heures, le gouvernement infléchit très peu la politique de ses prédécesseurs.

Jospin est éliminé du 2ème tour de la présidentielle, au profit de Le Pen. Sursaut politique contre le Front national. Mais la droite en sort triomphante pour 10 ans.

2002. Le Gouvernement Raffarin a repris le massacre des dispositions acquises. Malgré la lutte de 2003, il n'a pas été possible de renouer avec la mobilisation de 1995 pour les retraites et la Sécurité sociale. La victoire des remarquables actions contre les contrats de Villepinte indiquait la voie de la résistance à la démagogie de Sarkozy.

Mais les communistes étaient désarmés. Une fois de plus la solution a été ouverte par une lutte : le non à la Constitution européenne. Elle a permis l'unité, mais avec des forces plus révolutionnaires. Le Front de gauche a ouvert la perspective d'une cohérence nouvelle entre les manifestations et actions syndicales et les luttes politiques.

4.3. L'histoire a montré combien cette politique d'union de la gauche est illusoire et désastreuse

* Les victoires sociales de la grève générale de 1936 ne doivent pas faire oublier que la majorité de la Chambre des députés du Front populaire a été celle de la capitulation de Munich et de l'exclusion des députés communistes, juste avant le vote des pleins pouvoirs à Pétain par les deux Chambres réunies à Bordeaux en 1940.

* Après la Résistance, les ministres communistes ont obtenu des réformes sociales qui ont changé la vie. Mais, en laissant restaurer les forces capitalistes, cette politique a renversé le rapport de forces acquis. Le recul du Parti communiste, de ses forces militantes, de son emprise sur les luttes a lourdement pesé sur l'histoire des années suivantes.

* Le Front républicain de 1956 a gagné les élections. Mais l'impardonnable vote des pleins pouvoirs au socialiste Guy Mollet a couvert le renforcement de la guerre d'Algérie et les exactions militaires. La division politique qui en a résulté a conduit au recours à De Gaulle et à la grave défaite du référendum de 1958.

* La grève de 1968 a surgi sur la base des luttes d'opposition au pouvoir des monopoles, suscitées et organisées par la CGT. Mais en se braquant sur la seule perspective d'un gouvernement de gauche, le parti communiste a perdu les élections et écœuré beaucoup de militants.

* Le programme commun de gouvernement signé en 1972 n'a pas résisté plus de cinq ans à la résurrection de la social-démocratie moribonde qui en a résulté. D'actualisation en invectives, cette politique a mené le Parti communiste à l'effondrement en 1981.

* La doctrine du passage au socialisme *pas à pas*, concrétisée par la participation au gouvernement de gauche en 1981, n'a fait que radicaliser cet effondrement jusqu'à l'échec final en 2002.

  Les conquêtes démocratiques et sociales de la gauche ont été détruites... *pas à pas !* Patronat et directives européennes s'attaquent aux conquêtes antérieures.

* La « *stratégie du pacte unitaire de progrès* », présentée comme un moyen de rompre avec la « *démarche programmatique de sommet* », ne s'est concrétisée qu'en une succession de débats factices et, en fin de compte, après les élections législatives de 1997, le PCF s'est rallié sans programme au gouvernement Jospin.

Six échecs, croissant jusqu'à la ruine,

N'est-il pas clair que les majorités gouvernementales de gauche auxquelles a participé le Parti communiste ont freiné les luttes, déçu les masses et abouti au retour en force de la droite ?

Pourquoi ? Parce que la politique qui constituait l'accord avec le PS ne permettait pas une transformation sociale véritable et durable, puisqu'elle ne mettait pas en cause le capitalisme.

Des alliances sont souvent nécessaires dans la lutte des classes. Mais ceci implique la clarté entre les objectifs immédiats, revendicatifs et relatifs, et la poursuite de la lutte pour les objectifs définis dans leur finalité inaliénable, « *communiste* ».

ANNEXE

Etait-ce « *un projet et une démarche complètement nouveaux* » ? Non ! En 1891, Bernstein disait textuellement la même chose.

Il est frappant de retrouver presque littéralement les mêmes thèses dans des écrits de Edouard Bernstein qui, dès le congrès d'Erfurt du Parti social-démocrate allemand (1891), combattait les positions de Marx et Engels. Dans son ouvrage clair, « *les présupposés du socialisme* » considéré comme « *la Bible du révisionnisme* », on lit par exemple :

---

* « *La démocratie est à la fois un moyen et un but. C'est l'outil pour instaurer le socialisme et la forme même de sa réalisation* »...

Cela ne vous rappelle rien ? « *Constituant à la fois le but et le moyen du changement, la démocratie est devenue l'enjeu...* », disaient le XXIIe Congrès et les suivants. Il est remarquable que nos pourfendeurs sectaires aient ainsi copié inconsciemment Bernstein pour fonder leur nouvelle ligne.

---

* La condamnation par le PCF de la « *démarche programmatique* » faisait écho à une autre thèse de Bernstein : « *le mouvement est tout et ce qu'on appelle ordinairement le but final n'est rien* » (le but final qui n'était rien pour Berstein, c'était le « *socialisme* » et le mouvement, c'était l'opportunité).

Ne dirait-on pas là le discours des communistes qui proposaient un débat mouvant sans « *présupposé* », vers un pacte unitaire de progrès formé de propositions , jaillies du néant dans les débats ?

---

* Bernstein aussi préconisait les conquêtes démocratiques pas à pas : « *les institutions libérales modernes se caractérisent par leur souplesse et leur capacité de transformation. Il n'est pas utile de les détruire, il s'agit de les améliorer* ».

Réfléchissons bien... Ces « *conquêtes démocratiques* » si souvent préconisées hors de combats organisés, ont-elles jamais mené à un progrès ?

---

5. Les crises prérévolutionnaires

Or, par trois fois, cette question a été posée concrètement, par des luttes de masse « *prérévolutionnaires* ».

La révolution, c'est-à-dire la lutte qui aboutit à l'expropriation du capital privé et à sa socialisation, implique une progression de la conscience de classe qui ne peut se former que dans des luttes. Elle est donc précédée de phases dont les objectifs immédiats sont des revendications sociales ou des réformes et non un changement radical.

Les partis révolutionnaires ont parfois réagi contre cette dispersion des actions en tentant de les planifier. Ainsi en 1923, Trotski lui-même, responsable des relations avec l'Allemagne au sein de l'Internationale, a voulu faire d'un mot d'ordre de grève générale de 24 heures le signal d'une révolution, ce qui n'a pas manqué d'échouer. Le Parti communiste français pensait pouvoir parvenir au socialisme par des ruptures démocratiques successives, l'échec a été plus cuisant encore. Et combien d'appels à la grève générale ont-ils été lancés par diverses organisations lors de chaque grande grève de 24 heures française ?

Par contre, comme l'a montré Rosa Luxembourg à partir des grèves russes qui ont précédé la révolution de 1917, un événement imprévu peut démontrer le changement de rapport de forces et déclencher des luttes de masse de caractère révolutionnaire.

En France, de tels événements imprévus ont engendré, grâce aussi à l'intervention organisée des communistes, des situations exceptionnelles en 1936, 1947, 1968, que nous avons appelées crises prérévolutionnaires (Cf. *De l'indignation à la révolution*).

5.1. Les conditions des crises prérévolutionnaires

Les trois crises politiques de 1936, 1944 et 1968 étaient, nous l'avons vu, l'aboutissement de longues périodes de luttes. Elles présentaient des caractères exceptionnels qui impliquaient une action politique originale, nouvelle.

Bien que différentes, elles semblent nous indiquer **la clef d'une autre politique** qui permettrait de sortir de l'impasse actuelle, à condition d'y réfléchir aussi au-delà du champ limité de notre expérience nationale.

Nous les avons qualifiées de « *prérévolutionnaires* ». La révolution, disait Lénine, c'est *quand en bas on ne veut plus et quand en haut on ne peut plus.* Il parlait de crises qui ébranlent la société, de double pouvoir.

Dans ces trois périodes, ces conditions **commençaient** à se réaliser.

* **Le Front unique des salariés dans la lutte** était réalisé.

- En 1936 et 1946, le Front populaire était formalisé par un accord national des partis politiques qui se réclamaient d'un changement social en faveur de la classe ouvrière. La CGT était réunifiée et connaissait un développement fulgurant.
- En 1968, la poussée unitaire a permis l'accord général des syndicats et des partis le 12 mai pour la manifestation déterminante du 13.
- Dans les trois cas, l'union s'était réalisée « *en bas* », dans le combat antifasciste en 1936, dans la Résistance en 1944 et, en 1968, dans de nombreuses et difficiles luttes syndicales et politiques et l'accord entre la CGT et la CFDT.

* « ***En bas, on ne veut plus*** »...

- En 1936, cela s'était déjà manifesté par les grandes manifestations antifascistes et de nombreuses grèves.
- En 1944, après les combats de la libération de l'occupation nazie, l'effervescence d'innombrables initiatives collectives tendait à renverser l'ordre établi, à prendre la direction des entreprises et du pays et à rejeter les dirigeants qui, dans leur majorité, avaient sombré dans la collaboration.
- En 1968, des luttes ouvrières avaient été soutenues par de grandes manifestations, et soudain les actions étudiantes interpelaient l'imaginaire révolutionnaire. Comme en 1936, la grève s'est répandue comme s'enflamme une traînée de poudre.

* « ***En haut, ou ne peut plus*** »...

- En 1936, la victoire électorale du Front populaire signifiait, aux yeux des salariés, que le patronat perdait son pouvoir absolu.
- En 1944, la bourgeoisie discréditée dans le pays désorganisé ne pouvait compter que sur De Gaulle et l'armée, face à l'implantation des FTP et aux Comités de Libération.
- En 1968, les manifestations monstres du 13 mai contraignaient le gouvernement gaulliste à reculer et à libérer les étudiants arrêtés.

* **Le développement rapide, organisé, d'actions globales paralysait la production et mettait en cause le pouvoir** :

- En 1936 et 1968, c'était la grève générale avec occupation des usines, des bureaux et magasins, ponctuée de puissantes manifestations à caractère politique. Plus rien ne fonctionnait. L'approvisionnement était assuré par les grévistes en 68.
- En 1944, la grève générale avait favorisé le succès des opérations des maquis et l'avancée des armées. L'épuration enlevait leur autorité à un grand nombre de patrons et de hauts fonctionnaires.

* **Une prise de conscience**, encore embryonnaire mais évolutive,

- de la nocivité de la propriété capitaliste et de ses moyens de domination,
- d'un rapport de forces susceptible de changements importants mettant en cause le capitalisme lui-même.

* **L'embryon d'un double pouvoir** ([117]) qui n'était peut-être pas en passe de promouvoir la chute du pouvoir du capital, mais dont il aurait pu en tous cas rester quelque chose de durable pour des luttes ultérieures.

  Sur ce point, il serait utile de réfléchir à ce que représentait le début de prise en main, par les syndicats CGT, des opérations nécessaires à la **vie de la population** pendant la grève, particulièrement en 1968.

  En tout cas, en 1936 et 1968, l'occupation des usines et établissements et le quadrillage du pays en comités de grève élus ouvraient la porte à la constitution d'une représentation des salariés directement élue par eux et toute-puissante sur la reprise du travail.

  En 1944, le parti communiste s'appuyait sur les maquis de FTP et ses liens déterminants avec les Comités de Libération.

  Nous avons vu aussi ([118]) que loin de tenter de développer le rapport de forces favorable et cette situation embryonnaire de double pouvoir, la direction stalinienne du Parti communiste a fait en sorte de canaliser le mouvement, de l'enfermer dans la tactique électorale.

  N.B. Il n'est pas indifférent que, dans une telle crise, le gouvernement soit de gauche ou de droite. Ainsi, le gouvernement de Front populaire et celui de l'après-Libération n'auraient pu assumer devant leur électorat la même résistance aux revendications, voire la même répression, que le pouvoir Chirac-Sarkozy.

* **La situation qui amené à la victoire de Mitterrand en 1981** avait des aspects semblables. Les manifestations de joie du 9 mai ont montré l'ampleur de la « *volonté de changement* », qui s'est exprimée ensuite dans toutes les réunions syndicales et politiques.

  Mais l'opportunisme de la politique du PCF entre 1972 et 1975 (qui a redonné l'initiative au PS) et son sectarisme délirant ensuite ont fait avorter cette crise prérévolutionnaire possible et l'ont transmutée en son inverse : « *l'état de grâce* ». Enfin, le refus de toute lutte de masse, par crainte d'ébranler le gouvernement de gauche, a mené cette espérance à la ruine.

5.2. Trois échecs cuisants alors que tant paraissait possible !

Le fonctionnement de l'appareil, bloqué sur une seule ligne politique, l'a empêché chaque fois de comprendre la nouveauté de la situation et d'en prendre la mesure.

---

117 - Précisons que double pouvoir ne signifie pas prise du pouvoir par un coup d'état. La victoire d'un pouvoir parallèle, par définition illégal et imposé, peut et doit se concrétiser par des élections, mais des élections dans la situation nouvelle qui résulte de la victoire.

118 - Notons que, en 1936 et en 1944, le Parti communiste était très dépendant de l'emprise stalinienne, mais en 1968 il avait les coudées beaucoup plus franches, et c'est bien son orientation propre qui est en cause.

Et chaque fois, il a été sanctionné par un grave reflux politique.

Pourquoi ? Justement, cela saute aux yeux quand on se remémore l'histoire de ces crises : dans chacune de ces circonstances exceptionnelles, **l'appareil du parti a continué à s'enfermer dans sa ligne d'un gouvernement d'union de la gauche**.

Ne serait-il pas judicieux de prendre en compte ces caractères exceptionnels, plutôt que de rester accrochés, toutes griffes dehors, à cette seule et unique perspective qui, chaque fois, a mené à de cuisants et coûteux échecs ? A contrario, ne serait-ce pas aussi plus judicieux que d'invoquer la révolution ou la grève générale à toutes occasions sans se préoccuper des conditions de leur réalisation ?

C'est en tout cas dans des situations de ce type que se trouve la perspective de « *changement* ».

5.3. Que faire dans un tel changement imprévu ?

Rien ne remplacera les luttes, quotidiennes ou de long terme, revendicatives ou politiques. Mais il importe aussi que le Parti communiste décèle les changements rapides du rapport de forces et les reculs du pouvoir, afin de permettre la prise de conscience collective des possibilités exceptionnelles et son expression combative. Il importe qu'il structure éventuellement l'embryon de pouvoir parallèle capable de prendre « *la succession* », comme disait Benoît Frachon, ou de négocier une autre issue. Il s'agit là d'orientation, de capacité à adapter la stratégie politique au mouvement des rapports de force.

Les trois expériences prérévolutionnaires françaises montrent que la vie et la lutte se chargent pour l'essentiel de définir la forme de ce pouvoir parallèle : l'important est la relation entre un parti attentif et déterminé, et une classe ouvrière rompue à l'exercice de la « *démocratie participative active* » associée à la démocratie représentative (Cf. *De l'indignation à la révolution*). C'est la condition de l'union, c'est-à-dire de la coopération opposée à la compétition.

CHAPITRE 17 (II)

Démocratie et appareil

Le fonctionnement non démocratique des partis communistes était une conséquence de la stratégique stalinienne

Un parti peut-il promouvoir la démocratie s'il n'est lui-même démocratique ?

Le parti communiste a changé. Je ne porterai pas de jugement sur son fonctionnement actuel : je ne suis pas qualifié pour cela, et ce n'est pas le sujet de ce livre.

Ce sujet est l'analyse du processus d'échec qu'a induit le stalinisme dans les partis communistes et l'ensemble des organisations de la classe ouvrière (au sens large).

1. Le culte de la personnalité

Pour mémoire, chacun sait que la personnification glorifiée du pouvoir, devenue culte de la personnalité, a longtemps altéré le fonctionnement du Parti communiste français.

En tête de chaque manifestation, de larges et hauts panneaux trimbalaient les portraits géants des principaux dirigeants du parti, nationaux ou locaux. Lors de chaque congrès, de chaque conférence fédérale ou de Section, la banderole de la tribune les glorifiait. Rares étaient les interventions qui n'y faisaient pas allusion en préambule. Et la parole du chef ne souffrait pas la moindre contradiction ([119]).

S'en souvenir n'est pas que mortification devenue inutile. Car, de proche en proche, ces pratiques ont laissé des traces. Ou, plus exactement, la personnification générale des directions politiques des divers partis a influencé aussi le Parti communiste sur la lancée de son passé.

---

119 - Un souvenir personnel. Lors du congrès qui m'avait élu Secrétaire général du Syndicat au terme d'une longue controverse d'orientation, quelques camarades préparaient un projet de motion à soumettre à la discussion de la nouvelle Commission exécutive, pour diffusion aux personnels. A un moment, je dis : « *ça, ça va soulever un tollé* ». « *Mais non, m'a répondu une camarade, tu es le pouvoir* ». Effectivement, le texte n'a soulevé aucune objection de prime abord, et il a fallu insister lourdement pour que la discussion ait vraiment lieu au delà des virgules, et ensuite pour que le « *pouvoir* » ne soit plus personnalisé.

2. L'élimination des minorités

2.1. Le fonctionnement du Parti communiste

Pour renverser la vapeur dans les jeunes partis communistes, pour les contrôler ensuite, la Troisième Internationale devenue stalinienne, leur a imposé de se doter de la même structure et des mêmes fonctionnements que le parti soviétique transformé.

Elle a fait du centralisme **non** démocratique, la règle. De fait, la structure du parti a été utilisée pour pérenniser le formatage idéologique de ses constituants.

Le Parti communiste comportait quatre niveaux d'organisation et de décision : à la base, la cellule (cellule d'entreprise ou d'atelier, cellule de quartier), puis la section (grande entreprise, arrondissement ou localité), la fédération départementale, enfin le Comité national.

L'Assemblée de cellule élisait le Comité de cellule. La conférence de Section, formée des délégués des cellules, élisait le Comité de Section, la conférence fédérale formée des délégués des Sections élisait le Comité fédéral et les représentants de la Fédération au congrès qui élisait le Comité national (ex-Comité central).

NB. Cette structure est toujours statutaire, mais la diminution de l'effectif des adhérents a contraint à la fusion de fait des deux premiers niveaux.

Ces scrutins en cascade éliminaient à la fois toute représentation d'une minorité et toute possibilité de changer la politique définie par le groupe dirigeant.

Car si une minorité s'était formée dans une cellule, elle aurait eu peu de chance d'avoir des élus à la conférence de section. Si, par extraordinaire ou par protection, elle avait des délégués à la conférence fédérale, elle y aurait été marginale.

2.2. Un seul projet de chaque résolution, non partage des voix, tribunes de discussion contournées

Lors des discussions préparatoires à un congrès, dès la cellule, **la discussion se déroulait sur le seul texte-projet élaboré par la direction nationale**. Les positions et les amendements votés par une cellule n'étaient pas diffusés aux autres.

Si une minorité se faisait jour, le partage proportionnel des voix était interdit, contrairement aux pratiques antérieures à la victoire de Staline en 1928, pratiques dont Lénine écrivait qu'elles étaient « *de droit* ». Les délégués étaient porteurs d'une seule position sur chaque sujet.

Il s'agit là d'un **scrutin « majoritaire »**, non proportionnel, que le Parti communiste a toujours condamné comme non démocratique en ce qui concerne les élections législatives notamment. En effet, si une minorité avait partout 49 % des voix, elle n'aurait pas d'élus.

Pour s'opposer à la discussion d'un amendement par la conférence de section, j'ai même vu le représentant de la fédération prétexter que la section n'avait pas prévu de commission des amendements.

Il était alors rare que les cellules aient discuté des mêmes objections et exprimé les mêmes positions. Le débat était donc impossible sur une thèse cohérente divergente de celle de la direction.

Certes, une tribune de discussion était publiée dans l'Humanité. Mais beaucoup de « *contributions* » n'étaient pas retenues. S'il fallait publier une contribution gênante, elle était suivie d'autres, miraculeusement parvenues en même temps, qui démolissaient méthodiquement ses arguments, d'ailleurs vite oubliés.

Ces méthodes étaient transposées dans la vie courante du parti. Les votes des organismes responsables avalisaient fréquemment les décisions déjà prises, parfois même annoncées publiquement.

Ce fonctionnement était peu contesté des adhérents. Il leur semblait résulter de la nécessité d'unité et de cohésion. Beaucoup y étaient même fortement attachés. Le réflexe de défense de l'unité du parti a couvert tous les excès pendant très longtemps. Ainsi, le discours communiste a présenté unanimement Mitterrand comme un des complices de la bande des trois avant son élection, puis il a demandé des postes de ministre et encensé le gouvernement. Ainsi aussi, les abandons des thèses marxistes n'ont pas soulevé plus de réticences que les excès sectaires antérieurs, etc.

Il est important de se souvenir que ces volte faces successives correspondaient à la contradiction entre les objectifs communistes initiaux de changement révolutionnaire, et la stratégie-idéologie stalinienne effective.

NB. Les mêmes méthodes ont été longtemps appliquées ici ou là, dans la CGT. Or, c'était de plus enfreindre les règles de la démocratie syndicale. Car dans la CGT, née de la fusion de confédérations, la « *démocratie fédérale* » donne à chaque syndicat, chaque fédération, chaque UD et UL, le droit d'avoir des positions différentes de l'organisation au-dessus.

3. Les tendances

L'organisation de tendances semble souvent la quintessence de la démocratie

En 1921, avons-nous vu, le Xe congrès du parti bolchevique avait interdit les « *groupes présentant un programme particulier, repliés sur eux-mêmes et leur propre discipline de groupe* ».

De fait, à la suite de Staline, **les partis communistes ont falsifié cette interdiction temporaire des fractions**, définies par ce X^e congrès comme ayant « *leur programme et leur propre discipline* ». Ils en ont fait l'**interdiction définitive de toute minorité**.

Le Parti communiste n'est toujours pas organisé sur la base de tendances et ses statuts s'y opposent. Cependant elles existent et elles ont même proposé des résolutions « *alternatives* » qui ont été publiées et soumises au vote, lors du 39ème congrès.

Est-ce « *la solution* » ?

La démocratie exige que chaque adhérent puisse défendre ses positions. Or, quand le parti communiste s'est trouvé devant des situations déterminantes pour les luttes de classes, que ce soient les crises politiques de 36, 44, 68, la participation au gouvernement, la révélation de l'erreur du « *mécanisme unique* » du CME, la chute libre des scores aux élections après 1980 ...

...chaque fois, le débat a été esquivé ou faussé par sa prédétermination. Chaque fois, la décision qui a été prise, sans débat ouvert, paraît aujourd'hui contestable, et elle l'était parce que tributaire des dogmes staliniens.

La formation de tendances capables de proposer une alternative peut aider un débat plus ouvert. Mais elle a deux écueils.

1. Les entraves de la démocratie peuvent être reportés des débats nationaux aux débats de chaque tendance ... Dans ce cas, la démocratie n'aurait rien gagné.
2. Les tendances peuvent devenir de petits partis dans le grand : adhésion formalisée à la tendance, programme de tendance, discipline interne, concurrence entre tendances... Une perpétuelle concurrence des tendances peut paralyser l'action politique.
3. Une tendance majoritaire peut devenir tendance unique, une « *fraction unique* ». En effet, quand un groupe majoritaire capte la discipline à son profit, parce qu'il dispose de la hiérarchie de l'appareil, quand il fixe seul les positions et les orientations, quand les problèmes de direction sont réglés par des interventions directes auprès de responsables et de militants, en dehors des organismes élus, quand ceux-ci ne sont appelés qu'à valider des décisions, parfois publiquement

annoncées à l'avance, quand les débats des congrès se déroulent sur un seul texte dont l'amendement ne peut porter que sur des détails, il s'agit bien d'une pratique « *fractionnelle* ». Longtemps, la direction du parti à tous les niveaux était le fait d'une fraction unique et exclusive, disposant de tous les moyens financiers, représentatifs et décisionnels.

La pierre angulaire de la démocratie n'est pas l'organisation de tendances ou de courants, mais **la proportionnalité** des votes dans un débat libre et ouvert, sur la base de la diffusion des divergences.

4. Le fonctionnement administratif d'appareil

Les directions politiques avec leurs permanents, à tous les niveaux, section, fédération, comité national, bureau politique, étaient inamovibles car, de fait, aucune des élections ne pouvait les écarter et les remplacer, si ce n'était d'en haut, par la volonté de l'appareil.

Les orientations étaient préparées par quelques « *dirigeants* » avec des « *collaborateurs* ». Quand les organismes responsables étaient saisis, les décisions étaient déjà prises, la discussion ne pouvait plus les modifier mais seulement les « *enrichir* » (sic).

Tout membre de l'appareil qui manifestait un désaccord durable était éliminé : c'était une **discipline hiérarchique**.

Toute critique révolutionnaire de la stratégie du mouvement communiste international comme de la politique du parti français a été impossible, systématiquement tuée dans l'œuf.

Plus généralement, contre toute tentative de position divergente, l'artillerie de l'appareil était mise en œuvre, déformant les thèses opposées avant même qu'elles puissent être connues des militants, exploitant les réflexes de défense de l'unité monolithique du parti.

Le fonctionnement de la structure en étage de la cellule au Comité national, enlevait toute chance d'expression et d'écoute d'une proposition différente.

Des militants communistes, écœurés par ces pratiques, se sont arrêtés à ce seul constat : leur parti ne les a pas écoutés et les a discrédités et rejetés. Obnubilés par les méthodes bureaucratiques qui les avaient écartés, la plupart ne cherchaient pas à en analyser les causes.

Pour comprendre les difficultés des partis communistes avec la démocratie, il faut prendre conscience de leur **lien indissociable avec les orientations opportunistes et réformistes** contradictoires avec la lutte des classes.

En résumé...

Dans les années 30, la création du Parti communiste venait de susciter enfin l'espoir des femmes et des hommes qui luttaient, conscients de la nocivité du capitalisme. Mais la main mise de Staline sur la Troisième Internationale l'a mené à la ruine de ces espérances, le long d'un long chemin fait pourtant de luttes, de souffrances et aussi de victoires.

Ses conquêtes sociales ont été retentissantes et ont fait tache d'huile en Europe, voire dans le monde.

Mais...

* l'importance des réformes acquises, telles que les congés payés et les assurances sociales en 1936, et, en 1945, l'ensemble de la Sécurité sociale (santé, maternité, handicap, retraites), les statuts publics, les nationalisations des transports et de l'énergie, des banques, de Renault etc.

* les conceptions de lutte de classes qu'il a su inculquer à la classe ouvrière, qui ont engendré la participation populaire de masse aux luttes qu'il a suscitées, telles que la grève de 1936, la Résistance et la Libération, la grève de 1968, et aussi celles de 1947, 1953, 1974, 1995, 2003, les actions de solidarité aux peuples du Viêt Nam et d'Algérie et tant d'autres luttes diverses qu'il faudrait citer, dans les entreprises, les industries et les villes,

* la générosité et l'engagement solidaire de tant de milliers de militants,

* et aussi, les erreurs fatales qui l'ont amené où il en est

semblent aujourd'hui n'appartenir qu'à l'histoire, tant ces conquêtes ont été écornées et tant ce qu'il avait bâti est maintenant détruit.

La dérive et le déclin...

Au moment où, depuis les combats du « *non* » au référendum sur l'Europe, se dessine sa revitalisation, le parti communiste ne réfléchira jamais trop aux raisons de son déclin.

Bien sûr, il peut mettre en accusation la lutte acharnée de la classe capitaliste pour le marginaliser. Mais dans toute lutte on est au moins deux, et les enjeux imposent d'être le plus fort et d'éviter l'erreur.

Ce livre me semble démontrer que cette erreur se nomme stalinisme : le stalinisme constituait le blocage de la transformation révolutionnaire de la société soviétique et l'encadrement des luttes de classe dans les pays capitalistes.

En usurpant le pouvoir acquis par la révolution de 1917, l'appareil stalinien a bloqué la lutte pour transformer la société soviétique (« *la superstructure de la base économique socialiste* »), et en extirper les stigmates de la société capitaliste. Il y a substitué la construction d'un «*système socialiste* » stable qui a pérennisé la division du travail, les inégalités sociales, la domination de la bureaucratie, le détournement de la démocratie par l'idéologie dominante, hérités du capitalisme.

Les partis communistes ont été interdits de révolution, et astreints à la perspective lointaine de l'adoption du système socialiste par la persuasion de ses vertus et de sa réussite. C'est la voie que Maurice Thorez a fait appliquer au parti communiste français à son retour d'URSS lors de la Libération : progresser vers le socialisme en union politique avec le parti socialiste, principalement par des gouvernements d'union de la gauche. De fait, cette voie a mené à des crises politiques, revendicatives d'un changement plus ou moins radical, dès lors que le rapport de forces semblait le permettre : en 1944, 1947, 1953, 1968, 1981, 1995. Chaque fois, au lieu de répondre à cette aspiration, le parti s'accrochait au projet stalinien de gouverner avec les socialistes et subissait un recul, jusqu'à ce que la participation effective au gouvernement le mène, de fait, au désastre.

En effet, quand face à son propre échec, l'appareil soviétique s'est embourbé dans la gestion de la compétition du système socialiste avec le capitalisme, en négligeant l'importance de l'action des partis communistes, le parti communiste français a cru possible de concrétiser le socialisme. Conformément aux thèses de Staline, il a estimé le capitalisme de monopole à bout de souffle par la baisse mécanique du taux de profit. Il a cru aux capacités d'un gouvernement d'union de la gauche de nationaliser les monopoles et de réaliser progressivement le socialisme par des réformes démocratiques. Ce projet semblait la réalisation de la politique convenue entre Staline et Maurice Thorez, la destruction de la dictature du capital *par un élargissement considérable de la démocratie* avec le parti socialiste.

Cette dérive est condensée depuis le XXIIème congrès dans cette phrase « *fondamentale* » :

« Constituant à la fois le but et le moyen du changement, la démocratie est devenue l'enjeu, le terrain de la lutte de classe ».

Cette « *thèse* » constitue effectivement **l'achèvement de la politique définie à l'instigation directe de Staline en 1944**.

Car il ne s'agissait pas d'une tautologie comme disait souvent Marx, ce n'était pas une banale exigence de démocratie, d'ailleurs souvent bafouée. C'était la réduction des objectifs marxistes au plus plat réformisme. Cette politique qui se disait fondatrice n'a jamais rien fondé.

La démocratie est conditionnée, limitée, travestie par la domination idéologique du mode de production capitaliste qui détient les moyens de production et de diffusion de l'idéologie, de la culture et de l'information. Sa réalisation et son efficience exigent le « *changement* » du mode de production, et ce n'est possible que par la lutte des classes.

Le Parti communiste est né révolutionnaire, c'est-à-dire que son objectif était une société fondée sur la propriété sociale des moyens de production.

L'abandon progressif de ces racines révolutionnaires l'a mené à la transgression de la démocratie et, d'échec en échec, à sa chute finale avant même celle de l'Union soviétique.

Le déclin et le « *stalinisme* »

La stratégie nationale du Parti communiste et son idéologie ont été ancrées dans leur origine stalinienne qui impliquait la compétition entre le système capitaliste et le système socialiste, la compétition entre les partis communiste et socialiste.

* Elles ont été centrées, virtuellement depuis 1936, concrètement en 1944 et depuis 1972, sur **la participation à des gouvernements d'union de la gauche**, qui devaient progresser pas à pas, de réforme en réforme, vers la finalité du « *système socialiste* ». Elles ont induit alternativement des phases politiques sectaires de concurrence exacerbée avec le PS et des périodes de coopération terminées par des échecs graves.

* **Elles ont empêché la prise en compte des possibilités ouvertes par les crises politiques** de 1936, 1944 et 1968 et par la situation qui a précédé 1981. Chaque fois la direction du parti communiste, enfermée dans la seule perspective de réforme du capitalisme, a été **sanctionnée par de désastreux reculs**.

D'échec en échec, cette stratégie l'a mené à sa marginalisation politique.

* Ne pouvant envisager une lutte révolutionnaire dont l'enjeu serait la propriété publique des moyens de production, elle lui a substitué un processus de réformes démocratiques qui constitueraient des ruptures successives avec le capitalisme, et, en fin de compte un « *dépassement du capitalisme* ».

  Ce processus s'est confirmé fantasmatique, d'une part parce qu'il ne touche pas à la propriété du capital, (donc au moteur taux de profit) et d'autre part, parce que la démocratie est illusoire si subsiste la domination idéologique par la propriété capitaliste des supports idéologiques.

* Enfin, dans l'ensemble des partis communistes, les pratiques bureaucratiques qui en ont résulté ont suscité maintes défiances et maintes indignations.

Aujourd'hui

Le Parti communiste ne réfléchira jamais trop à ces causes de son déclin, car aujourd'hui, beaucoup d'indices accréditent la perspective de son renouveau, et ce renouveau est nécessaire au peuple de ce pays.

Pour parvenir à la hauteur des enjeux, il doit comprendre pourquoi ses échecs successifs relativement à ce qu'il entreprenait, pourquoi sa chute finale avant même celle de l'Union soviétique.

Ce livre me semble démontrer que **le stalinisme n'est pas seulement un totalitarisme criminel,** le stalinisme reposait sur **une stratégie et une idéologie génératrices de son propre échec**, et génératrices aussi du déclin du Parti communiste français, après 70 années de lutte collective, de dévouements et d'abnégations.

Or, ces erreurs stratégiques et idéologiques ont fatalement laissé des traces qui exigent réflexion et libre débat.

Puisse ce livre contribuer à les révéler et les expliquer, et le débat à les rectifier !

La voie qu'il faut chercher pour sortir de l'impasse, est-ce réviser toujours plus le « *marxisme* » vers sa conformité à l'idéologie dominante du capitalisme ?

C'est ce qu'ont fait le parti soviétique et ceux de l'Est européen, de plus en plus explicitement. Il n'existent plus. C'est aussi ce qu'a fait, le Parti communiste français, embringué dans la politique du programme commun. Sous couvert d'une coquille idéologique pseudo-marxiste dogmatisée il a fait belle la part de ses partenaires de la compétition électorale. Georges Marchais vantait les réformes sociales du gouvernement Maurois, faire grève devenait se tromper d'ennemi et l''horizon politique s'arrêtait au programme commun.

Le résultat n'a pas été brillant et il a bien fallu quitter ce gouvernement,... ce qui n'a pas empêché le renouvellement de l'expérience avec le gouvernement de « *la gauche plurielle* », dans de bien pires conditions, 15 ans après le tournant tout-libéral de la sociale-démocratie.

Depuis la formation du Front de gauche et l'espoir né avec le « *non* » à la Constitution européenne et la chute de Sarkozy, le parti communiste français a trouvé une réelle régénérescence et déjà un certain essor.

Certes, ayant perdu beaucoup de ses atouts, sa tâche peut paraître aujourd'hui insurmontable. Il ne reste pas grand chose des cellules de quartier et d'entreprise qui réalisaient sa symbiose avec les luttes revendicatives et les oppositions aux politiques de droite. Et le parti socialiste est devenu majoritaire dans la plupart des anciennes municipalités communistes.

Mais la constitution du « *Front de Gauche* » pourrait renouer avec la politique de « *front unique* ». Au moins un point semble acquis : le parti communiste ne participe plus à un gouvernement « *de gauche* » dont les objectifs esquivent la nécessité de la lutte anticapitaliste et qui, aujourd'hui, se rallie même au libéralisme.

Cependant, une politique unitaire reste nécessaire, non seulement pour constituer une force susceptible de « *gagner* », mais aussi pour convaincre les sympathisants d'autres organisations.

Une politique unitaire ne se définit pas autour de la participation ou non à un gouvernement d'union. Celle-ci n'est d'ailleurs pas inconcevable dans de tout autres circonstances.

Ce qui a ruiné le parti communiste, c'est d'entrer dans des alliances en se soumettant, de fait, à leur programme et en abandonnant dans la pratique ses objectifs propres. C'est aussi de s'être limité à une seule stratégie, ce qui excluait de se saisir rapidement des changements de rapport de forces et de nouvelles possibilités. C'est encore d'alterner sectarisme et opportunisme qui sont les deux faces de la même erreur stalinienne. C'est au total, d'abandonner l'objectif d'une société non capitaliste fondée sur la propriété sociale des moyens de production et sur la coopération populaire au lieu de la concurrence.

Après de si longues et profondes falsifications de la pensée de Marx, après des errances aussi lourdes de conséquences dramatiques, il est nécessaire au parti communiste de débattre, sans exclusive.

Car la participation enthousiaste de jeunes aussi nombreux aux rassemblements de la campagne électorale présidentielle, et aux batailles politiques qui l'ont suivie, a ouvert, semble-t-il, une page nouvelle.

Mais un tel débat ne doit être ni conçu ni ressenti comme un combat qui oppose une conception nouvelle à celle du passé. Cette conception n'est pas nouvelle, c'est le fondement initial du Parti communiste.

Les militants de ces années qui ont suivi 1930 n'ont pas à rougir des idées et de la stratégie staliniennes qui leur ont été inculquées.

La mise en cause des personnes empêche d'aborder librement et complètement les questions d'orientation que posent la société et les politiques.

Le stalinisme a mené les partis communistes à l'échec. Il est beaucoup plus important de comprendre pourquoi que de régler des comptes personnels.

La plupart des communistes « *d'un certain âge* » ont adhéré au parti ou à un syndicat pour s'appuyer sur l'efficacité d'une organisation qui agit et lutte. Ils ont adhéré par solidarité à un combat pour améliorer la vie collective, Ils ont adhéré et agi pour combattre des « *injustices* ».

Avec ce parti, avec la CGT et d'autres mouvements, ils ont diffusé les idées marxistes telles qu'ils les ont connues, ils ont appris et pratiqué la lutte des classes. Certains ont vécu de durs combats, la répression, la souffrance, la torture.

Pourquoi porteraient-ils la responsabilités d'orientations, voire d'actions, dont ils ne pouvaient connaître les aberrations et leurs causes. Ils ont été massivement trompés. La question est aujourd'hui de tous comprendre et de redonner son essor au Parti communiste en achevant le renouvellement de sa stratégie et de la lutte quotidienne.

Deux films

Je voudrais terminer par ceci.

Dans les nombreux débats de la vie syndicale, j'ai beaucoup ressassé : les masses ne luttent pas pour démontrer, elles luttent pour gagner, elles luttent peu contre, mais toujours pour, pour leurs revendications, pour changer la vie, le monde...

Deux films récents disent cela avec force.

« *No* » est un film chilien de Pablo Larrain.

En 1997, le dictateur Pinochet, l'auteur du coup d'Etat du 11 septembre 1973 qui avait renversé l'Unité populaire, a été contraint de soumettre son mandat présidentiel à un référendum.

L'ensemble des partis d'opposition avaient un quart d'heure d'antenne de télévision chaque semaine. Ils avaient demandé un film à un brillant publicitaire, rescapé de la répression. En expliquant leurs conceptions au gré des événements de la campagne, les responsables politiques ne pensaient qu'à dénoncer les exactions du passé et les privations du présent. Lui, René Saaveda leur répétait que pour gagner, il fallait au contraire ouvrir l'espoir de la lutte, en montrant la joie de cet avenir changé. Le « *No* » a gagné.

Dans l'enthousiasme de la foule et des militants, on le voit arriver et s'éloigner, pensif, sans doute d'avoir dû tant « *ramer* » pour se faire comprendre, et peut-être conscient de ce qui restait à faire face aux moyens de l'idéologie dominante.

« *Les jours heureux* » de Gilles Perret,

nous concerne plus directement puisqu'il s'agit de l'élaboration du programme du Conseil national de la Résistance, par seize hommes représentant l'ensemble des mouvements de résistance, réunis clandestinement en 1944. Ce document comportait un plan d'action immédiat, et ledit programme : suffrage universel, droit de vote des femmes, nationalisations, Sécurité sociale (santé et retraites)...

Ce programme était intitulé « *Les jours heureux* ».

La deuxième partie du film est consacré aux appréciations qu'il suscite aujourd'hui, au temps de son démantèlement, dans le monde politique et la population.

« *Des jours heureux* », ce titre dit bien, effectivement, l'aspiration populaire « formidable » qui a baigné le temps de la Libération et les premières années qui l'ont suivie.

C'est aussi, pour ne citer qu'un exemple, le changement qu'ont vécu depuis tant de personnes atteintes par la maladie ou un accident, ou parvenues à l'âge de la retraite. C'est tout ce qui a pu être réalisé dans ce pays bien qu'il ait été maintenu capitaliste avec la complicité du stalinisme, ce sont les multiples actions engagées pour en obtenir la réalisation et en empêcher les amputations.

C'est pour les communistes d'aujourd'hui, la nécessité de refaire le passage du « *Indignez-vous* » du résistant Stéphane Hessel à l'oeuvre combattive et positive du communiste Pierre Villon, artisan de la rédaction définitive du programme du Conseil national de la Résistance, au péril de sa vie.

C'était juste avant le retour du stalinisme et de ses erreurs stérilisatrices, après les quelques mois où la pratique révolutionnaire, dépassant la libération nationale, avait ouvert une autre voie... avec Pierre Villon, Henri Rol Tanguy, Charles Tillon, Benoît Frachon et tant d'autres, tant qu'on ne peut les citer.

TABLE DES MATIÈRES

L'HARMATTAN ITALIA
Via Degli Artisti 15; 10124 Torino

L'HARMATTAN HONGRIE
Könyvesbolt ; Kossuth L. u. 14-16
1053 Budapest

L'HARMATTAN KINSHASA
185, avenue Nyangwe
Commune de Lingwala
Kinshasa, R.D. Congo
(00243) 998697603 ou (00243) 999229662

L'HARMATTAN CONGO
67, av. E. P. Lumumba
Bât. – Congo Pharmacie (Bib. Nat.)
BP2874 Brazzaville
harmattan.congo@yahoo.fr

L'HARMATTAN GUINÉE
Almamya Rue KA 028, en face du restaurant Le Cèdre
OKB agency BP 3470 Conakry
(00224) 657 20 85 08 / 664 28 91 96
harmattanguinee@yahoo.fr

L'HARMATTAN CAMEROUN
BP 11486
Face à la SNI, immeuble Don Bosco
Yaoundé
(00237) 99 76 61 66
harmattancam@yahoo.fr

L'HARMATTAN CÔTE D'IVOIRE
Résidence Karl / cité des arts
Abidjan-Cocody 03 BP 1588 Abidjan 03
(00225) 05 77 87 31
etien_nda@yahoo.fr

L'HARMATTAN MAURITANIE
Espace El Kettab du livre francophone
N° 472 avenue du Palais des Congrès
BP 316 Nouakchott
(00222) 63 25 980

L'HARMATTAN SÉNÉGAL
10 VDN en face Mermoz, après le pont de Fann
BP 45034 Dakar Fann
33 825 98 58 / 33 860 9858
senharmattan@gmail.com / senlibraire@gmail.com
www.harmattansenegal.com

L'HARMATTAN BÉNIN
ISOR-BENIN
01 BP 359 COTONOU-RP
Quartier Gbèdjromèdé,
Rue Agbélenco, Lot 1247 I
Tél : 00 229 21 32 53 79
christian_dablaka123@yahoo.fr

Achevé d'imprimer par Corlet Numérique - 14110 Condé-sur-Noireau
N° d'Imprimeur : 113682 - Dépôt légal : décembre 2014 - *Imprimé en France*

www.ingramcontent.com/pod-product-compliance
Lightning Source LLC
LaVergne TN
LVHW011039061026
849535LV00006B/2088